I0367772

www.ingramcontent.com/pod-product-compliance
Lightning Source LLC
Chambersburg PA
CBHW072148070526
44585CB00015B/1047
9781778920479

۹ گام طلایی تغییر با NLP

(علم الگوبرداری از ذهن و رفتار انسان‌های سوپر موفق دنیا)

فرشید پاکذات

روناک روشنگر

سریال کتاب:P2345110154
عنوان: نه گام طلاعی تغییر با NLP
زیرنویس عنوان: علم الگوبرداری از ذهن و رفتار انسان‌های سوپر موفق دنیا
پدیدآورندگان: فرشید پاکذات – روناک روشنگر
ویراستاران: ندا سلطانی – یگانه دوستی
صفحه آرایی: راحله رحمانی
طراحی جلد: امید آقایی
شابک: ISBN: 978-1-77892-047-9
موضوع: برنامه ریزی زبانی و روانی Neurolinguistic programming
مشخصات کتاب: صحافی مقوایی روکش مخمل، سایز رقعی
تعداد صفحات: ۳۰۷
تاریخ نشر در کانادا: آوریل ۲۰۲۴
انتشارات در کانادا: انتشارات بین المللی کیدزوکادو

هر گونه کپی و استفاده غیر قانونی شامل پیگرد قانونی است.
تمامی حقوق چاپ و انتشار در خارج از کشور ایران محفوظ و متعلق به نویسنده و تحت حمایت انتشارات می‌باشد.
Copyright @ 2024 by Kidsocado Publishing House
All Rights Reserved

Kidsocado Publishing House
خانه انتشارات کیدزوکادو
ونکوور، کانادا

تلفن: +1 (833) 633 8654
واتس آپ: +1 (236) 333 7248
ایمیل: INFO@KIDSOCADO.COM
وبسایت انتشارات: HTTPS://KIDSOCADO.COM
وبسایت فروشگاه: HTTPS://KPHCLUB.COM

فهرست مطالب

سخن ناشر ۴

مقدمه... ۶

پیش فرض‌های NLP ۹

چهار ستون ان ال پی.. ۵۹

فیلترها (پردازشگرهای مختلف ذهنی).. ۷۵

NLP و متامدل (الگوی متا)... ۸۵

زبان مبهم یا میلتون مدل در ان ال پی ۱۰۳

اصول ارتباط موثر در ان ال پی.. ۱۲۵

E-Prime (ای پرایم) ۱۷۹

تکنیک هدف گذاری با NLP... ۱۹۳

شرطی سازی جهت ایجاد و کنترل احساسات ۲۳۳

تغییر خاطرات بد با ان ال پی.. ۲۷۱

مقدمه

سلام
به نام مهربانی که عاشق است و همیشه حاضر
حدود یک دهه پیش زمانی که اولین بار راجع به ان ال پی و معجزاتش شنیدم از خیلی کانال‌ها سعی کردم منبع دست اول و واضحی در مورد اون پیدا کنم ولی هر چه گشتم و هر کتابی که خواندم معمولا فقط تاریخچه پیدایش رو خوب توضیح داده بودند و بقیش به دلیل سنگین بودن کتاب‌ها و کلمات تخصصی خاصی که به کار رفته بود و همچنین روح عملی ان ال پی واقعاً به سختی قابل درک بود بعدا که ان ال پی را به صورت عملی کار کردم مجددا به سراغ کتاب‌های NLP رفتم و این بار بهتر متوجه شدم چون با روح ان ال پی آشنا شده بودم ولی واقعیت این بود که وقتی شاگردها و دوستان از من می‌خواستند که درباره NLP کتاب به آنها معرفی کنم، می‌دانستم که هر کتابی که معرفی کنم نه تنها چیزی

دستگیرشان نمی‌شود بلکه گاها آنها را بیشتر گیج می‌کند و حتی به اشتباه می‌اندازد و همیشه خلاء وجود کتابی که شفاف NLP و مبانی تکنیک‌های آن را به صورت قابل درک توضیح بدهد حداقل در کشور خودمان حس می‌کردم این بود که به پیشنهاد سرکار خانم روناک روشنگر ترینر بین المللی ان ال پی تصمیم به نگارش کتابی در زمینه ان ال پی و شناساندن آن به مردم در جهت کمک به رشد و حل مشکلات اشخاص گرفتیم تا بتوانیم به صورت ساده و روان مشتاقان را با روح ان ال پی و قوانین آن و چگونگی عملکرد و تاثیر تکنیک‌های NLP در زندگی انسان‌ها آشنا کنیم.

این کتاب روح ان ال پی را در خود دارد و شما را عمیقا به صورت کاملا شفاف و آسان با ان ال پی آشنا می‌کند و با توضیح تکنیک‌های بسیار کاربردی به شما کمک می‌کند تا بتوانید بهتر زندگی کنید، مشکلات خود را حل کرده و در مسیر زیبای رویاهایتان گام بردارید.

دوستت دارم خود من
فرشید پاکذات

آیا هرگز آرزو کرده‌اید که زندگیتان را آن گونه که می‌خواهید بسازید؟

NLP یا برنامه‌ریزی عصبی-زبانی به شما کمک خواهد کرد که با پذیرش خود واقعی‌تان، پیدا کردن شرایط مطلوبتان و رسیدن به آن، آزادی شخصی را تجربه کنید.

NLP زمانی تاثیرات شگرفی برجای می‌گذارد که درست و اصولی اجرا گردد و برای انجام این کار شناخت مفاهیم پایه و بنیادی ان ال پی الزامی می‌باشد، بنابراین با همکاری استاد بزرگوارم، استاد فرشید پاکذات(مستر بین المللی NLP) و مطالعات فراوان، گردآوری و ترجمه منابع اصلی مقدمات تالیف کتابی اختصاصی و جامع در این رابطه فراهم گردید.

این کتاب بعد از نوشتن و گردآوری بیش از صد مقاله ان ال پی در اینترنت و برگزاری دوره‌های متعدد در این زمینه نوشته شده، بنابرین با توجه به نیازهای مخاطبین، مطالب دشوار و سنگین ان ال پی بسیار واضح و شفاف ارائه شد.

شناخت اصول بنیادی ان‌ال‌پی مضمون اصلی این کتاب را تشکیل می‌دهد، باشد که چراغ راهی برای علاقمندان به NLP و همچنین افرادی که به دنبال رشد و تغییرات فردی هستند و می‌خواهند از پایه NLP را استاندارد بیاموزند، باشد.

روناک روشنگر ترینر بین المللی NLP

پیش فرض‌های NLP

پیش فرض‌های NLP و یا فرضیات NLP (ان ال پی) مواردی کلی درباره‌ی دنیایی می‌باشد که می‌توانید در آن سودمند باشید.

در ان ال پی، پیش فرض‌هایی تعیین شده اند که آنها اساس و اصول ان ال پی را آشکار می‌کنند.

این فرضیات باعث گسترش ان ال پی، گرفتن نتایج مفید و کاربردی و بالا بردن توانایی استفاده از تکنیک‌ها می‌شوند.

پیش فرض‌های ان ال پی به شناخت بیشتر ساختارهای ذهنی ما کمک می‌کنند.

با توجه به اینکه علم ان ال پی، روی ساختار ذهن انسان کار می‌کند، می‌توان گفت این ساختارهای ذهنی در هر فردی به یک شکل خاص و منحصر به فرد وجود دارد.

حتی اگر شخصی از تکنیک‌های ان ال پی استفاده نکند، با دانستن این پیش فرض‌ها و اطمینان به آنها، نتایج مثبت و مفیدی در زندگی او ایجاد می‌شود.

ما بیشتر از اینکه سعی کنیم باورهای شما را نسبت به این پیش فرض‌ها بالا ببریم، از شما می‌خواهیم که از آنها

استفاده کنید تا متوجه تاثیرات شگرف آنها در زندگیتان شوید.

این پیش فرض‌ها از صاحب نظران و بزرگان ان ال پی، با توجه به یکسری اصول اخلاقی در زندگی انسان‌های موفق به دست آمده اند و امکان دارد تعداد آنها در منابع مختلف متفاوت باشد.

ما در این کتاب ۱۳ اصل از آنها را مورد بررسی قرار می‌دهیم.

ان ال پی هیچگاه ادعا نمی‌کند که این اصول حقیقت دارند و تنها از آنها به عنوان یک الگوی مفید یاد می‌کند که از زندگی و دیدگاه انسان‌های موفق استخراج گردیده، و اگر شما طوری رفتار کنید که انگار حقیقت دارند، دنیای شما به شیوه صحیح متحول می‌شود.

یکی از مزیت‌های این اصول که می‌تواند به شما بدون هیچ آموزشی کمک کند، استفاده از این پیش فرض‌ها برای بهتر شدن کیفیت زندگیتان می‌باشد.

این اصول و قوانین طرز برخورد ما با مسائل و اشخاص را تغییر می‌دهند و راهی نو برای نگاه کردن به جهان در اختیار ما قرار می‌دهند.

پیش فرض اول: هر کس در جهان نقشه منحصر به فرد خود را دارا می‌باشد.

هر شخصی نقشه ذهنی مختص به خود را دارد و با تغییر دادن نقشه ذهنیمان، دنیایمان متفاوت خواهد شد.

انسان‌ها بیشتر از اینکه به واقعیت‌های خارجی واکـنش نشان دهند، به تجربیات درونی و ذهنی خود واکنش نشان می‌دهند.

می توان نقشه ذهنی را همان واقعیت درونـی دانسـت افراد دنیای درونی خود را با چیزهایی که به صورت واقعـی خلق می‌کنند، نشان می‌دهند.

نقشه هرگز با نمونه‌ی دقیق آنچه واقعاً تجربـه می‌شـود مطابقت ندارد و با آنچـه دیگـران از همـین واقعیـت درک می‌کنند، نیز تفاوت دارد.

برای همین می‌توان گفت که نقشه ذهنی افراد مختلف با هم متفاوت می‌باشد.

تفسیرهایی که در ذهن نسبت به دنیـای بیـرون انجـام می‌گیرد، امکان دارد صحیح باشند یا نباشند.

در هر صورت این تفسیرهای ذهنی ما تعیین مـی‌کننـد چگونه هر لحظه از زندگیمان را تجربه کنیم و این تجربیات نیز به شکل گیری نتایج در آینده منتهی مـی‌گردنـد، یعنـی تجربیات ما الگویی را در ذهن می‌سازد که از روی عمل بـه این الگوها، آینده خود را می‌سازیم.

بنابراین با تغییـر الگوهـا، انتخـاب‌هـا و یـا بـا داشـتن الگوهای بیشتر و انتخاب‌های بیشتر و قابـل دسـترس تـر، می‌توان آینده را تغییر داد.

با پرسیدن سوال‌های درست می‌توان به گسترش نقشـه درونی کمک نمود، اینکه چگونه می‌توان به موقعیت‌ها به شیوه دیگر نگاه کرد؟

رنگ‌های متفاوتی که از یک نور سفید می‌توان مشاهده

نمود، بسته به فیلترهای ظاهر شده متفاوت خواهند بود. هر تجربه ای که ما داریم، توسط فیلترهای ذهنی ما و حواس ما ایجاد و ذخیره می‌شوند و نقشه درونی ما را می‌سازند و در نهایت بیشتر مواردی که در زندگی ما اتفاق می‌افتد بر اساس این نقشه تعیین می‌گردد.

این نقشه‌های ذهنی می‌توانند ما را قدرتمند سازند و یا ما را محدود کنند و یا اینکه کاری را برای شخصی آسان و برای شخص دیگر غیر ممکن کنند.

هر یک از نقشه‌ها، منحصر به فرد هستند و تنها و تنها متعلق به یک شخص می‌باشند.

با وجود اینکه هر نقشه ذهنی در انحصار شخص خاصی قرار دارد، در برخی موارد با شخص دیگری هم مشابهت دارد.

نقشه‌های ذهنی ما از روز تولد (در بعضی موارد گفته می‌شود که حتی قبل از تولد) در ما شروع به شکل گیری می‌کنند و در طی سالیان، مدام به حجم و تعداد آنها افزوده می‌شود و گسترش می‌یابد.

وقتی که ما یک آب را از یک فیلتر عبور می‌دهیم، همه اجزای آن از فیلتر عبور نمی‌کنند، اطلاعات را نیز به این شکل می‌توان در نظر گرفت.

به دلیل وجود حجم اطلاعات زیادی که در هر لحظه ما را محاصره می‌کنند، ذهن این توانایی را دارد که برای جلوگیری از تحمیل بار زیاد اطلاعات بر ذهن، مقدار زیادی از این اطلاعات را فیلتر کند، و این یکی از دلایل عمده تفاوت نقشه‌های ذهنی افراد محسوب می‌شود، چون ذهن

افراد مختلف داده‌های متفاوتی از یک رویداد دریافتی را حذف می‌کند.

برای همین، گاهی از واژه‌ی واقعیت به جای نقشه استفاده می‌شود، چون واقعیت درونی هر شخص (نقشه درونی) به دلایل زیادی ساخته می‌شود و فرد برداشت خود را واقعی تر و صحیح تر از هر برداشت دیگری می‌پندارد.

هر کس بر اساس واقعیت درونی خود نسبت به هر چیز واکنش نشان می‌دهد،

بنابراین یک اتفاق مشابه، در چند شخص، واکنش‌های مختلفی در پی دارد.

نقشه با سرزمین و قلمرو تفاوت زیادی دارد، چون هر شخصی به شکل متفاوتی به مسائل توجه می‌کند و حجم زیادی از اطلاعات را حذف می‌کند، تعمیم می‌دهد و تحریف می‌کند.

حواس ما به صورت ناخودآگاه، مقدار زیادی از اطلاعات جهان پیرامون را فیلتر می‌کند.

مراقب باشیم تجربه‌های ذهنی مان مشاهدات عینی مان را آلوده نکنند. "شوپنهاور"

آقای جورج میلر روانشناس آمریکایی در سال ۱۹۵۶ مقاله ای را با عنوان جادوی عدد هفت منتشر کرد، بر اساس آن، از تمام اطلاعات دنیای خارج، ما فقط توانایی دریافت هم‌زمان ۲±۷ اطلاعات را داریم.

در عمل و در اکثر انسان‌ها این اطلاعات به ۳ یا ۴ مورد می‌رسد.

این امکان برای هیچ کس وجود ندارد که با ذهن خود تمام اطلاعات را همزمان در یک لحظه درک و تفسیر کند. بر اساس یک ضرب المثل، برداشت شما از یک قرص نان بستگی به شدت گرسنگی شما دارد.

نقشه ذهنی ما همچنین حاوی باورهای ما در مورد خودمان و اطرافمان، توانایی‌ها، خواسته‌ها و شایستگی‌هایمان در جهان می‌باشد.

علاوه بر این، نقشه ذهنی، طرز برخورد ما، رفتار ما، توقعات ما و به طور کلی جهت و گرایش ما را به زندگی نشان می‌دهد.

ما به برخی از نقشه‌های ذهنی خود آگاه هستیم، در صورتی که به بسیاری از آنها ناآگاهیم.

نقشه ذهنی خوب به نقشه‌ای گفته می‌شود که برای شما مفید باشد.

به نقشه ای مفید گفته می‌شود که شما را در پیدا کردن راه، برای رسیدن به خواسته‌تان کمک کند.

گسترش نقشه ذهنی

با یادگیری این پیش فرض شما شاید بخواهید که نقشه درونی‌تان را گسترده تر و مفیدتر سازید، برای این کار باید:

۱. به نقطه نظرات دیگران نگاه کنید

وقتی که در یک مورد با شخصی مخالفت می‌کنید و یا اینکه نمی‌توانید درک کنید که چرا افراد کارهایی غیر قابل

تصور شما را انجام می‌دهند، می‌توانید پای خودتان را در کفش آنها قرار دهید و یا سعی کنید از دید آنها به جهان نگاه کنید، این به شما کمک می‌کند که نقشه ذهنی آنها را بدانید و آنها را درک کنید.

با توجه به این که ساختار ذهن انسان‌ها شبیه به هم ساخته می‌شود، اما نقشه‌ها متفاوت و عملکردها مختلف هستند، ما نباید انتظار داشته باشیم همه مثل ما فکر کنند و البته این، یکی از اساسی ترین مشکلات ما در ارتباطات نیز می‌باشد.

معمولا ما سعی می‌کنیم نقشه ذهنی خود را بر دیگران تحمیل کنیم.

حال با دانستن این نکات، می‌توانیم سعی کنیم از طریق دیگری دنیا را ببینیم و به طرز تفکر و دیدگاه دیگران احترام بگذاریم.

۲. برای تحت تاثیر قرار دادن دیگران از نقشه جهان آنها شروع کنید.

اگر شما بتوانید برای برقراری ارتباط و گرفتن نتیجه دلخواه مواردی از نقشه ذهنی دیگران را بشناسید و درک کنید، در این حالت این توانایی را دارید که از یک موقعیت هم‌خوان با ارزش‌ها و باورهای آنها که احساس می‌کنید فرد نسبت به آن موافقت بیشتری دارد، شروع کنید، تا از آن یک پل بسازید که شما را به جایی که می‌خواهید برساند.

به این فکر کنید که کدام ارزش و باور می‌تواند شما را

به سمت آنها حرکت دهد؟

برای اینکه بتوانید با دیگران ارتباط برقرار کنید، تلاش کنید تا نقشه‌ی ذهنی افرادی را که می‌شناسید درک کنید.

برای این کار می‌توان از خود پرسید که در دنیای این فرد چه می‌گذرد که این گونه رفتار او را شکل می‌دهد.

هنگامی که این فرآیند را دنبال کنید، متوجه می‌شوید که نه تنها مشکل شما حل می‌شود و خوشحال می‌شوید، بلکه افراد پیرامون خود و رفتارهایشان را ساده تر می‌پذیرید.

۳. مرزهای نقشه‌تان را گسترش دهید.

مرزها و جاهایی که نقشه شما، محدود گشته را پیدا کنید. بدین گونه که به چیزهایی فکر کنید که نمی‌خواهید انجام دهید و یا کارهایی که نمی‌توانید انجام دهید.

در چه مواردی شما نتیجه خوب نمی‌گیرید؟ و یا چه چیزهایی را دوست ندارید؟

باورهایی که شما را به عقب می‌کشند، پیدا کنید. باورهایی که حقیقت ندارد، مانند اینکه بسیاری از مردم ورزش و یا فعالیت‌هایی شبیه به این را انجام نمی‌دهند، چون فکر می‌کنند که آنها از لحاظ جسمی برای ورزش مناسب نخواهند بود.

به این دقت کنید که شما چه زمان‌هایی تمایل به کلی سازی دارید؟ و اکثرا تعمیم می‌دهید، در این موارد باید سعی کنید دنبال مثال‌های معکوس باشید، چون در اکثر موارد، استثناهایی برای کلیاتی که بیان می‌کنید وجود دارد و همین کلیت‌ها شاید مانع حرکت شما باشند.

وقتی که فکر می‌کنید نمی‌توانید کاری را انجام دهید و یا چیزی را دوست ندارید، از خودتان بپرسید که چه اتفاقی می‌افتد اگر من این کار را انجام دهم.

ان ال پی توانایی افزایش نقشه‌های درونی ما را دارد همچنین با ان ال پی می‌توان اشتباهات نقشه را تصحیح نمود، نقشه‌ها را عوض کرد، مجددا آنها را از نو ساخت و یا آنها را به روز کرد.

برای داشتن موفقیت بیشتر ما می‌توانیم با کمک ان ال پی نقشه ذهنی مان را در جهت بهبود در روابط و در حرفه مان تقویت کنیم.

پیش فرض دوم: نقشه نشان دهنده سرزمین نمی‌باشد.

ریشه ان ال پی، در سال ۱۹۳۳ توسط آلفرد کورزیبسکی (Alfred Korzybski)، معناشناس لهستانی- آمریکایی و بنیان‌گذار جنبش معنا شناسی عمومی (General Semantics) نهاده شد.

تفاوت بین یک نقشه و یک سرزمین واقعی، اولین بار توسط کورزیبسکی بیان شد. او متوجه شد که وقتی نقشه جاده را با خود جاده مقایسه کنید کمی گیج می‌شوید و متوجه خواهید شد که تفاوت‌های زیادی بین این دو وجود دارد.

او می‌گوید که اغلب مردم وقتی واقعیت‌ها را می‌بینند و

به آن فکر می‌کنند گیج می‌شوند.
به این فکر کنید که آیا می‌توان منوی غذا را با خود غذا مقایسه کرد؟
البته که نمی‌توان یک منو را به عنوان غذا میل کرد! و تفاوت زیادی بین این دو وجود دارد.

در نقشه نیز نمی‌توان تمام مواردی که در سرزمین واقعی وجود دارد ذکر کرد و بنا به نوع نقشه امکان دارد از بسیاری موارد که به صورت حقیقی وجود دارد چشم‌پوشی شود، مانند پستی و بلندی‌ها و...

دنیای اطراف و بیرونی به هر شکلی که باشد، افراد با توجه به تجربیات و حواس خود، برداشت‌های متفاوتی از آن دارند و متأسفانه (و یا خوشبختانه) هیچکس نمی‌تواند کل حقیقت و اطلاعات کامل دنیای خارجی را درک کند. و میزان درک هر شخص، بستگی به عوامل مختلف، مانند ارزش‌ها، باورها، توانایی‌ها، استعدادها، محیط و تجربیات فرد دارد.

مغز ما با هر نقشه ای که به آن داده شود، برنامه ریزی می‌شود و ما از آن لحظه به بعد، بارها و بارها از آن نقشه استفاده می‌کنیم و هر بار تمایل بیشتری به استفاده از آن داریم. حتی امکان دارد که انجام دادن آن منجر به ناراحتی و یا خطر شود و یا مضرات آن بیشتر از مزایایش باشد با این وجود، به اشتباه، ما هر بار بر اساس همان نقشه عمل خواهیم کرد.

شخصی را در نظر بگیرید که می‌خواهد از تهران به

مشهد برود. این شخص با توجه به آشنایی با نقشه تهران ترجیح می‌دهد از همان نقشه برای مشهد هم استفاده کند!!!

به تفاوت‌ها توجه کنید! ما اغلب متوجه نخواهیم شد که از یک نقشه نمی‌توان برای همه جا استفاده کرد، و یا نقشه تاریخ انقضاء داشته باشد.

باید به این مورد نیز توجه کرد که هر نقشه ای کاملا حقیقی نمی‌باشد و حتی امکان دارد که قدیمی و منسوخ شده باشد.

نقشه‌ها مانند عکس‌ها بدون تغییر و پایدار به نظر می‌رسند، در حالی که سرزمین‌ها، مانند یک رودخانه پویا و فعال تغییر می‌کنند.

نقشه‌ها اکثرا در یک زمان، در زندگی ما بسیار مفید واقع می‌شوند و در یک زمان و مکان دیگر بسیار محدود کننده و دست و پاگیر و شاید غیر قابل استفاده می‌گردند.

یک کودک را در نظر بگیرید که در زمان کودکی باوری در او به شکل یک نقشه ذهنی ایجاد می‌شود که برای در امان بودن از موقعیت‌های خطرناک بیرون، باید در خانه بماند.

اگر چه این باور در زمان کودکی محدود کننده به نظر نمی‌رسد، اما اگر او از این نقشه ذهنی در بزرگسالی نیز استفاده کند و بر همین اساس عمل نماید، می‌تواند به عنوان یک فاکتور محدود کننده بسیار بزرگ تلقی شود.

بنابراین هر نقشه ذهنی شاید فقط در مدت زمان مشخصی، مفید واقع شود، نه برای همیشه!.

پیش فرض سوم: در ان ال پی، جسم و ذهن، سیستمی واحد محسوب می‌شوند.

جسم را نمی‌توان فقط یک ماشین حمل کننده ذهن دانست.

در ان ال پی، به ذهن و جسم به طور دیگری نگاه می‌شود، و آن اینکه ذهن و جسم با وجود اینکه جدا از هم دیده می‌شوند، ان ال پی آنها را یک سیستم یکپارچه تلقی می‌کند، و امکان اینکه یکی را بدون دیگری فرض کنیم وجود ندارد.

جریانی از اطلاعات قابل تبادل بین جسم و ذهن در سطح‌های مختلف و به صورت متوالی برقرار می‌شود، به این صورت که همیشه اطلاعات جسم به سمت ذهن جریان و تبادل دارد و برعکس.

در یک سطح ما همه آنها را به صورت افکار و احساسات تجربه می‌کنیم.

در سطح فیزیکی، اطلاعات به وسیله ضربات الکتریکی در طول نورون‌ها (رشته‌های عصبی) جریان پیدا می‌کنند، و نورون‌های انتقال دهنده، آنها را از میان فضاهای سیناپسی (فضای بین نورون‌ها) منتقل می‌کنند و به وسیله مولکول‌های شبه پروتئینی، که نوروپپتید نامیده می‌شود، ارتباط بین اطلاعات را ایجاد کرده و سیستم‌های مختلف را در بدن تنظیم می‌کند.

هر فکری که از ذهن شما می‌گذرد، از طریق فرستنده‌های عصبی به دورترین و جزیی ترین قسمت

بدنتان ارسال می‌شود.

وقتی که به طور ثابت بین ذهن و جسم ارتباط وجود دارد، گویی که حتی در شش‌ها و در قلب نیز سلول‌های مغزی (نورون‌ها) حضور دارند، مرز محدود کننده ای بین جسم و ذهن وجود ندارد پس ذهن و بدن آن چنان ارتباط نزدیکی به هم دارند که در ان ال پی به عنوان جزیی واحد در نظر گرفته می‌شوند.

آیا تحقیقاتی در این زمینه انجام گرفته؟

در بسیاری از سیستم‌های پزشکی در شرق، این لینک و ارتباط شناخته شده بود، تا در اواسط قرن اخیر با تحقیقاتی که صورت گرفت در سیستم‌های پزشکی غرب نیز این ارتباط شناسایی گردید.

تحقیقات نشان داده که مدیتیشن و ریلکسیشن منجر به کاهش فشار خون می‌شود.

علاوه بر این، هیجانات می‌توانند روی سیستم ایمنی بدن تاثیر بگذارند، و بدن را در برابر بیماری‌های عفونی مقاوم کنند و این امر می‌تواند منجر به شفا و بهبودی شود و یا بالعکس استرس و خستگی می‌تواند مقاومت بدن را کاهش دهد.

امروزه پزشکان، علاوه بر علائم فیزیکی، از لحاظ روحی نیز بیمار را مورد بررسی قرار می‌دهند.

وقتی شما سرما می‌خورید، علاوه بر درد جسمی، از لحاظ فکری هم به شدت کارایی‌تان پایین می‌آید.

افکار به میزان زیادی روی الگوی تنفسی و حتی قدرت ماهیچه‌ها تاثیر می‌گذارند، به عبارت دیگر اینکه فیزیک ما

(جسم ما) چگونه باشد، افکار ما را تحت تاثیر قرار می‌دهد و بالعکس.

لازمه داشتن سلامتی کامل بررسی ذهن و بدن به صورت توام به نظر می‌رسد.

زمانی که به خاطرات خنده دار فکر می‌کنید در اکثر مواقع موجب ایجاد خنده در شما می‌گردد در حقیقت یک فکری باعث تغییر جسم شما شده، فکر کردن به شخصی که شما او را دوست داشتید و اکنون در قید حیات نمی‌باشد، موجب ایجاد ناراحتی و احتمالا جمع شدن اشک در چشمان شما می‌گردد.

هر زمان چیزی باعث شود که شما به تجربه‌های ترسناک فکر کنید، احتمالا شروع به بروز علائم ترس می‌نمایید و حتی شاید عرق کنید (تغییر جسمی).

اینها مثال‌هایی از تاثیر گذاری مغز بر روی بدن است. وقتی شما خسته هستید و یا احساس خوبی ندارید، ذهن شما از فکر کردن به موارد خوب بازداشته می‌شود.

وقتی شما راست قامت و با اطمینان قدم بر می‌دارید، همواره به موارد خوش بینانه و مثبت فکر می‌کنید.

پس ما می‌توانیم با تغییر حالت فیزیکی، احساس و افکارمان را تغییر دهیم.

چگونه می‌توانیم با کمک این پیش فرض بهتر زندگی کنیم؟

ما می‌توانیم با آگاهی به این ارتباط، به افکار منفی غلبه

کنیم به وسیله: مدیتیشن، یوگا، پیاده روی و یا هر کار دیگری که ما احساس لذت می‌دهد، اگر انجام این موارد ممکن نبود ما می‌توانیم با راست قامت شدن، استفاده از الگوی تنفسی آرام، لبخند صادقانه و شل کردن عضلات ذهن خود را به طرف موارد مثبت جهت دهی کنیم.

پس شما می‌توانید از ذهنتان استفاده کنید تا بدنتان را سالم نگه دارید و برعکس.

ارزش این مطالب زمانی برای شما مشخص می‌شود که تمرینات آن را انجام دهید.

یکی از امتیازات مهمی که ان ال پی در اختیار انسان قرار می‌دهد توانایی تغییرات سریع برای کمک به اشخاص و تغییرات در ذهن و جسم می‌باشد.

اینکه چگونه شما بدنتان را سالم نگه می‌دارید، چگونه راه می‌روید و یا حتی چه چیزهایی می‌خورید روی ذهن و هیجانات شما اثر می‌گذارد و بلعکس!

زمانی که شما حرکات کششی زیادی انجام می‌دهید برای ذهن غیر ممکن می‌شود که بتواند ریلکس باشد و یا زمانی که شما استرس و نگرانی ذهنی دارید، بدنتان نمی‌تواند در حالت ریلکس قرار بگیرد. لینک کردن ذهن و جسم خیلی به راحتی انجام می‌گیرد.

لطفاً به تمرین زیر عمل کنید و مراحل آن را تا جایی که امکان دارد سریع انجام دهید:

بدون اینکه حرکتی انجام دهید فقط به پاهایتان نگاه کنید،

حالا سعی کنید، زمانی که پرانرژی و شاد بودید را به خاطر بیاورید و به عکس العمل خود دقت کنید.

حالا بایستید و دست‌هایتان را به طرفین باز کنید، سعی کنید زمانی را به خاطر بیاورید که کاملا خسته بودید و احساس درماندگی داشتید. چه اتفاقی افتاد؟

این تمرین به سادگی می‌تواند رابطه بین ذهن و جسم را نشان دهد، که چقدر افکار شما می‌تواند حالت فیزیولوژی شما را تغییر دهد.

ان ال پی با داشتن این پیش فرض می‌تواند به افرادی که در روند درمان خودشان به بن بست می‌رسند کمک کند.

یکی از موارد شایع برای افرادی که در روند درمان خودشان به بن بست می‌رسند، را باید در باور نداشتن به توانایی‌های خودشان در فرآیند بهبود دانست و اگر شخص این افکار و باور را داشته باشد که بهتر نمی‌شود، لحظه به لحظه از مراحل بهبود دورتر می‌شود. در چنین مواقعی باید روی باور آنها کار شود.

بسیاری از مردم در روند بهبود بیماری‌هایشان و یا دیگر شرایط نامساعد، معمولا یکی از باورهای زیر را دارند:

۱- ناامیدی

اگر یک شخص احساس ناامیدی می‌کند، به معنای اعتقاد داشتن شدید به امکان پذیر نبودن نتیجه خوب می‌باشد، و تنها از نظر او یک حالت وجود دارد و آن اینکه امیدی وجود ندارد.

۲- درماندگی

اگر شخصی احساس درماندگی می‌کند، می‌توان گفت او اعتقاد دارد که نمی‌تواند بهتر شود، و از نظر او دو حالت وجود دارد:

- من به اندازه کافی خوب به نظر نمی‌رسم، من نمی‌توانم خودم را درمان کنم.
- شفا و بهبودی کامل، امکان دارد، اما من، بیچاره هستم.

۳- بی ارزشی

اگر شخصی احساس بی ارزشی می‌کند، یعنی او اعتقاد دارد که به اندازه کافی برای درمان و سلامتی لیاقت ندارد. از نظر او یک حالت وجود دارد، و آن اینکه به احتمال زیاد من لیاقت سلامتی را ندارم. وقتی شخصی با هر یک از باورهای محدود کننده بالا مواجه شود، در روند بهبود و یا مشکل او، نه تنها پیشرفتی حاصل نمی‌گردد، بلکه شرایط حتی بدتر نیز می‌شود.

افرادی که هیجانات سالمی دارند، به افکار، احساسات، و رفتارشان آگاه هستند، آنها راه‌های سالم بودن هیجانات را برای غلبه بر استرس و مشکلاتی که به طور عادی در زندگی همه وجود دارد، ازطریق تجربه و یا آموزش یاد گرفته‌اند.

آنها احساس خوبی نسبت به خودشان، سلامتی و رابطه‌هایشان دارند. بدن شما به روشی که فکر می‌کنید، احساس می‌کنید و عمل می‌کنید، واکنش نشان می‌دهد.

چه موقع ما به افراد می‌گوییم که حالشان خوب به نظر نمی‌رسد؟

وقتی که آنها را از لحاظ احساسی و جسمی خوب تشخیص نمی‌دهیم.

حالت ذهنی

برای اینکه شخص کارآمدی باشیم باید در حالت ذهنی مناسبی قرار داشته باشیم.

حالت ذهنی چیست؟ به زبان ساده به همه افکار ما، احساس ما، و جسم ما در لحظه، مانند تصاویر ذهنی، صداها، احساسات، الگوهای وضعیت فیزیکی و تنفسی حالت ذهنی گفته می‌شود.

حالت ذهن ما مرتباً تغییر می‌کند و باید از این خصوصیت استفاده کرد. تنها با تغییر حالت می‌توانیم کل دنیای خود را تغییر دهیم (یا چنین به نظر می‌رسد).

پیش فرض چهارم: پشت هر رفتاری، یک نیت مثبت وجود دارد

با وجود اینکه در یکی از پیش فرض‌ها متوجه شدیم که هر شخصی، نقشه ذهنی مخصوص به خود را دارد، گاهی پیش می‌آید که هنوز رفتار دیگران برای ما عجیب به نظر می‌رسد و موجب ناراحتی و یا خوشحالی ما می‌گردد و

شاید در بعضی از مواقع هم نمی‌توانیم رفتار دیگران را درک کنیم. با اطلاع یافتن از این پیش فرض، چنین اتفاق‌هایی برای ما به ندرت پیش می‌آید و بهتر دیگران را درک می‌کنیم و قضاوت نمی‌نماییم، زیرا به جای اینکه بکوشیم تا شخصیت فرد را قضاوت کنیم و یا علت رفتار را پیدا کنیم به دنبال نیت مثبت رفتار خواهیم رفت!

رفتار شامل: افکار خودآگاه و ناخودآگاه، احساسات، پاسخ‌ها، عملکردها و نشانه‌هایی می‌باشد که ما به صورت خارجی مشاهده می‌کنیم.

در میان همه پیش فرض‌ها، شاید این پیش فرض مهمترین موضوعی بود که در ابتدا زیاد به آن توجه نشد و درک نگردید و اکنون در بسیاری از تکنیک‌های ان ال پی حضور پررنگی دارد.

نیت مثبت یک رفتار، به فوایدی که فرد به شکل ناخودآگاه از انجام دادن رفتاری دریافت می‌کند گفته می‌شود. این نیت مثبت، هم در رفتارهای خوب و هم در رفتارهای بد در ناخودآگاه وجود دارد.

پشت هر رفتاری یک نیت مثبت وجود دارد، و این به معنای خوش بینی و یا یک نوع نگرش مثبت نمی‌باشد، بلکه می‌گوید که هر فردی هر رفتار خوب یا بدی که دارد، پشت آن رفتار نیت خیری در ناخودآگاه دارد، و نحوه شکل‌گیری آن رفتار در گذشته به دلیل خاصی بوده و شخص یک نیت خوب و مثبت برای انجام دادن آن رفتار دارد، و این مثبت بودن نیت، هیچ ربطی به خود رفتار ندارد.

یعنی امکان دارد رفتار بد باشد، ولی شخص به دلایل مثبت (نیت مثبت) در سطح خود آگاه و یا ناخودآگاه آن رفتار را انجام دهد.

نیت مثبت شخصی که دزدی می‌کند، شاید به دلیل تامین غذا برای خانواده اش و یا برای سریع ثروتمند شدن باشد، در این جا با وجود مثبت بودن نیت، در نهایت آن عمل به ضرر شخص می‌باشد و موجب طرد شدن او توسط اعضای خانواده و یا حبس و زندانی شدن او شود.

نیت مثبت شخصی که سیگار می‌کشد، شاید به دلیل آرامشی که به او می‌دهد باشد.

نیت مثبت کسی که خشمگین می‌شود شاید به دلیل قدرتی باشد که به او می‌دهد.

نیت مثبت کسی که داد می‌زند تا جلب توجه کند نیز ممکن است همین طور باشد.

دلیل و هدفی که اشخاص از انجام دادن رفتار خود دارند را نیت مثبت می‌گوییم و امکان دارد که شخص به نیت رفتار خود، آگاه باشد و یا نباشد و این نیت در لایه‌های عمیق افکار و در ضمیر ناخودآگاه مخفی گشته و جنسی از احساس و یا افکار دارد و با پرسیدن سوال و جواب‌های متعدد، می‌توان آن نیت مثبت را پیدا کرد.

نیت مثبت امکان دارد کل وجود شخص را در بر گیرد و یا فقط مربوط به قسمتی از وجود فرد باشد. این نیت مثبت فقط مربوط به شخص مورد نظر می‌باشد و شخص دیگری همان رفتار را با نیت مثبت دیگری انجام می‌دهد.

نیت مثبت در مورد خود شخص، کیفیت و یا اثر رفتار

صحبت نمی‌کند، و با دانستن و پیدا کردن نیت مثبت، می‌توان بدون قضاوت درباره خود فرد و یا اثر رفتار او، واکنش‌های بهتری درباره رفتارهای به ظاهر نامناسب، انجام داد و واکنشی مناسب با موقعیت انجام داد.

توجه کنید که این پیش فرض هرگز به معنی چشم پوشی از رفتارهای نامناسب و تخریب کننده نمی‌باشد و یا اینکه دیگر نتوانیم خودمان و دیگران را برای کارهای زشت و گناهکارانه محکوم کنیم، همچنین به معنی پذیرش رفتارهای غیر مجاز نیز نخواهد بود.

من یک دوست در دانشگاه داشتم که همیشه به همه چیز و همه کس شک داشت. من همیشه به این فکر می‌کردم که او چرا این کار را انجام می‌دهد؟

بعد از مدتی متوجه شدم که رفتار گله مندانه او به صورت ناخودآگاه صورت می‌گیرد، و او این کار را انجام می‌دهد تا توجه و حمایت دوستانش را به خودش جلب کند (نیت مثبت).

نیت مثبت برای چه کسی؟

این نیت مثبت فقط به نفع خود شخص می‌باشد و یا شاید قسمتی از وجود شخص را در بر گیرد.

برای فهمیدن بهتر آن، به مثال زیر دقت کنید:

حتی دردها و رنج‌ها به عنوان رفتارهای بدن مورد توجه قرار می‌گیرند:

افرادی وجود دارند که رنج و درد را برای سال‌ها تحمل می‌کنند و گاهی دچار دردهای مزمن می‌شوند، در بسیاری از موارد هیچ دلیل پزشکی وجود ندارد و آنها به اصطلاح دچار اختلال روان تنی هستند.

در بسیاری از آنها وقتی که شخص عاشق می‌شود و مدت زمان زیادی را با عشقش می‌گذراند، از لحاظ سلامتی بهتر می‌شود.

زمانی که فرد نیت مثبت را از عشق و یا خانواده می‌گیرد، به صورت ناخودآگاه بهبود می‌یابد.

اما اگر نیت مثبت تامین نشود و حتی فرد خواهان آن باشد که به صورت خود آگاه دردش بهبود یابد، قسمت درگیر درد، اجازه رها شدن از درد را نمی‌دهد. پشت هر رفتاری، یک نیت مثبت وجود دارد.

مثال دیگر:

من شخصی هستم که کارهایم را تا دقایق ۹۰ به تعویق می‌اندازم و وقتی که سرانجام کارم را شروع می‌کنم، همراه با درد و نگرانی و اضطراب خواهد بود.

با وجود اینکه می‌دانم به تاخیر انداختن آنها چه تاثیر نامناسبی روی من می‌گذارد، هنوز هم این رفتار الگوی رفتاری من به شمار می‌آید.

بعد از آشنا شدن با این پیش فرض متوجه شدم که این تاخیر بیشتر باعث ایجاد افتخار و لذت در من می‌شود.

نیت مثبت آن رفتار در من به این شکل خواهد بود که با خودم می‌گویم: نگاه کن با وجود آن که وقت کمی داشتم،

توانستم آن را انجام دهم و من به خودم افتخار می‌کنم.
پس با وجود آن که امکان دارد رفتار به ما ضرر برساند، اما به خاطر داشتن نیت مثبت ما دوباره و دوباره آن را انجام می‌دهیم.

چگونه ما می‌توانیم نیت مثبت را کشف کنیم؟

وقتی شما تصمیم می‌گیرید که نیت مثبت خودتان و یا شخصی را پیدا کنید، متوجه می‌شوید که چقدر همه چیز متفاوت می‌شود، شما به جزئیات بیشتری توجه می‌کنید، کنجکاو می‌شوید و سوال‌های زیادی برای شما نسبت به خودتان یا او به وجود می‌آید!

شخص با عمل کردن به این رفتار چه چیزی را تجربه می‌کند؟

آیا تا به حال خود من همچین رفتاری داشته‌ام؟

چه موقع من همچین رفتار مشابهی خواهم داشت و آن رفتار چه چیزی برای من خواهد داشت؟

فرد با انجام این رفتار چه اتفاقی برایش می‌افتد؟

پشت هر رفتاری، یک نیت مثبت وجود دارد. با توجه کردن به این سوالات همدلی در شما افزایش می‌یابد. و باعث می‌شود که شخص مقابل احساس شنیده شدن کند، و این امر خود منتهی به بالا بردن کیفیت ارتباطتان می‌گردد.

در عین حال امکان دارد شما نیت مثبت شخص را نیز پیدا کنید که این کار یا با پرسیدن مستقیم سوال به دست می‌آید و یا اینکه می‌بایست خودتان را در موقعیت فرد

مقابل قرار دهید و سعی کنید به شیوه او فکر و احساس نمایید تا بتوانید نیت مثبت او را بیابید.

و تا زمانی که نتیجه خوب و صحیح حاصل شود این کار را ادامه دهید تا در نهایت اطلاعات مفید را پیدا کنید.

نتایج پیدا کردن نیت مثبت:

۱. درک و همدلی:

وقتی از نیت مثبت رفتارهای دیگران آگاه می‌شوید، واکنش‌های شما متفاوت و مفیدتر خواهد بود و به درک، تحمل و همدلی شما در روابط کمک خواهد کرد و گاهی نیز می‌توان به افراد کمک کرد که احساس و رفتار بهتری را تجربه کنند.

۲. جایگزینی رفتار درست:

با پیدا کردن نیت مثبت رفتارهای نامناسب و مخرب، می‌توانیم با جایگزینی رفتار جدید متناسب با نیت مثبت، در بهبود و تصحیح رفتار در خودمان و دیگران، نتایج فوق العاده ای کسب کنیم.

این پیش فرض به ما در تغییر شیوه تفکر که منجر به تغییر عملکرد می‌شود کمک خواهد کرد با توجه به اینکه نباید به طور کورکورانه مثبت باشیم، این پیش فرض به ما کمک خواهد کرد تا در موقعیت‌های بهتری قرار بگیریم و

تحولات زیادی در زندگی ما صورت گیرد.
البته گاهی نیات مثبت در اشخاص آن قدر عمیق هستند که به سادگی و با سوالات بالا نمی‌توان پی به نیت مثبت شخص برد اما با اجرای تکنیک‌های عملی ان ال پی می‌توان نیت مثبت هر عملی را یافت، پس هر عمل و رفتاری در شخص خواه مثبت و خواه منفی دارای نیت مثبتی در سطح ناخودآگاه آن شخص می‌باشد که در بسیاری از موارد حتی خود فرد نیز به نیات مثبت رفتارهایشان آگاهی ندارند. پس پشت هر رفتاری، یک نیت مثبت وجود دارد.

پیش فرض پنجم: اگر کسی می‌تواند، شما هم می‌توانید.

هر آنچه برای یک فرد در دنیا اتفاق افتاده باشد، برای دیگران هم احتمال رخ دادنش وجود دارد، یعنی اگر شخصی بتواند کاری را انجام دهد، هر شخص دیگری هم می‌تواند روش انجام آن کار را یاد بگیرد .

این پیش فرض اساس الگوسازی ان ال پی قرار گرفته و به ما می‌گوید: می‌توانیم الگوی فکری و رفتاری انسان‌های موفق را یاد بگیریم و با انجام آنها به نتایجی مشابه آنچه آنها رسیده‌اند، برسیم.

الگوسازی ان ال پی، این امکان را برای شما به وجود می‌آورد که با کشف اجزاء و استراتژی‌های مورد نیاز از انسان‌های موفق به نتایج مشخص برسید.

بهترین راه برای رسیدن به هر موفقیتی الگوبرداری صحیح و اصولی می‌باشد.

اگر می‌خواهیم قهرمان ورزشی، سخنران موفق، سیاست‌مدار بزرگ، کارآفرین برتر و ... شویم، می‌توانیم از اشخاص موفق هر زمینه الگوبرداری کنیم و به همان موفقیت‌ها دست یابیم.

وقتی نتیجه ای برای شخصی امکان پذیر باشد، برای شما نیز امکان پذیر خواهد بود و همچنین برای شما نیز قابل یادگیری است.

مهارت‌ها می‌توانند به شخص دیگری یاد داده شوند.

هر مهارت، استعداد و توانایی می‌تواند به مولفه‌هایش شکسته شود و از آنها استفاد کرد.

در حقیقت اگر تاکنون به بچه‌ها دقت کرده باشید، متوجه می‌شوید که آنها چگونه پیشرفت می‌کنند، آنها با الگوبرداری از دیگران شروع می‌کنند به گسترش مهارت‌هایشان، حالا بستگی به الگویی که انتخاب می‌کنند، امکان دارد در کاری موفق شوند یا نه!

با این وجود متوجه خواهیم شد که مدلینگ کار زیاد سختی به نظر نمی‌رسد و ما حتی بدون آموزش، در کودکی یک الگوبردار خوبی بوده‌ایم، پس چگونه اکنون فکر می‌کنیم که کار دشواری در پیش داریم؟

کم کم که بزرگتر می‌شویم و منطق ما شروع می‌کند به رشد کردن و آموزش دیدن، به همان میزان تمایل ما نسبت به الگو برداری کاهش می‌یابد. اگر کسی می‌تواند،

شما هم می‌توانید.

آیا کاری وجود دارد که شما بخواهید آن را به خوبی یاد بگیرید و یا دوست داشته باشید که مهارتی را به صورت حرفه ای انجام دهید؟ اگر این طور باشد چرا سعی نمی‌کنید از بچه‌ها یاد بگیرید؟

ان ال پی می‌خواهد به افراد یاد دهد که چگونه متمایز و ممتاز باشند. از آنجا که سیستم ذهنی و فیزیولوژی انسان‌ها شباهت زیادی به هم دارد درنتیجه این امکان وجود دارد که اگر شخصی بتواند کاری را انجام دهد، می‌تواند مدل و الگویی برای سایرین گردد که به همان موفقیت نائل گردند (به جز اشخاصی که از لحاظ روانی و یا نورولوژیکی مشکل دارند.)

اگر ما یک مدل موفق انتخاب کنیم و مانند او فکر کنیم، احساس کنیم و عمل کنیم، ما نیز موفق می‌شویم.

مدلینگ فرآیندی برای تشخیص و همانندسازی اجزاء خود آگاه و ناخودآگاه در نظر گرفته می‌شود، حتی اگر خود شخصِ موفق بر آنچه انجام می‌دهد آگاه نباشد، می‌توان از طریق مشاهدات با دقت، سوالات و استخراج استراتژی‌ها به اجزاء ناخودآگاه او پی برد.

با توجه به اینکه اکثرا الگوبرداری‌های ما به صورت ناخودآگاه انجام می‌گیرد، اگر بتوانیم آن را به صورت خود آگاه انجام دهیم، نتایج مطلوب حاصل می‌گردد.

برای الگوبرداری نمی‌توان فقط از کپی و یا تقلید ظاهری استفاده نمود، بلکه ما زمانی موفق می‌شویم که علاوه بر ظاهر به خصوصیات درونی مانند باورها، ارزش‌ها، نوع

تفکر، انگیزه و حتی احساس فرد نیز توجه کنیم.

وقتی یک فرد کاری را به نحو عالی انجام می‌دهد، برای ان ال پی زیاد مهم نخواهد بود که این مهارت از کجا سرچشمه می‌گیرد.

ما هم باید بتوانیم مانند او عمل کنیم و از او همانندسازی کنیم تا به چنین موفقیتی نائل شویم.

هرگاه اجزاء مهارت فرد را پیدا کنید و بتوانید جزء جزء آنها را انجام دهید شما نیز دقیقا به همان مهارت دست می‌یابید.

بعضی از اشخاص وقتی با این پیش فرض آشنا می‌شوند، نگران خواهند شد که مبادا به بدلی از شخص در تمام زمینه‌ها تبدیل شوند! اما جای نگرانی وجود ندارد، اگر جزء به جزء مانند او رفتار کنید، هرگز به او تبدیل نمی‌شوید زیرا از لحاظ شخصیتی با او متفاوت هستید، و فقط از تکنیک‌های شخص مورد نظر الگوبرداری می‌کنید.

ان ال پی از مطالعه افرادی که در کاری خاص فوق العاده هستند، شروع می‌کند و نحوه انجام آن کار را توسط آن فرد تعیین می‌کند و سپس آن را آموزش می‌دهد و در اختیار دیگران قرار می‌دهد تا آنها نیز بتوانند با انجام دادن همان کارها به نتایج مشابه دست یابند با این روش شما به این قدرت دست می‌یابید تا در هر حوزه‌ای از زندگی خود به موفقیت نائل شوید.

ان ال پی باور دارد اگر کیفیت مهارتی را از یک انسان برتر و برجسته انتقال دهید و در یک انسان متوسط و معمولی پیاده کنید، قطعاً همان نتایج برتری که برای

انسان برتر اتفاق افتاده، در انتظار آدم معمولی هم خواهد بود. حتی این کار را می‌توان برای کارهای تجاری، سازمان‌ها و شرکت‌ها نیز انجام داد. یکی از مزیت‌های بزرگ الگوبرداری، کاهش آزمون و خطا، افزایش موفقیت در کار و اطمینان از نتیجه حاصل از مدلینگ می‌باشد.

محدوده توانایی‌ها و مهارت‌های خود را می‌توانید به وسیله مدلینگ درخود افزایش دهید، این کار محدویت خاصی ندارد و می‌تواند در تمام ابعاد و زمینه‌ها انجام گیرد.

نمونه‌های عمومی مانند؛ اعتماد به نفس، پیدا کردن دوست، روابط عمومی، تصمیم گیری، صبور بودن، شاد بودن، آرامش داشتن، منظم بودن، آن تایم بودن، نحوه صحبت کردن و ... اگر کسی می‌تواند، شما هم می‌توانید! نمونه‌های اختصاصی مانند؛ سخنرانی کردن، فروش، موسیقی، ورزش، رهبری، حسابرسی و ... .

شما حتی می‌توانید از خود نیز برای دیگران الگو بسازید، و یا از بهترین شرایط و لحظه‌های زندگی خود الگوبرداری کرده تا آن لحظات خوشایند را در سایر زمان‌ها نیز برای خود به وجود آورید. برای رسیدن به اهدافتان می‌توانید از فردی که او را به عنوان الگو انتخاب کرده اید سوال کنید چه چیزهایی به او انگیزه می‌دهد و چگونه می‌تواند تا رسیدن به هدف روی هدف مورد نظرش متمرکز باقی بماند.

ان ال پی به ما آموزش می‌دهد که چگونه برخی افراد در کار، زندگی و دیگر امور از بقیه موفق تر عمل می‌کنند.

الگوبرداری از عملکردهای موفق باعث پیشرفت می‌شود.

NLP (ان ال پی) ابزارهای لازم را در اختیار شما قرار می‌دهد تا از فرد مورد نظرتان الگوبرداری کنید.

شما هم می‌توانید امتحان کنید بی گمان به دلیل نتایج فوق العاده ای که کسب می‌کنید، جزء برنامه روزانه‌تان قرار می‌گیرد.

همین الان در زمینه مورد علاقه‌تان یک مدل مناسب انتخاب نمایید و شروع کنید.

پیش فرض ششم: انعطاف پذیر باشید، اگر از کاری که انجام می‌دهید، نتیجه خوبی نمی‌گیرید، کار دیگری انجام دهید.

اقدام به روش متفاوت می‌تواند شما را از دام اعمال و رفتارهای تکراری بدون نتیجه نجات دهد و مهره نجات بخش شما در این زمینه، انعطاف پذیری می‌باشد.

در قسمت چهار ستون ان ال پی، انعطاف پذیری را بیشتر مورد بررسی قرار دادیم.

گاهی تفکرات خلل ناپذیر و خشک و بدون انعطاف صدمات زیادی را به فرد و یا سازمان وارد می‌کنند.

شکستن عادات و چهارچوب‌ها گاهی سخت به نظر می‌آیند، اما بیشتر مانند معجزه عمل می‌کند.

دلیل شکست بسیاری از روابط، کسب و کار، مواجه شدن با مسائل و نرسیدن به اهداف در نداشتن انعطاف پذیری می‌دانند.

شما برای انعطاف پذیری نیاز به استعداد خاصی ندارید، سعی کنید حس‌های دیگر خود را به کار بگیرید.

اگر در روابط فقط بر روی کلمات تاکید می‌کنید، می‌توانید راه‌های دیگری را نیز امتحان کنید.

هر چقدر در روابط خود انعطاف پذیرتر باشید، افراد بیشتری را تحت تاثیر قرار می‌دهید و قدرت متقاعدسازیتان افزایش می‌یابد.

هر چقدر در فروش و کسب و کارتان انعطاف پذیرتر باشید، افراد بیشتری تمایل به استفاده از خدمات شما و خرید از شما را خواهند داشت. گاهی به دلیل اصرار بر یک مسیر دچار مشکلات زیادی می‌شوید، راه‌های دستیابی به هدفتان را تغییر دهید تا بتوانید نتیجه مطلوب را بگیرید. راه‌های بی‌شماری وجود دارد، کافیست تصمیم بگیرید که راه جدیدی را کشف و امتحان کنید.

زمانی که تصمیم می‌گیرید منعطف باشید، همیشه به راه‌های بهتر فکر خواهید کرد و نتایج بهتری کسب خواهید نمود. فرصت برای افراد منعطف به مراتب بیشتر خواهد بود و این نکته می‌تواند شما را از رقیبانتان متمایز کند.

پیش فرض هفتم: نمی‌توانید ارتباط برقرار نکنید

در هر زمینه ای که می‌خواهیم موفق شویم، ما نیاز داریم که ارتباط و تعامل برقرار کنیم.

ما باید یاد بگیریم به بهترین نحو ارتباط برقرار کنیم.

حرکات و زبان بدنتان حتی در صورتی که خودتان هم نخواهید می‌تواند آنچه را که واقعاً در ذهن دارید و به آن فکر می‌کنید بیان کنند. گاهی حتی بدون رد و بدل کردن کلامی، تنها با سکوت و یا با زبان بدن پیام مورد نظر به راحتی منتقل می‌گردد.

در هر صورت ما در هر لحظه با کلام یا بدون کلام در حال ارسال پیام خود به دیگران هستیم. در هر کجا و با هر شخصی که باشید مدام در حال ارتباط هستید و این کار را با کلام، رفتار، لحن صدا و زبان بدنتان بیان می‌کنید. گاهی در یک گوشه نشسته و به نقطه ای خیره می‌شوید در این حال نیز در حال انتقال پیام به خودتان و دیگران می‌باشید.

پیش فرض هشتم: ارتباط را در پاسخی که دریافت می‌کنید معنا کنید

تمام ارتباطاتی که صورت می‌گیرد برای رسیدن به یک خواسته خاص و یا یک هدف می‌باشد! نتیجه یک ارتباط پاسخی که شما از شخص یا اشخاص مقابل دریافت می‌کنید، مشخص می‌کند.

اکثر انسان‌ها موقعی که پاسخ مورد انتظار خود را در راستای خواسته و هدف خود نمی‌بینند، اولین و تنها موردی که به ذهنشان می‌رسد مقصر جلوه دادن شنونده و دریافت کننده پیام می‌دانند و گاهی حتی او را نیز قضاوت

و متهم می‌کنند!!!

ان ال پی با این قضیه طور دیگری برخورد کرده، مقصر را شخص دیگری می‌داند و دید کاملا متفاوتی دارد! ان ال پی بیان می‌کند که معنای ارتباط را تنها پاسخ‌های دریافتی مشخص می‌کند. مهمترین بخش مکالمه، را می‌توان قسمتی دانست که شنونده پیام شما را دریافت و درک می‌کند و برای داشتن یک ارتباط خوب باید همین پیام ارسالی مبنای کار قرار گیرد.

به دلیل اینکه ما انسان‌ها مدام در حال تاثیر گذاردن بر دیگران هستیم و برای این کار از مهارت‌های ارتباطی کمک می‌گیریم، در صورتی که این پیش فرض را پذیرفته و بر اساس آن عمل نماییم، به مقاصد بسیاری در زندگی خواهیم رسید و حتی علاوه بر اینکه بسیار راحت‌تر به خواسته خود می‌رسیم، با افرادی که در یک ارتباط، به طور مستقیم در ارتباط بوده ایم نیز، روابط خوب و حسنه برقرار کرده و آنها را نیز خشنود نموده‌ایم و در کل، دو طرف رضایت خاطر خواهند داشت چون اساس ان ال پی بر روابط برد - برد می‌باشد. ارتباطات در ان ال پی متفاوت از دید اکثر افراد جامعه در نظر گرفته می‌شود، چون اکثرا این دید را دارند که مهارت ارتباطی تاثیرگذار، با زرنگ بازی و سود جویی نتیجه می‌دهد.

ان ال پی توانایی پاسخ دادن به دیگران، بر مبنای درک کردن آنها و مطمئن شدن از انتقال پیام به شیوه صحیح و همراه با احترام صورت می‌گیرد.

پیامی که شنونده دریافت می‌کند اهمیت بیشتری نسبت به پیامی که شما ارسال می‌کنید، دارد.

ارتباط را نمی‌توان مانند یک خیابان دو طرفه دانست، به این معنی که هر دو طرف به صورت ۵۰/۵۰ مسئول باشند! بلکه از نظر NLP شما به صورت ۱۰۰٪ مسئول گرفتن پیامتان هستید. حتی شما می‌توانید مسئول ۲۰۰٪ تلاش، برای فهمیده شدن باشید، در این صورت اگر شخص مقابل این پیش فرض را نداند و یا این را قبول نکند، آنها فکر می‌کنند که ۵۰٪ مسئول این روابط هستند، در این صورت شما هنوز ۱۵۰٪ موقعیت بهتر و بیشتری دارید.

وقتی این پیش فرض را قبول کردید، شما مسئولیت گوش کردن و توجه کردن به پاسخ‌ها را بر عهده می‌گیرید و اینکه برای گرفتن بازخورد، فکر می‌کنید که سوالات مناسب بپرسید، تا پیام شما بهتر مشخص شود.

بعضی افراد می‌گویند: "اما من نمی‌توانم پاسخ همه را کنترل کنم"، این به نظر درست می‌آید، ولی بدانید اگر شما بخواهید یک سوال یا ایده را ارائه دهید، باید به این نکته نیز توجه کنید که شخص مقابل علاوه بر اینکه شما را می‌شنود، می‌خواهد پیام شما را نیز بفهمد.

یک مثال:

تصور کنید که در ایتالیا هستید، و نیاز دارید که به یک فروشگاه بروید، شما می‌توانید برای اینکه مطلع شوید که چگونه به فروشگاه مورد نظر بروید، از یک شخص ایتالیایی سوال کنید. شما تنها می‌توانید خواسته خود را به صورت

انگلیسی مطرح کنید، و با توجه به اینکه سـوال و خواسـته خود را مطرح کرده‌اید، اما شخص مقابل انگلیسـی متوجـه نمی‌شود، در این صورت شما موفق به گرفتن پاسخ نشدید، پس مهمترین بخش مکالمه پاسخ دریافتی می‌باشد.

وقتی من کلاس زبان شناسی بودم، استادمان می‌گفت:

اگر شما چیزی بخواهید و آن را به دست نیاورید، این نشان می‌دهد که شما به شیوه صحیح درخواست نکرده‌اید.

پاسخ در ارتباطات، معیاری برای تشخیص میزان اثر گذاری شما در ارتباط می‌باشد.

برای مثال اگر شما ازفرزنـدتان بخواهیـد کـه اتـاقش را تمیز کند، و او این کار را انجام نـداد، ایـن یـک مسئله و مشکل خواهد بود، و در واقع خود پیام مشکل دارد و باید آن را اصلاح کرد.

در این گونه موارد اولین کاری که والدین انجام می‌دهند بیان کردن دوباره خواسته بـا صـدای بلنـدتر از دفعـه قبـل می‌باشد! متاسفانه گفتن چیزی با صدای بلندتر برای گرفتن جواب بهتر مثمرِ ثمر نخواهد بود.

آیا تا به حال از این کار نتیجه گرفتـه ایـد؟ احساسـتان چگونه بوده؟ بهتر یا بدتر؟(امیدوارم بگویید، بـدتر). حـال ببینید من چگونه عمل می‌کنم؛ اگر من از پسرم بخواهم که اتاقش را تمیز کند و او انجام ندهد، من از او می‌پرسم کـه چه شده که شما درخواست من را قبول نکردید؟

شاید او مشغول انجام تکالیفش باشد، یا شـاید صـدای من و یا منظور من را متوجه نشده باشد. در نهایت من به

او می‌گویم که حالا برو اتاقت را تمیز کن و شما یک ساعت وقت دارید که این کار را انجام دهید. و اگر دوباره انجام نداد، یک محرک دیگری اضافه می‌کنم، اینکه اگر این کار را انجام ندهید، کامپیوتر دیگر در دسترس شما نخواهد بود.

من هیچ وقت چیزی را که قبلا گفته ام و نتیجه نداده دوباره تکرار نمی‌کنم، مگر نه اینکه انجام دادن یک کار یکسان به صورت دوباره و دوباره و انتظار نتیجه متفاوت داشتن را تعریف دیوانگی می‌دانند؟ و فراموش نکنید معنی ارتباط پاسخی می‌باشد که دریافت می‌کنید.

زمان دیگر که شما با شخصی ارتباط برقرار کردید تا پاسخ مخصوصی بگیرید، به یاد بیاورید که پاسخ او مهم‌تر از پیام انتقالی شما می‌باشد، و اگر جواب مورد نظرتان را دریافت نمی‌کنید باید نوع پیامتان را آن قدر تغییر دهید و راه‌های دیگری را امتحان کنید تا پاسخ مناسب را بگیرید، با رعایت اصل انعطاف پذیری ان ال پی، شما در نهایت به هدف خود خواهید رسید.

مراحل ارتباط تاثیرگذار شامل پرسیدن سوال درست، گوش دادن موثر و سپس پاسخ را شامل می‌گردد.

در پرسیدن سوال شما می‌توانید بهتر عمل کنید و توجه را از خودتان بر روی دیگران ببرید، مثلاً: من چگونه این را بفروشم؟ اینها موارد احتیاجات من هستند چگونه می‌توانم به شما کمک کنم؟ شما چه چیزی احتیاج دارید؟ تغییر دهید. و سپس خوب گوش دهید و شنونده فعال باشید، با نشان دادن علاقه خود به دیگران و پرسیدن سوال‌های درست، گاهی علاوه بر رسیدن به خواسته خود، حتی

می‌توان در عرض بیست دقیقه دوستان مناسبی را نیز پیدا کرد، که شاید قبلا این کار را در ۲۰ هفته انجام می‌دادید!
اگر در پاسخ به خواسته خود، پاسخ‌های مناسب دریافت نمی‌کنید، سریع احساس ناکامی و شکست نکنید، آن را تنها یک بازخورد تلقی کنید، و از آن درس بگیرید که دفعه بعد چگونه درخواست بهتری داشته باشید.
اینکه مخاطب شما چند درصد از مفهوم پیام شما را دریافت کرده، موفقیت شما را در ارتباط نشان می‌دهد .
با توجه به بازخورد و واکنشی که کلامتان در ارتباط ایجاد می‌کند، می‌توانید متوجه شوید که چقدر موفق عمل کرده اید.
با توجه به این پیش فرض موظف می‌شوید تا معنایی را که در ذهن دارید به طور کامل و دقیق به طرف مقابل منتقل کنید.
همچنین، شما طرف مقابل را به دلیل سوء تفاهم مقصر نمی‌دانید چون مقصر واقعی خودتان هستید! این پیش فرض به نفوذگذاری شما که نقش مهمی در ارتباطات به عهده دارد کمک بسزایی خواهد نمود.

پیش فرض نهم: ابزارها و منابع لازم برای موفقیت را در اختیار داریم

این پیش فرض از پیش فرض‌های مورد علاقه من به شمار می‌آید و امیدوارم شما هم از آن لذت ببرید و آن را در زندگی روزانه خود استفاده کنید.

ابزارها و منابع لازم برای موفقیت در اختیار ما قرار دارد. ان ال پی اعتقاد دارد که هر شخصی همه ابزارهای موردنیاز برای موفقیت، حل مشکلات و رسیدن به هر خواسته ای را در اختیار دارد.

انسان‌ها به طور باور نکردنی پتانسیل و قابلیت‌های زیادی دارند که به آنها در رسیدن به هر موفقیتی می‌تواند کمک کننده باشد.

ان ال پی با کمک کردن و ارائه مناسب و تشویق در استفاده از این منابع، به شما در پیدا کردن راه‌حل‌های بیشتر و متناسب‌تر کمک می‌کند و شما در نهایت به نتایجی که برای شما رخ خواهند داد و مفید هستند، خواهید رسید.

این پیش فرض می‌گوید هیچ فردی وجود ندارد که بدون ابزارهای لازم برای زیستن متولد شده باشد، فقط، شاید او در موقعیتی قرار دارد که نمی‌تواند از آنها استفاده کند، و شاید نمی‌داند که این تجهیزات و ابزارها را در اختیار دارد!

وقتی ما نتیجه مورد نظرمان را به دست نمی‌آوریم، دیگران را مقصر می‌دانیم، شرایط محیطی، بدشانسی و حتی خودمان را!

شکست تنها زمانی وجود دارد که با وجود تمام منابع در دسترس از آنها استفاده نکنیم، زیرا هر فردی با کمک گرفتن از آنها می‌تواند بهترین کار را انجام دهد. ابزارها و منابع لازم برای موفقیت در اختیار ما قرار دارد.

زمانی که به چنین پیش فرضی آگاهی نداریم، یا از

عملکرد آن اطمینـان نـداریم، بـه جـای یـافتن قـدرت‌های درونی تنها به دنبال پیدا کردن تکنولوژی، دانـش و تجربـه اطرافیان هستیم.

در حالی که تمام این موارد در کنـار همـدیگر مـا را بـه نتایج مورد نظر خواهد رساند.

اصلی ترین فـاکتور بـرای رسـیدن بـه موفقیـت همـان ابزارهای درونی هستند و سایر عوامل تنها سرعت و شـاید کیفیت کار را بالا خواهند برد.

بدون قدرت ابزارهای درونی، و فقط با تکیـه کـردن بـه منابع بیرونی، راه به جایی نخواهید برد.

وقتی اولین بـار مـردم بـا ایـن پـیش فـرض رو بـه رو می‌شوند، بسیاری از آنها می‌گویند من به چنین چیزی بـاور ندارم.

همه چیز بستگی به این دارد که شما چگونه فکر می‌کنید

قسمت مهم این پیش فرض به این نکتـه اشـاره دارد کـه این منابع همیشه در دسترس قرار دارند.

آیا شما بهترین کاری را که می‌توانید، انجام می‌دهید؟

آیا برایتان پیش آمده که کاری را در یک زمان به خـوبی انجـام بدهیـد و در یـک زمـان دیگـر در همـان شـرایط نتوانسته‌اید از عهده آن بر آییـد! اینهـا بـه دلیـل بـاور بـه توانایی‌های درونیتان اتفاق می‌افتند.

گاهی برایتان پیش آمده که شب خوب نخوابیده باشید، و به اندازه کافی انرژی نداشته باشید، اما نسبت به کمبـود انرژی‌تان بهترین عملکرد را داشته‌اید. و یا امکان دارد، کـه

یک روز نسبت به کسی یا چیزی احساس دلخوری و ناراحتی داشته باشید و باعث شود که حواستان پرت شود، و برخلاف اینکه همیشه کارهای زیادی را انجام می‌دادید، در آن روز از عهده انجام دادن کارها به خوبی برنیایید.

مقایسه توانایی‌های ما در موقعیت‌های مختلف بر وجود ابزارها و توانایی‌های ما به صورت درونی اشاره می‌کند و فقط بستگی به خود شخص دارد که آیا از آنها می‌تواند استفاده کند یا خیر!

ما می‌توانیم این منابع سرشار درونی، را به صورت بالفعل در اختیار بگیریم.

ان ال پی به ما آموزش می‌دهد که چگونه این کار را انجام دهیم، همچنین به ما یاد می‌دهد که شخصیت را از رفتار جدا کنیم، و ما می‌توانیم دست به انتخاب بزنیم، و موارد قدیمی، غیر مفید و نقشه‌های ذهنی نامناسب را تغییر دهیم.

بسیاری از بهبودها و گسترش‌های فردی به دلیل تغییرات ساده‌ای که صورت می‌گیرد رخ می‌دهند. مشکلات ما زمانی به وجود می‌آیند که از دسترسی به این منابع جلوگیری می‌شود.

نوک زبانمه!

مواقعی که چیزی را می‌دانید ولی نمی‌توانید آن را بیان کنید و یا اطلاعات را به شخص دیگری منتقل کنید، این به

دلیل نداشتن آگاهی شما رخ نمی‌دهد و یا زمانی که کلید، یا چیز مشابه آن را گم می‌کنید!
یا زمانی که می‌خواهید یک تذکر مناسب به شخصی که از او رنجیده شده اید، بدهید ولی نمی‌توانید و گاها یک یا دو ساعت بعد زمانی که دیگر فایده‌ای ندارد به ذهنتان برسد که چگونه باید آن تذکر را می‌دادید.

این مشکلات نشان می‌دهد که با وجود داشتن آگاهی و منابع امکان دارد ما به آنها دسترسی نداشته باشیم، تنها به این دلیل که نمی‌دانیم چگونه آنها را در دسترس قرار بدهیم.

ان ال پی می‌تواند این امکان را در اختیار ما قرار دهد، زیرا این سیستم به صورت عملی هم با ذهن خود آگاه و هم ناخودآگاه کار می‌کند.

ان ال پی می‌تواند به طور باور نکردنی به ما کمک کند؛ که خلق کنیم، تغییر دهیم و هر چیزی را که می‌خواهیم به دست بیاوریم.

همه ما گاهی به شکل مستقیم به تمام منابع و ابزارها دسترسی نداریم اما هم‌زمان می‌توانیم به منابعی دیگر دسترسی داشته باشیم که ما را در رسیدن به اهدافمان یاری کنند.

اگر چه اکثر انسان‌ها چیزهایی به این سادگی را باور نمی‌کنند، و اغلب به خودمان می‌گوییم؛ ما خوب به نظر نمی‌رسیم، ما موفق نمی‌شویم، ما در خانواده خوب متولد نشدیم، شانس نداریم و ... این موارد تنها بهانه‌هایی برای انجام ندادن کارها هستند.

این اصل به ما می‌گوید که اگر برای انجام کار و یا هدفی نیاز به یکسری استعدادها و توانایی‌هایی داریم که تاکنون از آنها استفاده نکرده‌ایم و یا از وجود آنها بی اطلاعیم، می‌توانیم از سایر توانایی‌ها برای به دست آوردن ابزارهای مورد نیازمان استفاده کنیم.

مثلا اگر در حرفه و کارمان نیاز به یکسری کارهای فنی و مهندسی داریم که در آن مورد اطلاع و مهارت کافی نداریم، اما در زمینه ارتباطات قوی هستیم و از نظر مالی توانمندیم می‌توانیم از این ابزارها استفاده کنیم تا یک فرد کار آزموده در این زمینه را به کار گیریم.

پیش فرض دهم: هیچ شکستی وجود ندارد، هر آنچه هست، بازخورد نامیده می‌شود.

دیدگاه ان ال پی نسبت به شکست، بسیار متفاوت و کاربردی به نظر می‌رسد. در اکثر موارد افراد در راه رسیدن به اهداف کوچک و بزرگ خود به موانع متفاوتی برخورد می‌کنند.

در این جا افراد به دو گروه تقسیم می‌شوند؛

گروه اول افرادی که با رسیدن به موانع، فکر می‌کنند تلاششان بیهوده بوده و یا جاده و مسیر آنها کلا بلوکه شده و از ادامه دادن راه منصرف می‌شوند و گروه دوم به تلاششان تا رسیدن به هدف ادامه می‌دهند و از هر مانعی

درس و تجربه می‌گیرند و آن را به عنوان بازخورد تلقی می‌کنند.

در اصل ان ال پی می‌گوید اشتباه و شکست وجود ندارد، تنها بازخوردها و نتایج عملکردهای ما هستند که امکان دارد با آنچه ما انتظار داشته ایم یکی نباشد.

با گرفتن باز خوردها در مقابل موانع غیر قابل انتظار در جاده موفقیت، ما یاد می‌گیریم چگونه پیشرفت کنیم، زیرا باز خوردها فرصت‌های مناسبی برای گرفتن اطلاعات هستند، و ما برای تصحیح راه‌ها به سمت نتایج مطلوب، به آنها نیاز داریم، بازخوردها به ما قدرت می‌بخشند و توجه کردن به آنها منتهی به افزایش تلاش به شیوه صحیح می‌گردند.

انتخاب کلمه شکست یا بازخورد به طرز فکر انسان‌ها بستگی دارد، کلمه "بازخورد" مثبت و کلمه "شکست" منفی دیده می‌شود.

در هر اتفاقی ما می‌توانیم با کلمه شکست برچسب‌های منفی به آن اتفاق بزنیم و یا نگاه مثبتی به عنوان بازخورد به آن داشته باشیم.

وقتی به دقت مراحل رسیدن به هدف را طی می‌کنیم و نتیجه مطلوب حاصل نمی‌شود، نباید سریع نتیجه گیری کرد، بلکه مشخص کنیم که چگونه می‌خواهیم به آن نگاه کنیم، شکست؟ یا بازخورد؟

دیدن عدم نتیجه گیری به عنوان بازخورد، باعث می‌شود سریع احساس کارآمدی نماییم، اما دیدن عدم نتیجه گیری به عنوان شکست به میزان زیادی کارآیی ما را کاهش

می‌دهد، موجب کاهش انگیزه، ناکفایتی و در نهایت منجر به نابودی می‌شود.

بازخورد به ما می‌گوید که از اشتباهات درس بگیریم، اولویت بندی کنیم و یا رفتار خود را تغییر دهیم.

خودتان تعیین کنید که به کدام طرز فکر می‌خواهید عادت کنید؟

کدام یک در زندگی شما مثمر ثمر خواهد بود؟

بسیاری از ما با این واقعیت بزرگ شده‌ایم که شکست چیز وحشتناکی می‌تواند باشد! شما در امتحانات یا موفق می‌شدید یا شکست می‌خوردید.

در امتحان رانندگی یا شکست می‌خوردید یا موفق می‌شدید. در هر موردی یاد می‌گرفتیم که تنها دو گزینه شکست و موفقیت وجود دارد، و یکی از عمده ترین مسائل همین بود که آن را به صورت سیاه و یا سفید می‌دیدیم.

فرشته یا شیطان، و یا بهشت و جهنم! هر شخصی که یکی از آنها را داشته باشد، دیگری را ندارد (و یکی از آن دو قطعا بهترین خواهد بود).

خوشبختانه سرانجام یاد گرفتیم که تجربیات زندگی نه تنها سیاه و سفید، بلکه نتایج و روش‌های بسیار زیاد دیگری هم وجود دارند.

نمی‌توان تمام چیزها را به صورت بسیار خوب و یا بسیار بد در نظر گرفت، همه آنها قسمت‌هایی از مسیر زندگی ما هستند و تنها زمانی که ما به شکست فکر کنیم،

مسیر بدون نتیجه به پایان می‌رسد.
گاهی در طی حرکت کردن در مسیرِ رسیدن به خواسته‌هایمان، زمین می‌خوریم ولی افتادن را به معنی هرگز بلند نشدن ندانید.
زمانی که همه در حال حرکت هستند، بدترین کاری که می‌توانید انجام دهید، ایستادن و نگاه کردن به مانع می‌باشد تا از ادامه دادن منصرف شوید.
اگر شما شخصی هستید که خواهان رشد و پیشرفت هستید به شکستها به عنوان بازخورد نگاه کنید و حتی هر شکستی را به عنوان یک بازخورد و فیدبک خوب در نظر بگیرید.

می توان به شکست به عنوان یک بازی درونی نگاه کرد:

کارایی شما بستگی به دیالوگ‌های درونی شما دارد، در حقیقت زمانی که بعد از یک اتفاق به ظاهر بد، شما چه نوع داستانی برای خود تعریف می‌کنید، بسیار در آینده شما تاثیر دارد.
می‌دانید که برای هر اتفاقی چهارچوب‌های مختلفی وجود دارد، اینکه شما چه چهارچوبی تعیین می‌کنید، باعث می‌شود که واکنش شما متفاوت شود.
وقتی از نظر احساسات منفی از عهده شکست بر می‌آیید، سریع بلند می‌شوید و گرد و خاک‌ها را پاک می‌کنید و به مسیر خود ادامه می‌دهید و با درس گرفتن از

آن اتفاق در مرحله بعد پروژه سنگین‌تری انتخاب می‌کنید، اما اگر از نظر احساسی درگیر شوید، قادر به بلند شدن نخواهید بود و شاید شروع کنید به گریه کردن!

جاستین در رستوران در کنار دوستانش بود که متوجه می‌شود که دیرش شده و سریع خداحافظی کرده و به طرف در می‌رود، او در را به سمت جلو هل می‌دهد، اما در باز نمی‌شود، بعد از مکث کوتاهی آن را به سمت جلو می‌کشد، اما باز هم در باز نمی‌شود، این کار را دوباره تکرار می‌کند و درنهایت شروع کرد به گریه کردن و به طرف دوستانش برگشت! جاستین بعد از مدتی تامل و تلاش متوجه یک دکمه شد و وقتی دکمه را فشار داد در باز شد!

شاید شما با خواندن این مطلب تعجب کرده و یا حتی خنده‌تان بگیرد، اما در بسیاری از موارد ما هم مثل جاستین عمل می‌کنیم. اگر شما جزء افرادی هستید که برایتان سخت خواهد بود که به مشکلات به عنوان بازخورد نگاه کنید، و اکثر اتفاقات را سیاه و سفید می‌بینید، پاسخ به سوالات زیر به شما کمک خواهند کرد:

۱. برای هر نتیجه درجه بندی کنید از ۱-۱۰ (۱۰ زمانی که شما، انگار زمین خورده‌اید)
۲. این نتیجه در ۶ ماه آینده؟ ۱۲ ماه آینده؟ و دو سال دیگر چقدر برایتان مهم خواهد بود؟
۳. آیا شما بهترین فرصت پاسخ را برای آن ایجاد کردید؟
۴. چگونه شما می‌توانید این موقعیت را بهتر کنید؟
۵. درسی که شما از این اتفاق گرفته اید چه بود؟

۶. چگونه دفعه بعد شما متفاوت عمل خواهید کرد؟
۷. چه نکته مثبتی می‌توانید از آن برداشت کنید؟

تا زمانی که جسارت اندیشیدن و اشتباه کردن را نداشته باشیم، نمی‌توانیم پله‌های ترقی را طی کنیم.
(فرشید پاکذات)

پس از آشنا شدن با تمام این پیش فرض‌ها، با دقت آنها را در زندگی روزمره‌تان در نظر داشته باشید.

می‌توانید هر یک از آنها را که دوست دارید، امتحان کنید و ببینید، بشنوید و سپس احساس کنید که چه اتفاقات جالبی در زندگی شما رخ می‌دهد.

پیش فرض یازدهم: احترام به مدل ذهنی تمام افراد

همه انسان‌ها چیزی بیشتر از رفتارهایشان هستند. زمانی که ذهنیات و رفتار افراد دیگر متفاوت از ذهنیت ما باشد، باید یاد بگیریم که حتی به مدل ذهنی آنها احترام بگذاریم.

تمامی انسان‌ها دارای ذخایر کافی برای پاسخ به سوالاتشان در درون خودشان هستند.

یکی از دلایلی که افراد رفتارهای نامناسب از خودشان بروز می‌دهند، به خاطر آگاهی نداشتن نسبت به ابزارها و توانایی‌های مورد نیازشان هست.

ان ال پی به ما می‌گوید که شخصیت انسان‌ها را فراتر از رفتار آنها در نظر بگیرید و نباید یک رفتار را به کل شخصیت یک نفر تعمیم دهیم، ان ال پی حتی به ما یاد

می‌دهـد بـه دیگـران کمـک کنـیم تـا توانایی‌هایشـان را شناسایی کنند و به کار گیرند.

اگر در رفتار خودمان و افراد دیگر دقت بیشـتری داشـته باشیم، متوجه خواهیم شد که اکثر انسان‌ها در سـطح‌های مختلف، عملکردهای متفاوتی خواهند داشت.

رفتارهـای هـر شـخص فقـط نشـات گرفتـه از دیـدگاه متفاوت او، تجربیات و آموخته‌های متفاوت او، فرهنگ و نوع ترکیب متفاوت و بسیاری از عوامل دیگـر مـی‌باشد و شاید اگر ما هم همان باورها و شرایط را داشتیم مثـل او عمل می‌کردیم.

پیش فرض دوازدهم: انتخاب داشتن بهتـر از نداشـتن انتخاب می‌باشد.

همیشــه تعـدادی از انتخاب‌هـا را بـرای خودتـان در نظـر بگیرید. افرادی که گزینه‌های بیشتری برای انتخـاب دارنـد، انعطاف پذیری بیشتری در رفتار، افکار و روابطشان دارند.

زمانی که تعداد انتخاب‌ها در ذهن شـما افـزایش پیـدا می‌کند، بـه همـان نسـبت، نقشـه ذهنـی شـما گسـترش بیشتری می‌یابد و این امر باعث می‌گردد، نقشه ذهنی شما واقعی تر باشد و در نهایت موجب انتخاب قوی تر و آزادانه تری گردد که رضایت شما را افزایش می‌دهد.

در حقیقت هرچه ما انتخاب‌های در دسترس بیشتری داشته باشیم توانایی بیشتری برای انتخاب بهتر داریم.

پیش فرض سیزدهم: افراد همیشه بهترین انتخابی را که امکان دارد داشته باشند، برمی‌گزینند.

همه ما با توجه به سطح آگاهی که تا این لحظه داریم عمل می‌کنیم.

به همین دلیل گاها افراد از اقدامات گذشته خود پشیمان می‌شوند، زیرا آنها در حال افزایش آگاهی و گسترش نقشه ذهنی خود هستند، در حقیقت مشکل بسیاری از انسان‌ها در دسترس نداشتن انتخاب‌های بیشتر به نظر می‌رسد و با گسترش آگاهی انتخاب‌های ما بهبود می‌یابد.

شاید عملکرد اشتباه دیگران از نظر ما هم به دلیل در دسترس نداشتن انتخاب‌های بهتر می‌باشد.

ان ال پی با این پیش فرض به ما کمک می‌کند تا بابت تصمیمات گذشته خود پشیمان نباشیم و حسرت نخوریم و همچنین راحت تر اشتباهات دیگران را درک کنیم چون با در نظر گرفتن این پیش فرض اکنون ما می‌دانیم که رفتار ناخوشایند دیگران به دلیل در دسترس نداشتن انتخاب و نقشه بهتر می‌باشد البته چه بسا که ناخوشایند بودن رفتار دیگران به دلیل تفسیر اشتباه ما باشد.

چهار ستون ان ال پی

آقایان ریچارد بندلر و جان گریندر پس از تحقیقـات زیـادی که روی انسان‌ها و الگوهای موفق انجام دادنـد، در نهایـت پایه و اساس ان ال پی را بر مبنای ۴ اصل بنا نهادند.

هر شخصی که با این چهار رکن اصلی آشنا شود و آنها را به کار گیرد، بسته به میزان به کارگیری آنها، در تمـام ابعـاد زندگی موفق تر عمل خواهـد کـرد و بهتـر نتیجـه خواهـد گرفت.

افرادی که در زندگی و حرفه خود از این اصول اسـتفاده نمایند، پیروزی و موفقیت آنها قطعی خواهد بود و رسیدن آنها به اهداف و آرزوهایشان محقق خواهد شد. و اگر قـرار باشد ان ال پی را در ۴ مفهوم ارائه نمود، بهترین بیانگر آن شامل همین چهار مورد می‌باشد:

- ✓ نتیجه (هدف)
- ✓ ارتباط موثر
- ✓ انعطاف پذیری
- ✓ تیز حسی

با توجه به اهمیت این موضوع هر کدام از موارد بالا به تفصیل توضیح داده خواهد شد. در این بخش بیشتر به انعطاف پذیری و تیز حسی می‌پردازیم و مباحث مربوط به "اهداف" و "ارتباط موثر" که تحقیقات زیادی در NLP روی آنها صورت گرفته و از اهمیت ویژه ای برخوردارند هر کدام در یک فصل جدا و به صورت مبسوط بیان می‌شوند.

نتیجه (هدف)

از مزیت‌های بزرگ ان ال پی به این نکته می‌توان اشاره نمود که به جای تمرکز به گذشته و مشکلات، افراد را به آینده و داشتن هدف و راه حل معطوف می‌کند، اینکه هر شخصی بداند که به کجا می‌خواهد برود و چه می‌خواهد به دست بیاورد، امتیاز بزرگی می‌باشد که در همین یک مورد، بسیاری از افراد سردرگم هستند.

یکی از ملاک‌های موفقیت این می‌باشد که باید هدف مدار بود و بدانید که چه می‌خواهید.

اگر شما دقیقا ندانید که چه می‌خواهید و به کجا می‌خواهید برسید، در اختیار کسانی قرار خواهید گرفت تا آنها را به اهدافشان برسانید! و در واقع اگر خودتان هدف تعیین نکنید، دیگران به جای شما و برای شما به نفع خودشان هدف تعیین خواهند کرد.

اگر ندانید که چه می‌خواهید، نمی‌توانید به سمت آن حرکت کنید.

این ستون از NLP(هدف) به معنای فکر کردن درباره آنچه می‌خواهید می‌باشد.

ان ال پی نه تنها هدف مدار و راه حل مدار می‌باشد، بلکه می‌تواند تمام ابزارهایی را که برای رسیدن به هدفتان به آن نیاز دارید دراختیارتان قرار دهد تا به نتایج دلخواهتان دست یابید.

به منظور توجه کافی و صحیح روی نتایج، ان ال پی حتی توانایی این را دارد که افکار و باورهای منفی، که مانع رسیدن شما به اهدافتان می‌شود را با افکار و باورهای مثبت جایگزین نماید، شما را کمک کند تا بیشتر از مشکلات، روی نتایج و اهداف تمرکز کنید و به صورت خودآگاه و ناخودآگاه برای رسیدن به هدف برنامه ریزی شوید.

شما با کمک ان ال پی، هم می‌توانید اهداف مناسب را پیدا کرده و هم در پیشبرد آنها به بهترین شیوه عمل کنید.

هدف در ان ال پی به معنی، خواست‌های دقیق، ملموس، دست یافتنی، دارای اندازه و مختصات دقیق، کاملا روشن و مشخص می‌باشد.

اهداف باید به شکل مثبت و با جزئیات مطرح شوند. اهداف کلی، مبهم و نامشخص، اغلب راه به جایی نخواهند برد.

جان گریندر می‌گوید: همیشه در پس هر رویایی، رویای دیگری داشته باشیم تا پس از این که به رویای خود دست یافتید رویای دیگری در شما انگیزه بیافرینند، در غیر این صورت در گرداب سکون و عدم تحرک خواهید افتاد. در

قسمت‌های دیگر کتاب درباره شرایط هدف گذاری و راه‌های رسیدن به هدف توضیحات بیشتری داده خواهد شد.

ارتباط موثر

افراد موفق ارتباط سازهای خوبی هستند و این می‌تواند یکی از مهم‌ترین فاکتورهای موفقیت باشد.

آنها توانایی دارند تا با افراد مختلف و نیز کسانی با اعتقادات مختلف رابطه برقرار کنند.

انسان‌های موفق دارای این توانایی بوده‌اند تا نیروی خود را با نیروی میلیون‌ها انسان دیگر پیوند دهند.

هر انسان در اعماق قلب خود به دنبال ایجاد روابطی پایدار با دیگران می‌گردد و بدون آن هر موفقیت و پیشرفتی پوچ و تو خالی می‌باشد.

یکی از بهترین هدیه‌هایی که ان ال پی به ما می‌دهد، آگاهی دادن در مورد ایجاد رابطه موثر با خود و با دیگران می‌باشد.

انسان به تنهایی به موفقیت دست پیدا نمی‌کند، هر فردی برای رسیدن به اهداف و موفقیت نیاز به کمک و حمایت دیگران دارد.

اگر شخصی بتواند به سطح مناسبی از ارتباط برسد که به راحتی بتواند احترام و اطمینان شخص مقابل را جلب کند، می‌تواند موفقیت خود را تضمین کند.

هر ارتباط مشخصات خاص خود را دارد، اما تمام آنها در برخی موارد مشترک می‌باشند. در تمام موارد، ارتباط

متقابل در صورتی پیشرفت می‌نماید که رابطه‌ای تاثیرگذار به سرعت ایجاد شده و تا زمان لزوم ادامه یابد.

ان ال پی روش‌هایی برای انجام این کار یعنی برقراری ارتباطی خوب و بادوام با دیگران، ارائه می‌نماید. برقراری ارتباط شامل آنچه که می‌گویید (موضوع) و روشی که توسط آن گفته‌ی خود را به زبان می‌آورید (فرآیند) می‌شود.

شما می‌توانید به صورت کلامی (با استفاده از لغات) یا به صورت غیر کلامی زبان بدن؛(به روشی غیر از صحبت کردن و نوشتن)، مثل شکل ظاهری، ژست گرفتن و حرکات چهره و بدن، این کار را انجام دهید.

آهنگ صدای شما نیز می‌تواند دربرگیرنده‌ی پیامی برای طرف مقابل باشد. اگر چه این عوامل به سخن گفتن مربوط می‌شود، اما معمولا نوعی انتقال غیر کلامی محسوب می‌شود.

اگر در برقراری ارتباط با دیگران احساس ناتوانی کرده‌اید! اگر از ملاقات با دیگران و داشتن محاوره‌های کوتاه با آنها اضطراب داشته اید! اگر در نشان دادن قابلیت‌های خود با مشکل مواجه می‌شوید!

یا اگر نمی‌دانید چطور اختلاف با دیگران یا اختلاف میان آنها را حل کنید این مطلب به شما کمک خواهد کرد.

تکنیک‌های زیادی در ان ال پی وجود دارند که بدون داشتن راپورت (ارتباط موثر)، نتیجه مناسب و کارآمد از آنها به دست نخواهد آمد.

با دانستن روش‌های ارتباط موثر، رابطه ما با افرادی که در طی روز با آنها سروکار داریم و حتی غریبه‌ها بهتر خواهد

شد. ارتباط در اصل می‌تواند یک سیکل باشد که حداقل شامل دو نفر می‌گردد.

ارتباط موثر این مفهوم را دارد که هنگام برقراری ارتباط فرد مقابل به شما اعتماد کرده و احساس کند که شما او را درک می‌کنید و به ادامه ارتباط رغبت نشان دهد.

ارتباط به مراتب بسیار وسیع‌تر از کلماتی می‌باشد که ما از آنها برای حرف زدن استفاده می‌کنیم. برای هر ارتباط نیز هدفی وجود دارد و شما با انعطاف پذیری و تیز حسی می‌توانید ارتباط‌های مثمر ثمر زیادی ایجاد نمایید. وقتی اشخاص در شرایط ارتباط موثر قرار دارند، زبان بدن و کلمات با یکدیگر سازگاری دارند.

انعطاف پذیری

بی شک برای رسیدن به موفقیت و ایجاد تغییر، انعطاف پذیر بودن و داشتن خلاقیت تاثیر بسزایی دارد. راه رسیدن به اهداف و موفقیت راهی پر پیچ و خم می‌باشد، قطعا افرادی توانایی گذر از این راه را دارند که همیشه به دنبال راه‌های بهتر باشند و با دیدن موانع ناامید نشوند، بلکه هدفشان گذشتن از موانع به بهترین شیوه باشد.

یکی از عناصر مهم در هر سیستمی که باعث ایجاد تغییرات و فعال بودن سیستم می‌شود، انعطاف پذیری می‌باشد. داشتن انعطاف پذیری شانس بیشتری به شما می‌دهد تا در هر موقعیتی تاثیرگذار باشید.

تعریف انعطاف پذیری (Flexibility)

گاهی افراد به اشتباه فکر می‌کنند انعطاف پذیر بودن به معنای کم آوردن، کوتاه آمدن، تسلیم شدن، شکست خوردن و یا سازش دارد، و به دلیل تعریف اشتباهی که از آن در ذهن دارند، در مقابل انعطاف، مقاومت به خرج می‌دهند.

هنگامی که با مفهوم واقعی آن آشنا شوید می‌توانید در مواقع لزوم آن را به کار بگیرید. انعطاف پذیری توانایی سازگار بودن افکار و رفتار با تغییرات محیط و موقعیت‌ها به حساب می‌آید و به میزان تجربه پذیری فرد در مقابل محرک‌ها بستگی دارد. یکی از ویژگی شخصیتی، انعطاف پذیری می‌باشد که در افراد مختلف درجات متفاوتی دارد و گاهی حتی انعطاف پذیری را می‌توان به معنای تغییر خود هدف دانست! در هر زمانی که شما برای خود محدودیت ایجاد می‌کنید، این شانس را به دیگران می‌دهید که در رقابت موفق تر باشند.

معمولا در هر زمینه و حرفه ای افراد تاثیرگذار و کسانی که همیشه در صدر قرار دارند، انعطاف زیادی در افکار و رفتارشان نشان می‌دهند. برای ایجاد تغییر باید انعطاف پذیر بود، این اشخاص در هر موقعیتی، رفتار مناسب با آن موقعیت را انتخاب می‌کنند، خصوصیتی که اکثر افراد آن را ندارند.

زمانی که شما بتوانید در هر شرایطی پاسخ مناسب را ارائه دهید، نتایج بیشتر و بهتری کسب خواهید کرد و این امر با شکستن چهارچوب‌های فکری، رفتاری و احساسی، و

در نتیجه بالا رفتن انعطاف پذیری اتفاق می‌افتد.

افراد انعطاف پذیر، تعصب‌های خشک کمتری نسبت به شرایط درونی و پیرامونی خود دارند.

آنها تمایل دارند ایده‌های جدید را بشنوند، بررسی کنند و مورد توجه قرار دهند، هر چند که آنها را بپذیرند یا نپذیرند. افراد انعطاف پذیر در هنگام بروز موانع نیز از خاصیت انعطاف پذیری خود بهره می‌برند و این خاصیت را در جهت نیل به اهداف تعیین شده به کار می‌بندند.

انعطاف پذیری رفتاری، به ما این امکان را می‌دهد تا رفتار خود را با توجه به شرایط موجود، بر پایه وضعیت‌های مشابه تجربه شده در گذشته (نه الزاما دقیقا همسان) تنظیم نماییم.

تحقیقات نشان می‌دهد که افراد انعطاف پذیر نسبت به سایر افراد در جامعه از سلامت بیشتری برخوردارند و به نسبت دیگران رشد بیشتری را در زندگی و کسب و کار تجربه می‌کنند. هنگامی که شما تصمیم به تغییر می‌گیرید، در طی روند تغییر، احتیاج زیادی به رویارویی با موقعیت‌های جدید دارید و زمانی تحول در شما ایجاد می‌گردد که خودتان را متناسب با شرایط پیش رو هماهنگ کنید.

اگر همان شیوه قبل را ادامه دهید، تغییر، تحول و پیشرفتی در کار نخواهد بود و به عدم انعطاف پذیری خواهید رسید. افراد انعطاف پذیر را به راحتی می‌توان تشخیص داد، این افراد در زندگی روزمره خود تمایل دارند موقعیت‌های متفاوت را تجربه کنند و ترجیح می‌دهند که

همیشه بر طبق عادات جلو نروند و بر عکس، افرادی کـه از انعطاف پذیری کمتـری برخوردارنـد حیطـه محـدودتری را برای فعالیت انتخاب می‌کنند و ثبـات بیشـتری بـه حیطـه فعالیت خود نشان می‌دهند. معمولا تغییرات جدید در این افراد یا صورت نمی‌گیرد و یا تا زمانی که به ایـن تغییـرات جدید عادت کنند با دشواری و ناراحتی همراه خواهد بود.

اگر می‌خواهید نتـایج یکسـان بگیریـد پـس بـه آنچـه تاکنون انجام می‌دادید ادامه بدهید! یکی از موانـع عمـده بهبود عملکرد تفکر را می‌توان، بی انعطافی یـا واکـنش بـر اساس عادات دانست که به واسطه تجربه‌های قبلی شـکل گرفته‌اند. ما باید بدانیم که چه وقت پافشاری کنـیم و چـه وقت رویکرد متفاوتی پیش بگیریم. خوشبختانه ان ال پی ابزارهای قدرتمندی را در اختیار شما قرار می‌دهد و به شما کمک می‌کند، تا کارایی شما در سطح بالاتری قرار بگیرد.

اکثر انسان‌ها با تلاش و کوشش می‌توانند بـه انعطـاف پذیری دست پیدا کنند، هر کس در هر زمینـه ای انعطـاف بیشتری از خود نشان دهد، موفق تر از دیگران خواهد بود. برای برخی از افراد به اشتباه انعطاف پذیری فقط پـذیرش بی قید و شرط شرایط موجود معنا مـی‌شـود، درحـالی کـه انعطاف پذیری بیشتر به معنی شناسایی و استفاده صحیح از شرایط حال حاضر و فرصت‌های پیش رو، کمک به بهبود شرایط و اقدام کردن به روشی متفاوت می‌باشد.

ان ال پی می‌گوید، اگر از کاری که انجام می‌دهید، نتیجه خوبی نمی‌گیرید، کار دیگری انجام دهید.

زمانی که طبق عملکردهای محکم و خلل ناپذیر، رفتار و عمل کنید، کم کم کارایی شما کاهش پیدا می‌کند.

در هر سیستم و نظامی کسی بر آن کنترل دارد که بیشترین انعطاف پذیری را از خود نشان دهد.

اگر در هنگام کار کردن روی مسئله ای بتوانید به جای پیش بردن تنها یک راهکار، چند گزینه مختلف مد نظر بگیرید، دور نمای خوبی از آن به دست خواهید آورد.

هر چقدر راه‌های مختلفی پیدا کنید و انتخاب‌های بیشتری داشته باشید، شانس موفقیت خود را به همان میزان افزایش می‌دهید، و قطعا داشتن توانایی انعطاف پذیری کمک شایانی به این امر می‌کند. افزایش انعطاف پذیری در افراد یکی از اهداف ان ال پی نام برده می‌شود، چه انعطاف پذیری رفتاری، چه کلامی و چه انعطاف پذیری فکری!

اگر موردی برای شما موثر نبود و نتیجه‌ی خوبی در پی نداشت، توصیه می‌شود انعطاف پذیر باشید و آن را تغییر دهید، کسی که از انعطاف پذیری بیشتری برخوردار باشد، می‌تواند شرایط را به سود خود کنترل کند. در انعطاف پذیری ارتباطی، افرادی که دارای انعطاف پذیری هستند و می‌توانند از هر پنج حس خود استفاده کنند، قادرند بر روی انسان‌های زیادی تاثیر بگذارند و فرقی نمی‌کند معلم باشند یا دانش آموز!

اشتراک تمام انسان‌های موفق، چه در زمینه هدف‌گذاری، چه در زمینه ارتباطات و چه در تیز حسی انعطاف پذیری می‌باشد. در زمینه ارتباطات، شما نمی‌توانید

به زور افراد را مجبور کنید تا با شما ارتباط برقرار کنند، فقط می‌توانید با انعطاف پذیریِ همراه با توجه و تیز حسی، با دیگران بهتر ارتباط برقرار کنید.

هر چیزی که امکانات و راه حل‌های بیشتری در اختیار ما قرار دهد و انعطاف پذیرتر باشد، سودمند تر خواهد بود. در شرایط یکسان، سیستمی انعطاف پذیرتر، دارای امکانات و توانائی‌های بیشتری جهت هدایت دیگر جنبه‌های آن سیستم می‌باشد. همین مسئله در مورد انسان‌ها نیز صادق می‌باشد، افرادی که امکانات و ابزارهای بیشتری در خود فعال کنند انعطاف پذیرتر و موفق تر خواهند بود.

انعطاف پذیری به افراد کمک می‌کند تا به جای اینکه تحت فشار افکار و احساسات خود باشند به انجام اقدامات مؤثر تمایل بیشتری نشان دهند. انعطاف پذیری روی خلاقیت نیز تاثیر می‌گذارد، انعطاف پذیری به خصوص با جنبه‌های مختلف هوش چون تفکر واگرا که عاملی در خلاقیت می‌باشد ارتباط دارد، اما انعطاف پذیری با هوش مترادف نمی‌باشد. برای ایجاد انعطاف پذیری می‌توان از این شیوه‌ها استفاده نمود؛

۱. آگاهی خود را افزایش بدهید.
۲. از تغییر مکان استفاده کنید شاید در محیطی دیگر راه حل‌های بهتری وجود داشته باشد.
۳. سبک جدیدی را امتحان کنید به دنبال سبک‌های دیگری به چند سبک معمول باشید.
۴. در رابطه با هدف مورد نظر، پرسش‌های مناسبی مطرح نمایید.

۵. فقط از کلمات برای بیان ایده‌ها و یافتن راهکارها استفاده نکنید، برای این کار می‌توانید از تصاویر، جداول و یا نمودارها نیز استفاده کنید.
۶. به جای تمرکز روی یک مسیر و روش مشخص، بیشتر به خود هدف تمرکز کنید تا مسیرهای دیگری را بیابید.
۷. با افزایش مهارت انعطاف پذیری با استفاده از کارگاه‌ها و آموزش‌های این مهارت، شرایط دستیابی به اهدافتان را بهتر و سریع‌تر فراهم کنید.

همان گونه که جسم می‌تواند انعطاف پذیر باشد، مغز نیز می‌تواند انعطاف پذیری زیادی را از خود نشان دهد و خود را در همه جهات بگستراند و به طور موزون حرکت کند که این کار منجر به خلاقیت‌های فراوانی می‌گردد.

برای انعطاف پذیر بودن می‌توانید با کمک تیز حسی و فکر کردن راجع به نتیجه کار و ارتباطات موثر نتایج بهتری خلق کنید.

تیز حسی

تیز حسی این معنا را دارد که شما بهتر و بیشتر از دیگران بتوانید از حواس خود استفاده کنید، یعنی بیشتر و بهتر از بقیه ببینید، بشنوید و حس کنید.

ان ال پی (NLP) عبارت تیز حسی را برای مشاهده و استفاده از حواس به کار می‌برد.

آگاهی حسی یا تیز حسی، توانایی درک بیشتر و یا تجربه از طریق ۵ حس می‌باشد. آیا شما وقتی که به مکان دیگری و یا یک جای جدید وارد می‌شوید:

- به رنگ‌ها و دکور توجه می‌کنید؟
- صدای صحبت کردن افراد و یا موزیک را می‌شنوید؟
- بوی غذا را حس می‌کنید؟
- به شکوفه‌ها و گلها توجه می‌کنید؟

هر یک از ما برای درک و تجربه‌هایمان از دنیا به چیزهای متفاوتی توجه می‌کنیم ما با تیز حس بودن، به خصوصیات و مواردی دقت می‌کنیم که شاید مورد توجه دیگران نباشند و ما بیشتر از بقیه، از حواس خود استفاده می‌کنیم.

برای ایجاد ارتباطات موثر توجه به رفتار و عکس العمل‌های افراد مهارتی سودمند محسوب می‌شود، تا ببینیم، بشنویم و حس کنیم مواردی را که از بقیه پنهان می‌ماند.

این اطلاعات به ما در بهتر فهمیدن دیگران و رخدادها و در نهایت تصمیم و تشخیص کمک بسزایی خواهد نمود. شما با تیز حس بودن هم لحظات حال را بهتر تجربه می‌کنید و هم فرصت‌های زیادی را برای رسیدن به اهداف و مقاصدتان شناسایی می‌کنید که برای دیگران قابل شناسایی نمی‌باشد.

تمرین تیزحسی:

برای تمرین می‌توانید یکی از دوستانتان را انتخاب کرده و او را تحت نظر بگیرید و به حالت چهره او در زمان سرحال بودن و یا ناراحتی و استرس دقت بیشتری نمایید حرکات چشمش را به هنگام یادآوری حوادث گذشته یا تصور پیشامدهای آینده بررسی کنید. به صدایش توجه کنید. به ظاهر و صدای او در حالات مختلف دقت نمایید. مثلاً آهنگ صدای او به هنگام خوشحالی و ناراحتی!

انجام این تمرینات شما را در پرورش مهارت‌های مشاهداتی و شنیداری یاری می‌کند و موجب می‌شود تا نسبت به تجربیات دیگران حساسیت و عکس العمل بهتری نشان بدهید.

افزایش آگاهی شما نسبت به دیگران و عکس العمل شما در برابر آنها، منجر به برقراری ارتباط بیشتر و بهتر با آنها و اجتناب از بروز سوء تفاهمات خواهد شد.

برای هر کدام از حواستان می‌توانید تمریناتی انجام دهید که در آن حس قویتر از دیگران شوید. برای مثال برای تیز حسی شنیداری علاوه بر توجه به خود کلمات، ارتباطات غیر کلامی را نیز مورد توجه قرار دهید. مثلاً به غیر از کلمات به تن و آهستگی و بلندی، زیری و بمی صدا نیز گوش دهید.

این مشخصات در صحبت کردن، گویاتر از خود کلمات صحبت می‌کنند. به صورت ناخودآگاه ما به این ویژگی‌ها سریعتر از خود کلمات واکنش می‌دهیم.

اگر به خوبی مطالب گفته شده را بخوانید و در آن تفکر

کنید، متوجه نکته بسیار مهمی می‌شوید و آن اینکه هر کدام از قسمت‌های گفته شده در ارتباط با بقیه قسمت‌ها تکمیل می‌شود و تقویت می‌گردد، به عنوان مثال، برای داشتن اهداف صحیح و رسیدن به آن اگر انعطاف پذیر باشیم به راحتی می‌توان موانع را یکی پس از دیگری پشت سر نهاد و ابزارهای بیشتری را در خود فعال کنیم و اگر تیزحس باشیم خیلی سریع‌تر از سایر افراد فرصت‌ها را تشخیص می‌دهیم و از آن استفاده می‌کنیم، همچنین سریع‌تر از رقبا موانع و مسائل را پیدا می‌کنیم و زودتر آنها را حل می‌کنیم و در این راه با برقراری ارتباط موثر با خودمان و دیگران زودتر به نتایج مورد نظر می‌رسیم.

و یا در ارتباط موثر، هدفمان را مشخص کنیم و از خودمان انعطاف پذیری به خرج دهیم و با تیز حسی شناختمان را از طرف مقابل افزایش می‌دهیم، در نتیجه ارتباطات بهتری برقرار می‌کنیم.

پس برای انجام هر کاری ان ال پی به شما کمک می‌کند تا دیدگاه‌های تازه ای را در زندگی خود پیدا کنید، و با فکر کردن درباره آنچه می‌خواهید و دیدگاهی که به نتیجه می‌اندیشد، بهترین را انتخاب کنید، با توجه بیشتر به حواس پنج گانه، زندگی‌تان را غنی تر کنید و در نهایت شاید بتوان بزرگترین هدیه ان ال پی را در بهبود روابط، حسن تفاهم و چگونگی ارتباط شما با خودتان و دیگران دانست.

فیلترها (پردازشگرهای مختلف ذهنی)

NLP و دنیای درون شما

هر یک از ما انسان‌ها طرحی خاص از واقعیت در ذهنمان داریم و همچنین دیدگاهی منحصر به فرد که مشخص می‌کند چگونه به دنیا نگاه می‌کنیم. این یعنی هر کدام از افراد از دنیای بیرون با توجه به دیدگاه خاص و منحصر به فردی که دارند، دنیای درون و نقشه‌های ذهنیشان را می‌سازند که باعث می‌شود طرح خاص و متفاوتی از واقعیت در ذهن آنها شکل بگیرد.

این همان چیزی می‌باشد که تجربه زندگی ما را شکل می‌دهد، این بخش نمایان می‌سازد که در دنیای درونمان چه می‌گذرد. هر کس مجموعه قوانین خاصی برای ارتباط یا تعامل با مردم و گفتگو با خودش را دارد و انتخاب می‌کند روی چه چیزی تمرکز داشته باشد، که در ان ال پی آن را الگوی ارتباطی می‌نامند.

NLP و پردازش اطلاعات

ذهن شما در هر ثانیه با حداقل دو بیلیون داده اطلاعاتی بمباران می‌شود، مواجه شدن با این همه اطلاعات می‌تواند دیوانه کننده باشد اگر از چنین مساله ای هوشیارانه آگاه باشید، می‌بینید مواجه شدن با این همه اطلاعات دشواری‌های زیادی دارد؛ بنابراین باید برخی از آنها را فیلتر کنید.

به منظور حفظ سلامتی خودمان همگی ما دائما حتی بدون اینکه بدانیم در حال فیلتر کردن اطلاعات هستیم و این کار را پیش از پردازش اطلاعات توسط مغزمان انجام می‌دهیم. پروفسور جرج میلر درباره این مسئله تحقیق کرد که افراد قادرند چه میزان اطلاعات را در زمان معینی پردازش کنند؟

او به این نتیجه رسید که هر فردی می‌تواند هفت به علاوه یا منهای دو bit اطلاعات را پردازش کند. این یعنی در صورتی که حال فرد خوب باشد و به موضوع اطلاعات دریافتی اش علاقمند باشد، می‌تواند نه بیت اطلاعات و در صورتی که حالش خوب نباشد و به موضوع اطلاعات علاقه نداشته باشد، پنج بیت اطلاعات را در حافظه اش ذخیره کند.

علاوه بر این تمام تجربیات متفاوت شما روی این فرآیند تاثیر می‌گذارند و ذهن شما رویدادهای بیرونی را به این شکل با حذف بسیاری از اطلاعات براساس انتخاب‌های ذهن و فیلترهایی که ذهن اعمال می‌کند از طریق حواستان دریافت می‌کند.

شیوه ای که مطابق آن محرک‌های دنیای بیرونی به تصاویری در مغزتان تبدیل می‌شوند، شامل فرآیندی سه مرحله ای به نام حذف، تحریف و تعمیم می‌باشد. اگر قرار بود تمام اطلاعات ورودی به ذهن به شکل خودآگاه ارزیابی شود، زمان و توان زیادی را باید صرف این کار می‌کردید که در واقع چنین کاری غیر ممکن به نظر می‌رسد.

ذهن خودآگاه ما تنها درصد اندکی از انبوه اطلاعاتی را که در هر لحظه با آنها مواجه می‌شود ثبت و فقط بخشی از این اطلاعات را که برای ادامه حیات لازم می‌داند، حفظ می‌کند.

فیلترهای ناخودآگاه شما باعث می‌شوند اطلاعات دریافتی از دنیای خارج برایتان معنادار باشند، آنها را درک کنید و در این صورت اطلاعات برایتان معنادار خواهند شد. این فیلترها شامل فرابرنامه‌ها، ارزش‌ها، باورها، تجربیات و ۳ فیلتر مهم حذف، تحریف و تعمیم هستند که در ادامه توضیح داده خواهد شد.

یعنی هر اطلاعاتی که وارد ذهن خودآگاه شما می‌شود از یکسری از فیلترها عبور می‌کند، که دسته ای از فیلترها شامل، فیلترهای حذف، تحریف و تعمیم هستند، که باعث می‌شود رویدادها و در کل محرک‌های دنیای بیرونی به نقشه ذهنی‌تان تبدیل شوند.

فیلترهای ذهنی شما در طی زمان تغییر می‌یابند و به همان نسبت نقشه و طرح ذهنی شما از واقعیت تغییر پیدا می‌کند.

بازنمایی درونی

اطلاعاتی که از دنیای خارج وارد فیلترهای ذهنی شما می‌شوند و از آنها عبور می‌کنند، و در ذهن شما جای می‌گیرند، متشکل از تصاویر، احساسات، صداها، بوها و مزه‌ها هستند که بازنمایی درونی پیدا می‌کنند و این بازنمایی درونی می‌تواند باعث عکس العمل‌ها و رقم خوردن در زندگی شما شود.

- موقعیتی که در آن قرار دارید.
- زبان بدنتان که در ان ال پی به آن فیزیولوژی جسم می‌گویند.
- رفتارتان

تمام این موارد، به هم مربوط اند.
موقعیتی که در آن قرار دارید، در رفتار شما تاثیر می‌گذارد. بازنمایی‌های درونی و ذهنی‌تان بر موقعیت و زبان بدنتان تاثیر می‌گذارند. تغییر هر یک از زبان بدنتان می‌تواند بر نحوه زندگی‌تان تاثیرگذار باشد. موقعیت، رفتار و زبان بدنتان مشخص می‌کند در هر لحظه چگونه زندگی را تجربه می‌کنید. و این بازنمایی‌های درونی در ذهن شما ثبت می‌شوند و روی تجربیات و باورهای شما نیز تاثیر می‌گذارند.

شناخت فیلترهای حذف، تعمیم و تحریف

شما دنیای خارج را با پنج حس بینایی، شنوایی، لامسه،

چشایی و بویایی خود تجربه می‌کنید، و از آنجا که اطلاعات بسیاری وارد ذهنتان می‌شوند، باید بیشتر آنها را فیلتر کنید تا بتوانید به صورت مفید از آنها استفاده کنید، عملکرد این فیلترها در طــی یــک ثانیــه رخ مــی‌دهــد و همگــی ناخودآگاهند.

حذف

شما هر لحظه در حال حذف اطلاعـات حسـی از سـطح ذهن هشیار خود هستید. هر چه را که حذف کنید، دیگر در ذهن هشیارتان جایی نخواهد داشت. حذف یا پاک کردن، هنگامی رخ می‌دهد که به اطلاعاتی خـاص کـه از طریـق حواس خود دریافت می‌کنید دقت دارید و به همین دلیل محرک‌های دیگر را به کلی نادیده می‌گیرید.

سیستم حذف برای رسیدن به بهره وری بالا، اطلاعات را فیلتر می‌کند.

حذف یعنی توجه روی مواردی خاص و بی توجهی به موارد دیگر!

چه اطلاع داشته باشید و چه اطلاع نداشـته باشـید، هـر لحظه در حال حذف اطلاعات حسی از سطح ذهن هشیار خود هستید. و خوشبختانه یا متاسفانه! هر چه که حذفش کنید، دیگر در ذهن هشیارتان جایی نخواهد داشت.

حذف امکان دارد در بعضـی زمینـه‌ها مفیـد باشـد و در عین حال در برخی زمان‌ها منبع مشکلات باشد. اگر در حال

کمک کردن به کسی هستید و می‌خواهید مشکلی را حل کنید، بسیار اهمیت دارد که موارد حذف شده را آشکار کنید، تا هم خود فرد و هم شما بتوانید مسئله را بهتر حل نمایید.

در زندگی بر هر چه تمرکز داشته باشید، همان را به دست می‌آورید. وقتی تصمیم بگیرید که چیزی متفاوت را به دست آورید، می‌توانید مسیر تمرکز و حذف اطلاعات ورودی را تغییر دهید. این کار سبب تحقق نتایجی متفاوت می‌شود. اگر از چیزی که بر حسب عادت خویش حذف می‌کنید، آگاه باشید، انتخاب‌های جدید و امکان تغییر بهتر برایتان فراهم می‌شود.

تعمیم

وقتی اطلاعات ورودی را به یکدیگر تعمیم می‌دهید، در واقع آنها را در طبقه بندی‌هایی قرار می‌دهید که ذهن هشیارتان مجبور نشود با تفاوت‌های بیش از اندازه مواجه شود که نتواند آنها را تجزیه و تحلیل کند.

تعمیم هنگامی رخ می‌دهد که نتیجه ای را که در تجربه ای خاص به آن رسیده اید در موقعیت‌ها و حالت‌های مشابه نیز درست بدانید و انتظار رسیدن به همین نتیجه را داشته باشید. تعمیم به معنی نسبت دادن جزء به کل می‌باشد، یعنی چندین مورد را به عنوان نمایانگر کل یک گروه در نظر بگیریم، که معمولا با واژه‌هایی مانند، همه، هر، همواره، هرگز و هیچ کدام بیان می‌شوند.

به عنوان مثال ذهن بسیاری از افراد بدون اینکه

خودشان بدانند رانندگی بد یک خانم را به همه خانم‌ها تعمیم می‌دهند یا ویژگی شخصی یک نفر را به کل آن قوم تعمیم دادن نیز نمونه ای از عمل تعمیم ذهن می‌باشد. این واژه‌ها هیچ استثنایی را نمی‌پذیرند.

فکرهای سیاه و سفید که هیچ چیز خاکستری را قبول نمی‌کنند موجب کلی سازی درباره دیگران و موقعیت‌های آن‌ها می‌شود. البته تعمیم فوایدی هم دارد، یکی از مزیت‌های تعمیم دادن، طبقه بندی کردن می‌باشد، اگر قادر به طبقه بندی نبودید مجبور می‌شدید برای هر تجربه یا موقعیتی اسمی نو اختراع کنید.

تعمیم دادن امکان دارد محدود کننده هم باشد و باعث شود در نحوه‌ی تفکرتان سرسخت و انعطاف ناپذیر شوید و دیگر برای توجه به قوانین استثنا آمادگی لازم را نداشته باشید.

با فرض آن که تجربه‌ی قبلی باز هم تکرار خواهد شد، انتخاب‌ها و فرصت‌های پیش رو را از دست بدهید. این توانایی به نظر می‌رسد می‌تواند مفید باشد چرا که همه افرادی که چیزی را می‌آموزند، با استفاده از تعمیم، مهارت‌هایشان را اصلاح و تقویت می‌کنند تا مجبور نشوند با دنیایی از تفاوت‌ها مواجه شوند.

تحریف

برداشت غیر واقعی افراد از یک واقعه که باعث می‌شود معنای متفاوتی از آن واقعه برداشت شود را تحریف می‌گویند. تحریف هنگامی رخ می‌دهد که اطلاعات دریافتی

از طریق حواس‌تان را به اشتباه تفسیر می‌کنید و برای موقعیتی خاص معنایی درست می‌کنید که الزاما درست به نظر نمی‌رسد.

تحریف فرآیندی را شامل می‌شود که هرگاه تجربه ای با نقشه و الگوی ذهنی شما از واقعیت تفاوت داشت، ذهن شما آن را تغییر دهد. تحریف موجب می‌شود که واقعیت را طور دیگری تعبیر و تفسیر کنید و گاهی امکان دارد موجب تلاش برای خواندن ذهن دیگران شود. هنگامی که تحریف منفی با کلی سازی همراه گردد، نتایج ناراحت کننده تر می‌شود.

تحریف نیز هم جنبه مثبت دارد و هم جنبه منفی؛

جنبه مثبت؛ گاهی منجر به ایده‌ها و خلاقیت‌های جدید می‌گردد، تحریف بخش مفید و لازم هر روند خلاقانه و هنری می‌باشد.

جنبه منفی؛ زمانی که برداشت افراد از یک موضوع منتهی به ایجاد افکار و احساس منفی به علت برداشت‌های نادرست گردد، جنبه منفی تحریف، با قضاوت‌های اشتباه خود را نشان می‌دهد. مثلاً شاید کسی حرفی را به شما بزند و شما آن را در ذهن خود به گونه ای متفاوت برداشت کنید طوری که معنایش از گفته‌ی واقعی آن فرد متفاوت باشد و یا کلا برعکس شود! و یا در اثر تحریف اطلاعات، شما تصمیمات متفاوتی بگیرید. تحریف را می‌توان به دوربینی که عدسی نامناسبی روی آن کار گذاشته شده، تشبیه نمود.

ارتباط بین فیلترها

روند فیلتر گذاری حذف، تعمیم و تحریف در ذهن طی یک ثانیه رخ می‌دهد و همگی ناخودآگاهند. این سه فیلتر ذکر شده فقط برای دریافت اطلاعات از محیط بیرون نمی‌باشد، چرا که می‌توان از آنها به عنوان یکی از مهمترین موارد در هنگام بیان خواسته و ارسال پیام در ارتباطات نام برد، یعنی علاوه بر تاثیر این فیلترها در دریافت اطلاعات، در ارائه دادن و فرستادن اطلاعات نیز مهم قلمداد می‌شوند.

این فیلترها را می‌توان در بحث متامدل‌ها که در ادامه خدمت شما عنوان خواهد شد، بیشتر شناخت و مورد بحث قرار داد.

NLP و متامدل (الگوی متا)

- آیا تا به حال متوجه شده اید که در خیلی از مواقع آنچه را که در ذهن دارید با آن چه که به زبان می‌آورید تفاوت دارد؟
- آیا منظور خود را همان‌طور که می‌خواهید بیان می‌کنید؟
- آیا منظور دیگران را همان‌طور که می‌خواهند دریافت می‌کنید؟
- آیا حرف دیگران را واضح متوجه می‌شوید؟

انسان‌ها هر لحظه از کلمات به عنوان ابزاری مهم برای بیان افکار و احساسات خود استفاده می‌کنند و به این شکل آنها را با دیگران در میان می‌گذارند.

کلام می‌تواند منجر به قطع رابطه و یا برقراری ارتباط شود، کلمات می‌توانند آن چنان تاثیری روی روابط بگذارند که باعث جدال و جنگ و یا صلح شوند. از آنجایی که هر فردی جهان را به شیوه منحصر به فرد خود در ذهنش تجربه می‌کند، برداشت هر شخص از کلمات نیز متفاوت می‌باشد، زیرا فیلترهای ادراکی و ذهنی، تجربیات و

آگاهی‌ها منجر به برداشت‌های گوناگون می‌گردند.

گاهی تفاوت در برداشت‌ها منجر به سوء تفاهم می‌شود، همان‌طور که حتی علت پرتاب بمب هسته ای در هیروشیما، برگرداندن نادرست منظور امپراطور توسط مترجمش بود. گاهی تفاوت در برداشت‌ها باعث غنی شدن زندگی می‌شود و به ما این فرصت را می‌دهد که هر موضوع از زندگی را از جنبه‌ها و نگاه‌های مختلف بشناسیم. این نگاه‌های متعدد به یک مسئله، خلاقیت را تقویت می‌کند و همه آگاهی‌ها را به هم وصل می‌کند. احتمالا درباره کلماتی مانند قند اتفاق نظرهای زیادی وجود دارد، زیرا دیدن، بوییدن و چشیدن آن تقریبا به یک شکل خاص انجام می‌شود.

اما در مورد کلماتی مانند احترام، عشق و سیاست موضوع فرق می‌کند و برداشت‌ها تفاوت زیادی با هم دارند. در هر مکالمه ای فرد مقابل، معنای خاصی را که دوست دارد از کلام شما برداشت می‌کند. کلمات فقط نمادی از آنچه فکر و تجربه کرده‌اید را منتقل می‌کنند، آنها واقعاً نمی‌توانند کل آنها را انتقال دهند.

علاوه بر محتوای کلام، زبان بدن، حرکات و اشاره‌ها و لحن کلام به دیگران کمک می‌کند تا معنای واقعی آنچه به زبان آورده اید را برداشت کنند. مدلی که شما از دنیای اطرافتان در ذهن دارید با دنیای واقعی تفاوت دارد، اما ان‌ال‌پی به ما کمک می‌کند تا تمام نقاط کور را تشخیص داده و برداشت واضح و روشنی از پیام طرف مقابل داشته باشیم.

متامدل چیست؟

متامدل‌ها الگوهای کلامی با بار معنایی فراتر از ظاهر یک جمله هستند، به این معنا که مفهومی فراتر از ظاهر جمله را دارا می‌باشند. در تعریفی دیگر از متامدل می‌توانیم بگوییم متامدل به پیام‌هایی گفته می‌شود که در مسیر انتقال از ذهن گوینده به ذهن مخاطب، دچار سرقت و تعمیمات شده اند.

به جمله ای که یک، دو و یا سه عمل حذف، تحریف و تعمیم در آن اتفاق افتاده باشد، متامدل می‌گویند که با پرسیدن یک سلسله پرسش به صورت معکوس از شخص گوینده می‌توان به تجربه فکری متصل به کلام او رسید یا لااقل به منظور اصلی گوینده نزدیک شد.

افراد همواره دقیقا و کاملا آنچه را که در نظر دارند به زبان نمی‌آورند، بلکه برخی از آنها را حذف کرده، برخی دیگر را تغییر داده و بعضی دیگر از آنها را از جزء به مجموعه‌های گسترده تر تعمیم می‌دهند.

یکی از مزیت‌های فوق العاده NLP (ان ال پی) استفاده از زبان متامدل می‌باشد.

بسیاری از سوء تفاهمات به دلیل به کار بردن متامدل‌ها در هنگام انتقال پیام ایجاد می‌شوند و ما باید یاد بگیریم به خودمان و مخاطب کمک کنیم که معنا و ریشه اصلی جمله‌ها را بیابیم تا معنی آنچه خودمان و یا دیگران به زبان می‌آورند روشن شود.

درNLP ما می‌توانیم متامدل‌های افراد را به طریق صحیح بشکنیم و هدف از شکستن این متامدل‌ها می‌خواهیم به دو نکته مهم زیر برسیم:

۱. رساندن مخاطب و خودمان به ریشه اصلی مطلب در حد توان

۲. کمک به مخاطب برای یافتن راه حل مناسب برای حل مشکل

کمتر اتفاق می‌افتد که شخصی درباره فرآیند ذهنی مربوط به هر تجربه ای توضیح دهد. الگوی متامدل به دقت و درک صحیح جملات می‌پردازد و ابزاری قدرتمند در اختیار ما قرار می‌دهد تا روش‌هایی برای بهبود روابط متقابل افراد ارائه دهیم.

الگوی متا ابزاری می‌باشد که به شما این امکان را می‌دهد، که دسترسی کامل تر و بهتری به تجربیات دیگران داشته باشید. با استفاده از پرسش‌های خاصی (پرسش‌هایی برای شکستن متامدل‌ها) می‌توان به منظور واقعی فرد رسید و از سوء تفاهم و سوء تعبیرها جلوگیری نمود.

شکستن متامدل‌ها و پی بردن به مفاهیم پشت متامدل‌ها به سادگی موانع مسیر موفقیت را از بین می‌برد.

جمع آوری اطلاعات خاص با الگوی متا

متا به معنی بالا، و یا در سطح دیگر می‌باشد که برای توضیح کلام استفاده می‌شود یعنی مفهومی بالاتر از ظاهر جمله ای که عنوان شده دارد.

متامدل‌ها را جان گریندر و ریچارد بندلر در سال ۱۹۷۵ ابداع کردند چون متوجه شدند که ویرجینیا ستیر و فریتزپرلز، هنگام جمع آوی اطلاعات مراجعه کنندگان از سوالات ویژه ای استفاده می‌کنند، و دریافتند که استفاده از الگوهای زبانی، مخصوصا سوالات صحیح منجر به همگامی با سوژه و گرفتن نتیجه مطلوب‌تر می‌شود.

زبان به طور دقیق نمی‌تواند سرعت و تنوع افکار ما را بازگو کند بلکه منظور شخص به صورت تقریب و احتمال بیان می‌شود و ما می‌توانیم با کمک NLP برای درک بهتر کلام دیگران اطلاعات خاصی را جمع آوری کنیم. بندلروگریندر کشف کردند که وقتی افراد صحبت می‌کنند، سه فرآیند کلیدی به شکل طبیعی رخ می‌دهد.

این سه فرآیند حذف، تعمیم و تحریف باعث می‌شوند افراد بتوانند تجربیات خود را بدون اینکه وارد جزئیات طولانی و خسته کننده شوند، از طریق کلمات بازگو کنند.

این فرایندها به شکل عادی در گفت و گوهای روزمره ما رخ می‌دهند، چون افراد تمایل دارند در هنگام تعریف کردن، اطلاعاتی را حذف کنند، کلی سازی و کلی گویی می‌کنند و گاهی نیز واقعیت‌ها را تحریف می‌کنند.

الگوی متا سوال‌هایی را طرح می‌کند که شما را با حذف، کلی سازی و تحریف توسط دیگران کاملا آشنا می‌سازد و به شما کمک می‌کنند به تجربه اصلی گوینده نزدیکتر شوید. با وجود اینکه هر گوینده ای منظور کامل و دقیقی از آنچه بازگو می‌نماید، دارد، اما سهوا و یا عمدا آن را به صورت کامل بیان نمی‌کند.

نوع سوال در مواجه با متامدل ۳ حالت دارد:

۱. با پرسش در مورد آنچه حذف شده به جستجوی اطلاعات مفقود شده می‌پردازیم
۲. با طرح پرسش "دقیقا منظورت چیست"؟ به روشن کردن مطلب در خود و دیگران می‌پردازیم.
۳. با طرح سوال و گرفتن پاسخ سعی در ایجاد راه حل‌های بیشتر برای انتخاب‌های بیشتر می‌نماییم.

ساختار عمیق و سطحی

با وجود اینکه هر گوینده‌ای منظور کامل و دقیقی از آنچه بازگو می‌نماید، دارد، اما نمی‌تواند آن را به صورت کامل بیان کند.

در NLP (ان ال پی) به منظور دقیق و کاملی که هر شخص از گفته‌هایش دارد، ساختار عمیق(منظور اصلی) می‌گویند که به صورت ناخودآگاه اتفاق می‌افتد، با این وجود اکثر انسان‌ها برای اینکه سریع‌تر و شفاف تر صحبت کنند این ساختار عمیق را کوتاه می‌کنند و آنچه که بیان می‌گردد، ساختار سطحی نامیده می‌شود.

اگر ساختارهای عمیق کوتاه نمی‌شدند، گفتگوها بسیار طولانی می‌شدند. تبدیل شدن ساختار عمیق به سطحی به صورت ناخودآگاه در سه مرحله اتفاق می‌افتد. با این وجود

احتمال دارد این فرایندها زمینه را برای سوء تفاهم و عدم برقرای یک رابطه صحیح در بین انسان‌ها فراهم کنند.

با شناخت این فیلترها می‌توانیم از بسیاری از سوء تفاهمات جلوگیری کنیم. یکی از راه‌هایی که ان ال پی برای واضح شدن پیام‌ها و جلوگیری از سوء تفاهم‌ها به کار می‌برد، شکستن متامدل‌ها می‌باشد. در واقع هر چیزی که ما در مورد آن صحبت می‌کنیم، چه با خودمان و چه با دیگران جزیی از ساختار سطحی محسوب می‌شود.

لایه‌های زیرین کلام ما و منظور دقیق ما از به زبان آوردن این جملات، اطلاعاتی می‌باشد که بیان نمی‌شود و در ساختار عمیق بررسی می‌گردد. ساختار عمیق ناآگاهانه بوده و کسی که حرف می‌زند به خوبی می‌داند که چه منظوری دارد. ذهن همه انسان‌ها هنگام بیان افکارشان به صورت کلام و در واقع حرکت از لایه عمیق به لایه سطحی سه کار را انجام می‌دهد، که باعث خلاصه شدن توضیحات می‌شود که در واقع این کار توسط ضمیر ناخودآگاه در سطح خودآگاه انجام می‌شود.

۱. ذهن شما به صورت ناخودآگاه خیلی از اطلاعات را عمومیت می‌دهد (عمل تعمیم)
۲. برخی اطلاعات موجود در لایه عمیق حفظ و بقیه حذف می‌شوند (عمل حذف)
۳. حالت ساده ای را انتخاب می‌کند که به ناچار معنی را خدشه‌دار می‌کند و گاهی به دلیل فیلترها و تجربیات کلا معنی و مفهوم موضوع را عوض می‌کند (عمل تحریف)

پرسش‌های متامدل:

پرسش‌های متامدل پرسش‌های خاصی می‌باشند که با این سه عمل ذهن طوری برخورد می‌کنند که اطلاعات از دست رفته را یافته و تکمیل می‌نمایند، و همچنین چهارچوبی برای پیدا کردن لایه‌های عمیق فراهم می‌کنند، یعنی جریانی را از ساختار سطحی تا رسیدن به ساختار عمیق فراهم می‌کنند.

جدا از انجام شدن این سه عمل در انتقال پیام، هنگام دریافت پیام توسط گیرنده نیز این سه عمل مجددا اتفاق می‌افتند. این ۳ فیلتر در سه مرحله اتفاق می‌افتند:

۱. مرحله انتقال مفهوم از ذهن به دهان گوینده
۲. مرحله دریافت پیام توسط گیرنده و ورود اصوات به گوش قبل از رسیدن به ذهن
۳. مرحله تجزیه و تحلیل در ذهن گیرنده پیام

پرسش‌های متامدل‌ها یکسری سوالات هستند که اجازه می‌دهند شما اطلاعات یک فکر یا تجربه خاص یک شخص را در عمق پیدا کنید. اگر ندانید که چه سوالاتی باید بپرسید احتمال اینکه مشکل را اشتباه حل کنید وجود دارد و شاید مشکل را بیشتر کنید.

بنابراین شناخت پرسش‌های متامدل برای هر فردی که ان ال پی کار می‌کند، و یا می‌خواهد که در شناخت ذهن خود و دیگران قوی عمل کند امری ضروری و اجتناب ناپذیر می‌باشد.

با طرح یکسری سوالات خاص می‌خواهیم به اهدافی

برسیم که اطلاعات از دست رفته را تکمیل کنیم تا به طور صحیح به منظور گوینده پیام پی ببریم. در ادامه با انواع متامدل‌ها جهت شناخت و درک بیشتر این موضوع و بهتر عمل کردن در ساختن متامدل‌ها آشنا می‌شویم.

انواع متامدل ها:

- ✓ متامدل تحریف
- ✓ متامدل تعمیم
- ✓ متامدل حذف

متامدل تحریف؛

متامدل ذهن خوانی
ذهن خوانی در شرایطی اتفاق می‌افتد که شخص بدون دلیل و مدرک اظهار می‌کند که از اندیشه و احساس دیگران خبر دارد و می‌تواند ذهن آنها را بخواند.

دو نوع ذهن خوانی وجود دارد.

- در نوع اول شخص گمان می‌کند که از فکر مخاطب خود اطلاع دارد. مثل: خوشحال بود، اما به روی خود نیاورد. یا دوستم نداری!
- در نوع دوم فرض می‌کنیم که دیگران باید شما را درک کنند بدون اینکه شما حرفی به زبان بیاورید. مثل: اگر برای من احترام قائل بودی

می‌دانستی که من چه می‌خواهم!
- راه برخورد با ذهن خوانی این می‌باشد که از مخاطب خود بپرسیم که چه چیزی باعث شده که فکر کند این گونه فکر می‌کنیم؟ یا چه اتفاقی افتاده که فکر می‌کنی...؟

بنابراین ما برای جمع آوری اطلاعات، توضیح دادن معانی، شناسایی محدودیت‌ها و افزایش دادن امکان انتخاب می‌توانیم از پرسش‌های متامدل استفاده نماییم.

متامدل قضاوت

در این متامدل طرف ادعا می‌کند که می‌تواند قاضی باشد. قضاوت‌ها را می‌توان با پرسش چه کسی و بر چه اساسی داوری می‌کند روشن نمود؟

مثال: من خودخواه هستم.

سوالات مربوطه:

(چه کسی این را می‌گوید؟)
(بر چه اساسی این را می‌گویی؟)
(از کجا می‌دانی که این گونه می‌باشد؟)
(با چه معیاری این مسئله را می‌سنجی؟)
(از چه زاویه ای به این موضوع نگاه کرده اید؟)

مثلا: خندیدن کار زشتی می‌باشد.

سوال برای شکستن متامدل: بر چه اساسی می‌دانی که خندیدن کار زشتی می‌باشد؟

متامدل علت و معلول

شخص علت و معلول بیان می‌کند.

مثال: تو را که می‌بینم، عصبانی می‌شوم.
شکستن متامدل: به چه دلیل از من عصبانی می‌شوی؟

متامدل رابطه پیچیده
مثال: اینکه تو جلوی بقیه به من توجه نمی‌کنی، یعنی منو دوست نداری.
شکستن متامدل: من کی به تو توجه نکردم؟
آیا اگر در زمانی به کسی توجه نکنی، یعنی دوستش نداریم؟

شخص به پیش فرض‌ها به چشم واقعیت مطلق نگاه می‌کند.
همه ما با توجه به تجارب شخصی خود پیش فرض‌هایی داریم.
جملاتی که در آنها از کلمات "از آنجایی که"، وقتی که و اگر استفاده می‌شود اغلب دارای یک پیش فرض هستند.
مثلا: اگر رئیسم می‌دونست من چقدر مریضم، این کار رو به عهده من نمی‌گذاشت!
می‌توانید با طرح سوال چگونه به این نتیجه رسیدی...؟
با پیش فرض‌ها مبارزه کنید

متامدل تعمیم
تعمیم دادن یعنی یک نمونه را نماینده کل احتمالات مختلف در نظر بگیریم.
کلیات در اکثر مواقع فرد را دچار اشتباه می‌کنند، تنها زمانی می‌توان بگوییم خوب هستند که حقیقت داشته باشند، مثل همه انسان‌ها از چشمشان برای دیدن استفاده

می‌کنند، یا در پس هر روزی شبی فرا می‌رسد.
مثال‌های از متامدل تعمیم:

مفاهیم فراگیر

جملاتی که با کلمات، همه، هر، هیچ کدام، هیچ وقت، هرگز و همیشه شروع می‌شوند.

مثال: هیچ وقت به حرف من گوش نمی‌دهید!

شکستن متامدل: برای مبارزه با مفهوم با بار مطلق "هیچ وقت به حرف من گوش نمی‌دهید" استثنایی پیدا کنید: من هیچ وقت به حرف تو گوش ندادم؟ حتی یک بار؟ یا آیا می‌توانی زمانی را به یاد آوری که من به حرف تو گوش داده باشم؟ آیا تا به حال اتفاق افتاده که...؟

روش دیگر برای شکستن متامدل مبالغه کردن در مورد آنچه که از طرف مقابل می‌شنویم می‌باشد.

مثلا در جواب اینکه من هرگز متامدل‌ها را نخواهم فهمید، می‌توانید بگویید بله شما حق دارید، چرا از خیر یادگرفتن متامدل نمی‌گذرید؟ سودی ندارد.

و در نتیجه طرف مقابل می‌گوید بسیار خوب، من تا این اندازه که شما فکر می‌کنید خنگ به نظر نمی‌رسم.

با مبالغه شدید، مخاطب شما اغلب در خلاف جهت باور قبلی خود حرف می‌زند.

شخص گوینده از حس خودش به عنوان یک احتمال استفاده می‌کند.

مثال: من موفق نمی‌شوم! من قهرمان نمی‌شوم! (در اینجا شخص پیام‌های تضعیف کننده می‌فرستد و نباید در پرسیدن سوالات از چرا استفاده کرد)
شکستن متامدل: چه چیزی باعث می‌شود تو قهرمان نشوی؟
اگر چه اتفاقی بیافتد شما قهرمان می‌شوید؟

متامدل نام گذاری

هنگامی که یک سری اسم‌های بی‌معنی و بی‌مفهوم استفاده می‌شود.
طعم تلخ عشق را چشیدم.
شکستن متامدل: انتظار عشق از چه کسی را داری؟

استفاده از افعال نامعین

اون حال منو گرفت. شکستن متامدل: چه کار کرد که حالت گرفته شد؟

شخص حس خودش را به عنوان قانون مطرح می‌کند

نفرت انگیزه و یا شادی بخشه!

شکستن متامدل:

به نظر تو همه فکر می‌کنند که نفرت انگیزه یا شادی بخشه ؟

چرا فکر می‌کنی نفرت انگیزه ؟

چه چیزی باعث میشه نفرت انگیز باشه یا شادی بخش به نظر برسه ؟

متامدل حذف؛

- حذف ساده

خوشحالم، خسته شدم. شکستن متامدل: چه چیزی تـو را خوشحال کرده؟

- شخص یـا چیـز مـورد نظـر را در جملـه حـذف می‌کند؟

اون منو اذیت می‌کنه! شکستن متامدل: کی؟ چطوری؟

- حذف مقایسه‌ای

هر جملـه ای کـه از کلمـات بهتـر، بهتـرین، بـدتر، بـدترین استفاده کند، مقایسه‌ای انجام می‌دهد.

شکستن متامدل:

مقایسه صورت گرفته با پرسش "در مقایسه با چه یا چیزی در رابطه با چه چیزی روشن می‌شود.

مثل: من امتحانم را بد دادم. شکستن: بد در مقایسه با

چی؟

مثال: اون بهترین دوستیه که من داشتم

شکستن متامدل: در مقایسه با چه کسی؟ نسبت به چه کسی؟

یک سری سوال‌ها که به صورت ملایم و کلی برای شکستن متامدل‌ها می‌توان استفاده کرد:

۱. دقیقا منظورت چیست؟
۲. واقعا دوست دارم، چیزی را که می‌گویی بیشتر درک کنم
۳. واقعا سر در نمی‌آورم که چرا فلان چیز... فلان معنی... را می‌دهد، آیا الان می‌توانید بیشتر توضیح دهید؟
۴. می توانی برای یک لحظه تصور کنی که چه اتفاقی می‌افتد اگر فلان کار را انجام دهی؟ یا انجام ندهی؟

برای جمع آوری اطلاعات حذف شده می‌توانید سه سوال سودمند بپرسید:

- چه کسی؟ چه چیزی؟ کجا؟ کی؟ چگونه؟
- دقیقا چه چیزی؟
- درست چه چیزی؟
- (مراقب "همواره" و "باید" باشید).

قیدهایی مثل، همیشه، هربار، همه، هرگز و هروقت نمونه ایی از تعمیم و یا کلی سازی هستند.

سوالات کلی سازی

- همیشه؟ هرگز؟ هربار؟
- فقط تجسم کن که می‌توانی؟ سپس چه می‌شود؟
- چه چیز مانع تو می‌شود؟

تحریف

- سوالات تحریف
- از کجا می‌دانی؟ چگونه می‌دانی؟
- چطوری مورد ۱ می‌تواند منجر به واقعیت ۲ شود.
- چه کسی این حرف را می‌زند؟
- چه شواهدی داری؟

نکات مهم

به کلمات گوش دهید و الگوهای تحریف، تعمیم و حذف را شناسایی کنید.
سعی کنید سوال درست را مطرح کنید.

- ارزش الگوی متا در رسیدن به شفافیت مشخص می‌شود، پیش از هر کاری بهتر می‌باشد این الگوها را برای خود به کار ببرید. یعنی دنبال شکستن متامدل‌ها در ذهن خود باشید.
- هنگام پرسیدن با ملایمت و نرمی این کار را

انجام دهید تا فرد مقابلتان نرنجد و خاطرش آزرده نشود و مجبور به جر و بحث نشوید.
- فراموش نکنید دوستی و صمیمیت یکی از ارزشمندترین دارایی‌های هر فرد محسوب می‌شود، پس سوالات را طوری مطرح نکنید که دوستی را خدشه‌دار کند.
- در صورتی که با طرف مقابل صمیمی نشده اید و به راپورت نرسیده اید، حتی الامکان از شکستن متامدل‌ها اجتناب کنید.
- سوالاتتان را در چهارچوب به گونه ای مطرح کنید که در عمق منظور شما از پرسیدن پنهان بماند و در عین حال کاملا شفاف، بی خطر، قابل اعتماد و یا حتی خام و ناآزموده به نظر برسید.
- بهترین مکان برای شکستن متامدل ها، مکان تنهایی شما و در ذهن شما می‌باشد. بدین معنی که شما می‌توانید متامدل‌های جملات خود را در ذهن خودتان بشکنید.
- ابتدا روی خودتان کار کنید تا به مهارت برسید و سپس روی دیگران انجام بدهید.

زبان مبهم یا میلتون مدل در ان ال پی

یکی از مهارت‌های مهم در ان ال پی یادگیری و به کارگیری الگوی میلتون می‌باشد که برخی حتی به آن هنر استفاده از کلمات جادویی هم می‌گویند.

میلتون مدل برعکس متامدل، کلیات را مورد توجه قرار می‌دهد و عمدا یک یا دو یا سه عمل حذف، تحریف و تعمیم را در جملات ایجاد می‌کند تا ذهن طرف مقابل مشغول به تجزیه و تحلیل کردن کلیات شود و در نتیجه ضمیر ناخودآگاه شخص شنونده در دسترس قرار بگیرد و ما بتوانیم نتیجه مطلوب را به دست آوریم و با توجه به در دسترس قرار گرفتن ضمیرناخودآگاه مخاطب بتوانیم او را به مسیری که تمایل داریم هدایت کنیم.همچنین با این کار در درمان بدون اینکه مقاومتی ایجاد شود به سوژه کمک می‌شود تا خودش براساس داشته‌ها و تجربیات درونی‌اش بهترین جواب را برای سوال و مشکلش پیدا کند.

زمان عینی و زمان ذهنی
اگر شما تمام حواستان را جمع کنید و به اطراف توجه

کنید، این تمرکز و دقت حواس به دنیای بیرون را در ان ال پی زمان عینی (uptime) می‌نامند .

در مقابل آن زمانی که به عمق خویش توجه کرده و به درون ذهن خود پرداخته و توجه کمتری نسبت به محرک‌های بیرونی داشته باشیم، این حالت را (downtime) یا زمان ذهنی می‌گویند.

میلتون مدل فرد را در حالت زمان ذهنی قرار می‌دهد، یعنی با دو پهلو حرف زدن، نوع خاصی از خلسه یا ترانس ایجاد می‌کند که در این حالت می‌توان به ضمیر ناخودآگاه دسترسی پیدا کرد.

در این روش فرصتی برای طرف مقابل ایجاد می‌شود تا خود، برداشتی از صحبت گوینده داشته باشد که برایش مفیدتر بوده و این شخص مطالب را به نحوی تفسیر می‌کند که با چهار چوب ذهنی خودش هماهنگ باشد و سخنان گوینده نیز دلنشین تر به نظر می‌رسد و مقاومت مخاطب کمتر می‌شود.

وقتی از میلتون مدل استفاده می‌شود، شنونده باید از تخیل خود استفاده کند تا شخصیت‌ها و چگونگی آن را پر کند.

زبان مبهم یا میلتون مدل چیست؟

میلتون اریکسون بهترین هیپنوتراپیست زمان خود بود، او با مفاهیم ترانس و ساختار زبان هوشمندانه‌ای که پر از معانی مبهم بود کار می‌کرد تا به مراجعه کنندگانش کمک کند که چگونه مشکلات خود را حل کنند و منابعی را که

قبلا در اختیار داشتند و از آن بی خبر بودند را مورد استفاده قرار دهند.

موفقیت اریکسون بر توانایی او در خواندن رفتار غیر کلامی و همچنین توانایی او در برقراری ارتباط با مراجعه کنندگان بود.

میلتون اریکسون به عنوان مشهورترین هیپنوتراپ و شخصی که بیشترین رضایت مراجعه کنندگان از نتایج را داشت از نوعی کلی گویی استفاده می‌کرد و از طریق آن ابهام ماهرانه، تاثیرات زیادی بر جا می‌گذاشت، او از ترفندهای زیادی از جمله حذف، تحریف و تعمیم استفاده می‌کرد و شخص را به حالت خلسه می‌برد تا مستقیما روی ضمیر ناخودآگاه شخص کار کند.

با اینکه کلمات تنها ۷ درصد در ارتباطات نقش دارد اما همین مقدار مستقیما روی نتایج تاثیر می‌گذارد، و این اثر نه فقط در خود کلمات، بلکه به نحوه جمله بندی و ساختار آنچه که گفته می‌شود نیز بستگی دارد.

میلتون اریکسون شیوه ای متفاوت داشت، وی بر اساس نیازها و شخصیت‌های مراجعه کنندگانش شیوه‌های مختلفی از الگوهای کلامی را انتخاب می‌کرد که بسیار خلاقانه و انعطاف پذیر بودند.

او به سوژه پیشنهاد یا توصیه نمی‌کرد بلکه زبانی که به کار می‌برد غیر مستقیم بود و از نمادها، استعارات، تشبیهات و عبارات مثبت کلامی و داستان‌ها که دقیقا زبان ضمیر ناخودآگاه می‌باشد بهره می‌گرفت که برای ذهن ناخودآگاه شخص جالب هستند و سبب می‌شوند فرد در

وضعیت خلسه فرو رود.

او به ویژه از ارتباطات غیر کلامی بهره می‌برد و می‌توانست کوچک‌ترین تغییرات را در مراجعه کننده شناسایی کند.

این شیوه باعث می‌شد که مقاومت مراجعه کننده کاهش پیدا کند و سوژه‌ها به منابع ناخودآگاه و قدرت‌های درونی‌شان دسترسی پیدا کنند، که با طرز کار طبیعی ذهن خودشان شباهت فراوان دارد.

با استفاده از میلتون مدل‌ها این امکان برای شما وجود دارد که به راحتی با دیگران صمیمی شوید و افراد را به سمتی که دوست دارید ببرید و در این صورت شنونده‌ی شما پاسخ‌های کارساز را خود پیدا می‌کند که این پاسخ‌ها برای او نیز اثر بخش ترند.

شنونده احساس می‌کند که کنترل همه چیز را در دست دارد و آزادی عمل دارد تا خودش امکانات متفاوت را بررسی کند.

همه این موارد برای جلوگیری از اعتراض سوژه و دستیابی به نتیجه ای مطلوب از یک رابطه استفاده می‌شوند.

میلتون مدل نوعی ارتباط در ان ال پی می‌باشد که قطعات کلی و عمومی ایجاد می‌کند، این الگو باعث می‌شود علاوه بر اینکه حرف‌های شما خوشایندتر شوند، احساسات فرد را نیز به کار گیرید و ارتباط موثر برقرار شود.

ریچارد بندلر و جان گریندر متوجه شدند که میلتون اریکسون، از نوعی مبهم گویی برای درمان استفاده می‌کند

که بسیار موفق و تاثیرگذار می‌باشد (درمان از طریق هیپنوتیزم)

آنها زبان و رفتار او را جزء به جزء مورد بررسی قرار دادند و از این مهارت اریکسون مدل برداری کرده و الگوهای او را مشخص و استخراج کردند که در نهایت "هیپنوتیزم اریکسونی" نام گرفت.

هدف آنان این بود که دیگران نیز بتوانند از این شیوه در موقعیت‌های گوناگون استفاده کنند و به نتایج چشمگیر برسند و به افتخار اریکسون این روش را "میلتون مدل" نام گذاری کردند.

جنبه کلیدی مدل میلتون این می‌باشد که از طریق خلسه ایجاد شده، شنونده بیش از هر زمان دیگری پذیرای حرف شما می‌باشد زیرا جملات به کار گرفته شده، ضمیر خودآگاه را درگیر می‌کند تا ضمیر ناخودآگاه در دسترس باشد. (یکی از مهارت‌هایی که بعضی از سیاست‌مداران و رهبران و مدیران برای تاثیرگذاری بیشتر استفاده می‌کنند).

الگوی متا در مقایسه با این مدل، فرد را دعوت می‌کند تا جزئیات خاصی را که جا افتاده، جست و جو کند و به دست آورد.

در میلتون مدل برعکس مدل متا که به شفاف سازی می‌پردازد، به عمد سراغ عبارت‌هایی می‌روید که عمومی و کلی هستند.

در مدل میلتون مانند متامدل‌ها، سه الگوی کلیدی وجود دارد (تعمیم، تحریف و حذف آگاهانه)

الگوی میلتون تصویر آینه‌ای الگوی متا می‌باشد و

مخاطب به اجبار باید جزئیات (حذف،تحریف،تعمیم) را با توجه به تجربیات خود و معنایی که برای آن در نظر می‌گیرد در جای مناسب قرار دهد و نتایجی که گرفته می‌شود بدون اجبار از طرف گوینده و فقط با توجه به ذهنیات و توانمندی‌های خود شخص گرفته می‌شود و به این دلیل شخص در تغییر و یافتن راهکار بسیار موفق‌تر عمل می‌کند.

این عبارت را در نظر بگیرید:

- می توانیم مشکل را حل بکنیم.
- همه چیز بهتر خواهد شد.
- لزومی ندارد وضع به این شکل باشد.
- یک روز آزاد خواهیم شد.
- من رویایی دارم.
- همه‌ی ما مشکلات خودمان را داریم.

تنها کاری که می‌توان درباره‌ی این جملات انجام داد، اعلام موافقت خود با آنها می‌باشد.

هرگاه نمی‌خواهید مردم تمام جزئیات را بدانند، مدل میلتون می‌تواند به شما کمک کند. در این حالت، اجازه می‌دهید مخاطب، برداشت خود را از آنچه که به او می‌گویید داشته باشد.

مدل میلتون سه جنبه اصلی دارد:

۱. برای کمک به ایجاد و حفظ ارتباط با مراجعه کننده و یا مشتری.

جنبه اول، ایجاد روابط، یا همدلی، برای دستیابی به ارتباط بهتر و پاسخگویی بهتر انجام می‌شود.

۲. توجه بیش از حد آگاهانه

در این حالت ذهن آگاهانه را بیش از حد بارگذاری و منحرف می‌سازند تا ارتباطات در سطح ناخودآگاه بتواند رشد کند.

جنبه دوم مدل میلتون این می‌باشد که از ابهام در زبان و ارتباطات غیر کلامی استفاده می‌کند.

استفاده از ابهام، ذهن آگاهانه را منحرف می‌کند، و به ذهن ناخودآگاه فرصت ظاهر شدن می‌دهد.

ارتباط غیر مستقیم

سوم، برای تفسیر در کلمات ارائه شده مخاطب را آزاد می‌گذارد. در این مدل، پیشنهادات غیر مستقیم ارائه می‌شود. در پیشنهاد مستقیم صرفا آنچه که گفته می‌شود، مطرح کردن درخواست می‌باشد، در مقابل، پیشنهاد غیرمستقیم فرصتی را برای تفسیر فراهم می‌کند، مثلاً می‌خواهیم بگوییم که در مقابل مخاطب باید با اعتماد به نفس صحبت کرد، با استفاده از زبان میلتون به صورت غیر مستقیم با گفتن "زمانی که شما تصمیم می‌گیرید که با مخاطب صحبت کنید، به این توجه کنید که چگونه اعتماد به نفس شما بیشتر می‌شود."، این فرصت را به دیگران

می‌دهیم که شخص خودش جزئیات را پر کند.

میلتون مدل را در موارد زیر می‌توان به کار برد:

۱. کمک به راپورت و همگام شدن و هدایت کردن
اریکسون می‌گوید مراجعه کننده به خاطر درمانگر مقاومت می‌کند.

اگر درمان کننده به اعماق وجود مراجعه کننده توجه کرده و از زبان مبهم استفاده کند سوژه بهتر می‌تواند تجربیات ذهنی خود را به کار گیرد.

این موجب کاهش مقاومت می‌شود و درمانگر با مراجعه کننده همگام می‌گردد تا به مرحله هدایت کردن وارد شود.

۲. کنار زدن خودآگاه و استفاده از ضمیر ناخودآگاه
با درگیر کردن ضمیر خودآگاه، ضمیر ناخودآگاه در دسترس قرار می‌گیرد تا تلقینات لازم را انجام دهیم.

با مبهم و پیچیده حرف زدن، نیمکره منطقی شروع به تجزیه و تحلیل می‌کند و نیمکره راست در دسترس قرار می‌گیرد، و این هدف را دنبال می‌کنیم که شنونده، گزینه‌های زیادی داشته باشد تا به صورت خلاقانه حذف، تعمیم و تحریف را انجام دهد.

۳. شکوفا کردن توانمندی‌ها و ایجاد تغییر شخصی
با کلی صحبت کردن، می‌توان بدون ایجاد مقاومت شخص را به توانمندی‌های درونی او آگاه کرد، درمانگر شاید از امکانات و توانمندی‌های او با خبر نباشد، اما با زبان میلتون می‌توان به فرد کمک کرد تا با توجه به ابزارها،

امکانات و همچنین توانایی‌ها خود، در دسترس ترین آنها را انتخاب و استفاده کند.

۴. امکان ایجاد ترانس و خلسه

الگوی زبان میلتون اریکسون سبب ایجاد خلسه می‌گردد.

یکی از راه‌های ارتباط مستقیم با ضمیر ناخودآگاه حالت خلسه می‌باشد که باعث می‌شود ضمیر ناخودآگاه در دسترس باشد. در حالت خلسه می‌توان هر پیامی را به ضمیر ناخودآگاه ارسال کرد و در آن نفوذپذیری داشت.

خلسه فرصت مناسبی را برای حل مسئله به وجود می‌آورد زیرا ذهن هشیار را کنار می‌زند و از ذهن ناهشیار استفاده می‌کند. تأثیر الگوی میلتون مانند هیپنوتیزم بوده و به وسیله ذهن ناهشیار در فرد خلسه ایجاد می‌کند.

در واقع فرد در حالتی قرار دارد که در آن حالت ارتباط با ذهن ناخودآگاه و دستیابی به منابع درونی اش آسان تر می‌شود.

شاید با شنیدن نام خلسه دچار استرس و یا ترس شوید، در حالی که شما هر روز بدون اینکه بدانید خلسه را تجربه می‌کنید یا خودتان خلسه را برای خود و دیگران ایجاد می‌کنید و یا دیگران برای شما ایجاد می‌کنند.

آشنایی با انواع میلتون مدل

۱. میلتون مدل حذف
۲. میلتون مدل تعمیم
۳. میلتون مدل تحریف

۱. میلتون مدل حذف

زمانی که در هنگام فرستادن پیام، آگاهانه و عمدا اطلاعاتی حذف می‌گردد، در این حالت به شنونده ایـن فرصـت داده می‌شود که با توجه به تجربیات و نیاز خود، جـای خـالی را به بهترین شکل و به نفع خودش پر نماید.

باید اطلاعات و مفاهیمی را از سخنان خود حذف کنـیم تا به شـنوندگان ایـن فرصـت را بـدهیم تـا بـا توجـه بـه تجربیات خود جاهای خالی را پر کنند.

انواع حذف

میلتون مدل پیش فرض

در این نوع میلتون مدل یک چیز بدیهی را با آگاهی حذف می‌کنیم تا از آن به عنوان پیش فرض استفاده کنیم.

مثال:

سینا عالی رانندگی می‌کند (پیش فرض این می‌باشد که سینا رانندگی می‌داند)

شاهین مثل خواهرش لجبازی می‌کند (پیش فرض این می‌باشد که خواهر شاهین لجبای می‌کند)

میلتون مدل حذف ساده

در حذف ساده بدون اینکـه متوجـه باشـید، نکـات مهمـی حذف شده‌اند.

به عنوان مثال: ما برنده خواهیم شد.

(چه کسی، در چـه زمینـه ای، کجـا و چـه وقـت برنـده می‌شود دقیقا مشخص نمی‌باشد)

میلتون مدل حذف مقایسه ای

مقایسه چیزی بدون مشخص کردن اینکه با چه کسی یا چه چیزی، مقایسه می‌شود اتفاق می‌افتد.

در این حذف مقایسه صورت می‌گیرد اما مورد مقایسه ای مشخص نمی‌شود. بنابراین مخاطب آن را با چیزی که مدنظر دارد مورد مقایسه قرار می‌دهد.

"شما آن را بیشتر دوست دارید" یا "این یکی بهتر می‌باشد."مثال: ما برنامه‌های بهتری داریم (از چه کسی، در چه زمینه‌ای)

میلتون مدل اسم سازی

افعالی که به صورت اسم استفاده می‌شوند.

مثال:اعتماد خوب نمی‌باشد.

که در این جمله اعتماد محدوده وسیعی را شامل می‌شود و شنوندگان خودشان انتخاب می‌کنند که چه معنایی از آن برداشت کنند.

میلتون مدل قضاوت بر اساس افعال نامشخص

افعالی در این جملات بیان می‌شوند که جزئیات(فاعل یا علت انجام کار) آن مشخص نمی‌باشد و شنونده با توجه به نظر خودش جزئیات را اضافه می‌کند. مثل: هدف ما رسیدن به موفقیت و پیشرفت می‌باشد. با توجه به اینکه چگونه و با چه ابزارهایی این رضایت اتفاق می‌افتد و این ارزیابی مبنای مشخصی ندارد، بنابراین شنونده خودش جزئیات را در ذهن خودش وارد می‌کند."یادگیری بسیار آسان تر از آن می‌باشد که در ابتدا به نظر می‌رسد."

ما نمی‌دانیم چگونه یادگیری آسان‌تر می‌شود و یا اولین بار چگونه به نظر می‌رسد، اما ما می‌توانیم تصور کنیم کـه چگونه!

میلتون مدل فقدان شاخص‌های ارجاعی:
در این نوع میلتون مدل شخصی یک تجربه را به همه چیز ارجاع می‌دهد.
در بعضی موارد فرد به جای اشاره به موضـوع خـاص از "آنها"، "این"، "آن"، "اینها" استفاده می‌کند.
"آنها برای تو مفید هستند"
با توجه به اینکه مفید هستند اما توضیـح بـرای مفیـد بودن ارائه نمی‌شود.

میلتون مدل اسم‌ها و فعل‌های نامشخص
"افراد می‌توانند به راحتی به کمک هیپنوتیزم یاد بگیرنـد."
در این جمله چند نکته ابهام برانگیز وجود دارد:
کدام افراد؟
چگونه می‌توانند به راحتی یاد بگیرند؟
آیا آنها به راحتی یاد می‌گیرند؟
در حقیقت در بسیاری از میلتون مدل‌ها به صـورت غیـر مستقیم ما در حال انتقال پیام و برنامه ریزی ذهن شخص مقابل به صورت ناخودآگاه هستیم مـثلاً در مثـال بـالا بـه صورت غیر مستقیم ما داریم به شخص می‌گوییم که او هم می‌تواند به راحتی و به کمک هیپنوتیزم یـاد بگیـرد.بـدون اینکه مستقیما به او پیشنهاد داده باشیم تا مقاومت ایجاد شود.

این نوع عبارات مفید هستند و زمانی که سخنران، شنونده ناسازگار دارد می‌تواند در او نفوذ داشته باشد.
وقتی عباراتی مانند این استفاده می‌شود، شنونده باید از تخیل خود استفاده کند تا شخصیت‌ها و چگونگی آنها را پر کند.
"پس یک لحظه صبر کنید و از یاد آوری بعضی چیزهایی که آموخته اید و در سمینار انجام دادید لذت ببرید."
پس از شنیدن این حکم، افکار شما چه بود؟
چه چیزی یاد گرفتید و چه کار کردید و در چه سمیناری آنها را یاد گرفتید؟

میلتون مدل فقدان رفرنس یا مرجع:
جملاتی بدون بیان کردن مرجع یا دلیل جمله‌هایی که بیان کرده ایم را میلتون رفرنس می‌گوییم.
"مردم می‌توانند تغییر کنند"
"برای یادگیری بهتر با صدای بلندتر مطالب را مرور کنید"
منبعی وجود ندارد که صحت تأثیر مرور مطالب با صدای بلند را بر یادگیری بهتر بیان کند!
یا چه کسی می‌گوید که مردم می‌توانند تغییر کنند.

میلتون مدل‌های تعمیم
زمانی که جزئیات امکان دارد مانع شما شوند می‌توانید حکم کلی صادر کنید یعنی از کلماتی استفاده کنید که بر عمومیت دلالت دارد.

در ایـن روش می‌توانیـد بـه طـور مـوثر افـرادی کـه از الگوهای فکریشان آگاهی ندارید را هـم تحـت تـاثیر قـرار دهید.

میلتون مدل کلمات با بار مطلق
کلماتی مانند همه، همیشه، هرگز، هیچ کس، هرکس، هیچ کدام
مثال: این روش همیشه به نتیجه می‌رسد.

میلتون مدل استفاده از افعال تاکیدی
مانند باید، نتوانستن، احتیـاج داشـتن، توانسـتن، مجبـور بودن
مثال: تو توانایی آن را داری...
می توانی از هر حادثه درسی بگیری

میلتون مدل ارزش گذاری در کلام
این خوب است، این درست است، این بهتر است، این بدتر است و ...
"مهم است که الگوهای یادگیری زبان را یاد بگیرند."
"ضروری است که همه چیز را یاد بگیریم."
"خوب است که همه ما امشب اینجا هستیم."
سخنران دقیقا نمی‌گویـد کـه چـرا ایـن چیزهـا خـوب، ضروری یا مهم هستند.

میلتون مدل پیش فرض‌ها
فرضیاتی که شنونده، آن را بدیهی می‌بیند.
مثال: وقتـی بـه درآمـدزایی رسـیدیم، دسـتمزدتان بـالا

خواهد رفت.
در این مثال گوینده هیچ صحبتی از میزان بالا رفتن دستمزد نمی‌کند ضمن اینکه پیش فرض نهفته این می‌باشد که به درآمدزایی می‌رسیم.

میلتون مدل‌های تحریف:
ما در موقعیت‌های مختلف تحت تاثیر تجربیات گذشته خود مسائل را تحریف می‌کنیم.

میلتون مدل همراهی با خود
در این میلتون مدل از شرایط محیطی و همراه بودن با چیزی به نفع آنچه که می‌خواهیم انتقال دهیم استفاده می‌کنیم.
مثال: همان‌طور که صدای من را می‌شنوید، لحظه به لحظه آرام‌تر می‌شوید.

میلتون مدل علت و معلول
زمانی که از جمله ای استفاده می‌کنیم که در آن جمله چیزی سبب ساز چیز دیگری باشد و بر آن حکایت دارد که یک چیز منجر به ایجاد چیزی می‌شود.
این عبارت‌ها عبارت اند از: "اگر ..."، "همان طور که شما ..."، "سپس ..."
"اگر به چیزی که می‌گویم گوش کنید، خیلی زیاد یاد خواهید گرفت."
هنگامی که از ترکیباتی مانند"اگر"، "معنی می‌دهد" و "باعث می‌شود" استفاده می‌کنید، بین دو عمل ارتباط برقرار می‌کنید، و این ارتباط شاید منطقی نباشد.

مثال: اگر در سمت راست سالن بنشینید، یادگیریتان بیشتر خواهد بود

مثال: اگر موقع خوابیدن هوای اتاق مرطوب باشد (علت)، خواب عمیق تری خواهید داشت. (معلول)

میلتون مدل علت و معلول اشاره ای

گاهی ارتباط مستقیم بین دو مورد وجود ندارد ولی استفاده از کلماتی نظیر "وقتی که"، "از آنجایی که"، "همان‌طور که" قبل از اینکه" بعد از اینکه" باعث تحریف در ارتباط معنایی بین آن دو می‌شود.

مثال: از آنجایی که ما مواد مرغوبی استفاده می‌کنیم، به شما احساس قدرت دست می‌دهد.

میلتون مدل حرف ربط ساده:

حروف "و"، "با"، و ... می‌توانند عبارات بی ربط را به هم وصل کنند و باعث ارتباط بین آنها شوند.

مثال: دکوراسیون را تغییر می‌دهیم و فروش را بالا می‌بریم.

میلتون مدل معادل‌های پیچیده

در این الگو دو جمله به هم وصل می‌شوند که یک مفهوم را برسانند. ویژگی‌هایی که به چیزی یا کسی اطلاق می‌شود و امکان دارد «علت» منطقی نداشته باشند.

مثال "بودن در اینجا این معنی را دارد که شما به آسانی تغییر خواهید کرد."

مثال: تو پیر هستی، تو نمی‌توانی در این رابطه اظهار نظر کنی.

میلتون مدل ذهن خوانی

در مدل میلتون شخص بدون داشتن اطلاعات موثق ادعای دانستن احساسات و افکار دیگران را دارد "من می‌دانم که شما تعجب می‌کنید که چقدر از این چیز یاد خواهید گرفت."

"شاید شما در مورد چگونگی استفاده از این الگوها کنجکاو باشید."

ما باید محتاط باشیم تا بتوانیم با استفاده از کلی گویی خود رادر ارتباط صحیح با شنونده نگه داریم. زیرا اگر جزئیات خاص با افکار شنونده تداخل داشته باشد، توجه او را مختل خواهیم کرد.

مثال: من می‌دانم همه شما بی صبرانه منتظر هستید که ...

مثال: من می‌دانم که شما خواهان ...

مثال: "من می‌دانم که تو باور می‌کنی ..."

میلتون مدل حدس زدن

در این میلتون مدل فرضیه ای که بر اساس آن نتیجه ای به دست می‌آید مطرح می‌گردد.

مثال: این دوره اعتماد به نفس شما را بِ الا می‌برد (با حدس اینکه در دوره شرکت می‌کنند)

مثال: "به زودی شما به راحتی با یادآوری و استفاده از ابزارهایی که در این آخر هفته یاد می‌گیرید، شگفت زده خواهید شد؟"

سایر الگوها:

میلتون مدل نقل قول
مدل نقل و قول یک راه غیر مستقیم برای انتقال اطلاعات می‌باشد که امکان دارد به صورت دستوری نیز بیان شود.

مثال: "چند سال پیش، به یاد دارم که با یک مرد عاقل باهوش که چیزهای مفید را به من آموخت، ملاقات کردم، من تمام توصیه‌های او را گرامی داشتم، من یک روز خاص را به یاد می‌آورم وقتی که به من گفت: " تغییر آسان بوده و می‌تواند سرگرم کننده باشد " .

مثال: بابام همیشه می‌گفت: ...

مثال: همسایه مون دیروز گفت: ...

میلتون مدل جان بخشی به اشیاء یا نقض محدودیت انتخابی
در این میلتون مدل اعمال هوش و یا جان بخشی به اشیای بی جان اتفاق می‌افتد.

مثال: "همان طور که این تغییرات را انجام می‌دهید، مبل شما می‌تواند از شما حمایت کند" یا "دفترچه خاطرات شما داستان‌های جذاب را می‌گوید".

مثال: پتو، من رو احساس می‌کنه!

مثال: اون لباس داره به من چشمک می‌زنه!

میلتون مدل حکم‌های مستتر
در این میلتون مدل سخنانی بیان می‌شود که بدون اینکه به طور واضح به شنونده گفته شود چه کار خاصی باید انجام دهد، پیام به ناخودآگاه شنونده وارد می‌شود.

مثلا "آرایشگران ماهر این تمرین را انجام می‌دهند" یعنی شما با انجام این کار در آرایشگری مهارت پیدا می‌کنید.

میلتون مدل در تنگنا قرار دادن (الگوی این یا آن، محدودیت دوباره)
مثال: "آیا می‌خواهید امروز یا فردا شروع کنید؟"
در این الگو، قدرت انتخاب اشخاص را محدود می‌کنیم.
در محدویت دوباره به افراد حق انتخاب داده می‌شود، اما همزمان این حق انتخاب محدود می‌شود.
به این شکل افراد را به طرف گزینه‌هایی حرکت می‌دهید که می‌خواهید رخ دهند.
مثال: برای امروز سفارش می‌دهید یا فردا؟
در واقع شخصی که شاید اصلا تمایل برای سفارش ندارد را در تگنا قرار می‌دهید که دست به انتخاب بزند.
مثال: امشب شام بریم بیرون یا فردا شب؟

میلتون مدل پرسش‌های تاییدی یا تاکیدی
در این نوع میلتون مدل سوالات تاکیدی در پایان جملات می‌آیند و از طرف مقابل دعوت می‌کنند تا موافقت خود را اعلام کند.
سوالات تاکیدی راهی اثرگذار برای منحرف کردن ذهن آگاه طرف مقابل از نکته ای می‌باشد که می‌خواهید درباره اش موافقت کند. به صورت عبارت کوتاهی که به انتهای جملات اضافه می‌شوند تا تایید مخاطب گرفته شود.

بدین صورت اطلاعات مطرح شده پس از سوال تاکیدی به ذهن ناخودآگاه می‌رود و فرد به شکل ناخودآگاه بر اساس آن عمل می‌کند.

سوالی

"دیدگاه شما نسبت به زندگی با گذر زمان تغییر می‌کنند، این‌گونه نمی‌باشد ؟"

می توانی این کار را انجام دهی، درسته؟

زمان استراحت رسیده، آیا می‌دانی؟

این کار ساده به نظر می‌رسد، این‌گونه نمی‌باشد؟

استفاده از این سوالات تاکیدی راهی قدرتمند برای اثرگذاشتن روی ذهن ناخودآگاه طرف مقابل می‌باشد و به این شکل طرف مقابل به سختی می‌تواند با شما مخالفت کند.

قیمت‌های ما بسیار مناسب هستند، موافقید؟

این جملات همیشه در مکالمات به کار برده می‌شوند و ما ناخودآگاه نسبت به آنها واکنش نشان می‌دهیم و اگر شما با آنها آشنایی کامل داشته باشید، می‌توانید به صورت آگاهانه آنها را انتخاب و استفاده کنید.

میلتون مدل فرمان‌های پنهان

فرمان‌ها یا سوال‌های پنهان، جملاتی هستند که درون آنها نتیجه ای که می‌خواهید، به صورت مخفی قرار می‌گیرد.

هدف از فرمان‌های پنهان، فرستادن دستوراتی مستقیم به ذهن ناخودآگاه می‌باشد، بدون اینکه ذهن خودآگاه

مانعی سر راه آنها ایجاد کند. :
مثال: من منتظر کسی هستم که به من کمک کند (فرمان: به من کمک کنید)
مثال: در هنوز باز مانده؟ (فرمان: در را ببندید)
یک فرمان که بخشی از یک جمله بزرگتر را تشکیل می‌دهد که با استفاده از تغییر ظریف در تن صدا و یا زبان بدن برجسته می‌شود و ذهن ناخودآگاه خواننده یا شنونده، آن را انتخاب خواهد کرد.
"آیا شما فکر می‌کنید که باید این را به دوستان خود بگویید؟"

میلتون مدل (سوال چند سطحی):
میلتون مدل سوال چند سطحی سوال‌هایی می‌باشد که فقط یک جواب بله یا خیر دارد اما شما را به انجام یک یا چند فعالیت دعوت می‌کند. آنها معمولا یک فرمان تعبیه شده در عمق جمله دارند، یا امکان دارد زمینه ای برای ارائه اطلاعاتی در قالب دستور فراهم کنند.
مثال: "آیا می‌توانید پنجره را ببندید؟"
مثال: "آیا می‌توانید تصمیم بگیرید که آن را تغییر دهید؟"

میلتون مدل استفاده از همه چیز:
در این نوع میلتون مدل از همه چیز در تجربه شنونده برای کمک به انتقال مفهوم به او توسط گوینده استفاده می‌شود.
شنونده: "من نمی‌فهمم."

پاسخ: گوینده "درست می‌گوید، شما هنوز نمی‌فهمید، زیرا شما یک نفس عمیق نکشیدید که بتوانید اطلاعات را راحت تر در اختیار ذهنتان قرار دهد."

یا شما با یک مشتری صحبت می‌کنید و کسی در را باز می‌کند. شما می‌توانید به مشتری خود بگویید:

"شاید شنیدید که در باز شد، بگذارید این فرصتی برای پذیرش ایده‌های جدید در زندگی شما باشد."

پس از آشنایی بیشتر با مدل میلتون می‌توانید نکات مهمی را درباره‌ی نوع زبان دیگران، هنگام گوش دادن به صحبت‌های آنها کشف کنید.

ناگفته نماند که مبهم گویی می‌تواند افراد را گیج کند و آنها فکر کنند که شما سطحی و ناپخته هستید، به همین علت زمانی از زبان میلتون استفاده کنید که می‌تواند مفید واقع شود.

اریکسون از لحن صدایش استفاده می‌کرد و بعضی از کلمات را متفاوت از بقیه ادا می‌کرد. اگر چه آنچه به زبان می‌آورید مهم به نظر می‌رسد، ولی شیوه‌ی رفتارتان هنگام به زبان آوردن آن، بیشترین میزان تاثیرگذاری را دارد. زبان مبهم همه جا وجود دارد!

می‌توانیم به کمک این مهارت در هر زمانی که می‌خواهیم، آگاهانه از آن استفاده کنیم و همچنین با شناخت این زبان آگاهانه اجازه ندهیم تبلیغات و دیگران هنگام استفاده از زبان میلتون ما را تحت تاثیر قرار دهند.

اصول ارتباط موثر در ان ال پی
(ارتباطات فرا موثر)

- به نظر شما نقش ارتباطات در زندگی و روابط بین انسان‌ها چیست؟
- آیا بدون برقراری ارتباط مناسب می‌توان زندگی خوب و موفقی داشت؟
- اگر بتوان همیشه ارتباطات را به صورت موثر برقرار کرد چه تغییری در زندگی ما ایجاد می‌شود؟

یکی از رموز بالا بودن کیفیت زندگی انسان‌های موفق و رمز موفقیت آنها در نوع روابط موثر و تاثیرگذاری می‌باشد که با دیگران ایجاد می‌کنند. ارتباط در حقیقت یک سیکل یا حلقه می‌باشد که حداقل دو نفر را شامل می‌شود.

رفتارها و عکس العمل‌هایی که در حین ارتباط ایجاد می‌شود از این ناشی می‌گردد که شما چه چیزی می‌شنوید و چه چیزی می‌بینید، و تمام اینها بستگی دارد به اینکه شخص مقابل شما چه می‌گوید و چه کاری انجام می‌دهد و به همین دلیل شاید شما تصور کنید که شخص مقابل مسئول رفتار شما خواهد بود!

ارتباطات در ان ال پی

اگر شما بتوانید برای هدف خاصی که مدنظر دارید، هم به صورت کلامی و هم غیر کلامی با فرد مقابل ارتباط برقرار کنید و خواسته خود را به صورت اصولی و در عین حال راحت عنوان کنید، به طوری که در هر دو طرف احساس رضایت و پذیرش وجود داشته باشد، باعث می‌شود به هدف و خواسته مشترک دست پیدا کنید، و در این حالت می‌توانیم بگوییم ارتباط موثر رخ می‌دهد.

شما چه در ارتباط رودررو با طرف مقابلتان باشید، چه در حال مکالمه‌ی تلفنی، در اکثر مواقع بدون اینکه متوجه باشید پیام‌هایی درباره‌ی خودتان و این که خواهان چه نوع ارتباطی هستید، ارسال می‌کنید.

لحظه ای که با کسی ملاقات می‌کنید، چه با او صحبت کرده باشید، چه صحبت نکرده باشید، در او تاثیر می‌گذارید.

لحظه ای که از وجود هم آگاهید، در واقع ارتباط را با یکدیگر آغاز کرده اید.

قسمتی از تاثیرات اولیه، در پی شنیدن حرف‌های طرف مقابلمان به وجود می‌آید، اما بخش اعظم آن از مشاهده‌ی عملکرد وی و ظاهرش در ذهن ما شکل می‌گیرد.

تحقیقاتی که در ان ال پی انجام شده، نشان می‌دهند:

تنها ۷% ارتباط شما کلامی می‌باشد که آن را مضمون ارتباط یا محتوای کلام می‌گویند.

۳۸% ارتباط شما؛ کیفیت صدا، تن صدا و سرعت صحبت کردن شما را شامل می‌شود.

۵۵٪ نیز حرکات، زبان بدن، حالات صورت، تنفس و تغییرات رنگ پوست می‌باشد.
همان طور که قبلا گفتیم ارتباطات به طور کلی به دو قسمت تقسیم می‌گردد:

۱. ارتباط کلامی محتوای کلام، چگونگی شروع صحبت و نحوه طبقه بندی مطالب را در بر می‌گیرد.
۲. ارتباط غیر کلامی تن صدا، آهنگ صدا، تماس چشمی، حالات چهره، ژست‌ها و حالات بدنی را شامل می‌شود.

ارتباطات غیر کلامی ۹۳٪ بر مخاطب تاثیر می‌گذارد که بسیار موثرتر از ارتباطات کلامی به نظر می‌رسد که فقط ۷٪ تاثیرگذاری دارد.
پس ارتباط، با کلمات شما، کیفیت صدای شما و بدن شما، شکل می‌گیرد.
شما نمی‌توانید ارتباط برقرار نکنید، چون بسیاری از پیام‌ها حتی بدون اینکه چیزی بگویید منتقل می‌شوند.(یکی از پیش فرض‌های ان ال پی)
بنابراین ارتباط، پیام‌هایی را شامل می‌شود که از یک شخص به شخص دیگر ارسال می‌گردد.
اگر به روند ارتباطات خود دقت کرده باشید متوجه خواهید شد که با برخی افراد راحت تر می‌توانید ارتباط برقرار کرده و با برخی دیگر این توانایی را ندارید.
زمانی که شما می‌توانید راحت تر با فرد مقابل صحبت

کنید و تعامل و پذیرش بالایی در ارتباط وجود دارد، این به دلیل ارتباط موثر ایجاد شده برقرار می‌شود.

متاسفانه در ارتباطات معمول جامعه، اولین کار انتقال پیام و مطرح کردن زود هنگام موضوع اصلی می‌باشد که این کار از نظر ان ال پی کاملا اشتباه تلقی می‌گردد، یعنی افراد معمولی در اولین قدم ارتباطاتی، بلافاصله پیام خود را عنوان می‌کنند، و بعد از مطرح کردن خواسته و انتقال پیام، وارد بحث با طرف مقابل می‌شوند که در نهایت این نوع بحث و ارتباط یا منتهی به سازش از سر اجبار می‌شود و یا منتهی به قهر و دریافت پاسخ منفی می‌گردد.

چون شیوه انتقال پیام اشتباه می‌باشد و معمولا در این‌گونه ارتباط‌ها هدف برنده شدن من و یا رسیدن من به خواسته مشخص می‌باشد و یا حداقل این‌گونه جلوه می‌کند.

ولی در ان ال پی هدف از ایجاد ارتباط، برنده شدن هر دو طرف یا به اصطلاح ارتباط به صورت برد- برد شکل می‌گیرد.

برقراری ارتباط موثر

هنگامی که شما در ارتباط موثر قرار گرفته باشید با شخص مقابل احساس تفاهم می‌کنید و حسی که در دو طرف به وجود می‌آید بر مبنای اعتماد ایجاد می‌شود که در نتیجه آن می‌توانید خیلی راحت و صریح مسائل را مورد بحث و مذاکره قرار دهید و به توافق برسید.

ارتباط موثر پایه و اساس مناسبی برای بحث و مذاکره و

تصمیم‌گیری می‌باشد و زمانی اتفاق می‌افتد که افراد به درستی به یکدیگر اعتماد کنند و این اعتماد زمانی شکل می‌گیرد که اعتمادی بر مبنای تعامل و درک حرف‌های یکدیگر به صورت ناخودآگاه ایجاد شود.

آیا تا به حال پیش آمده که در یک مکالمه لذت بخش با شخصی قرار گرفته باشید و متوجه بشوید که حالات بدن شبیه به همدیگر را به خود گرفته‌اید؟

این رفتار به نظر می‌رسد که به صورت ذاتی در حرکات بچه‌هایی که تازه متولد شده‌اند با اطرافیانشان صورت می‌گیرد.

احساس همدلی از نخستین سال‌های زندگی در افراد شکل می‌گیرد، اما مقدار آن در افراد متفاوت، مختلف می‌باشد.

ان ال پی توانایی پاسخ موثر دادن به دیگران و احترام به مدل ذهنی قلمداد می‌گردد و این جالب‌تر می‌شود زمانی که بدانید معنی ارتباط را با پاسخی که دریافت می‌کنید متوجه خواهید شد.

ما دائما از مهارت‌های ارتباطی خود در فروش، خرید، ارتباطات، درمان، مدیریت، آموزش و ... که همه تحت تاثیر مستقیم مهارت‌های ارتباطی هستند برای تاثیرگذاری روی دیگران استفاده می‌کنیم.

اصول ارتباطات در NLP

ارتباطات ان ال پی بر مبنای اصولی بسیار مهم شکل می‌گیرند:

همدلی

همدلی یکی از موارد بسیار مهم ارتباطات، در ان ال پی می‌باشد.

ان ال پی می‌گوید زمانی شما اجازه دارید پیام و خواسته خود را مطرح کنید که ابتدا همدلی اتفاق افتاده باشد.

برای ایجاد همدلی، ما به ترتیب نیاز به مراحل همراهی و همگام سازی داریم.

به همین منظور ابتدا باید:

الف) همراهی صورت گیرد و

ب) بعد از آن همگام سازی انجام گیرد تا در نهایت

ج) به همدلی ختم شود، چون در ان ال پی، شما تنها بعد از همدلی مجاز به انتقال پیام هستید.

همراهی

همراهی به منظور قرار گرفتن در کنار مخاطب انجام می‌گیرد، یعنی در رفتار و عمل به مخاطب این پیام را منتقل کنیم که ما در کنار او قرار داریم نه در مقابل او! همراهی شامل ۳ مرحله زیر می‌باشد:

۱. کلامی
۲. فیزیکی
۳. حباب شخصیتی

کلامی

در شروع ارتباطات هیچ‌گاه از کلمات من و تو استفاده نکنید، بلکه سعی کنید کلمه "ما " را در جملاتتان به کار ببرید و همواره به صورت کلامی حتی المقدور خود را در کنار مخاطب قرار دهید و این‌گونه نشان دهید که تقابلی بین شما وجود ندارد.

فیزیکی

لطفاً هیچ‌گاه از نظر فیزیکی رو به روی مخاطب خود قرار نگیرید، زیرا وقتی شما در رو به روی او بایستید، چیزی که در ضمیر ناخودآگاه مخاطب بدون اینکه خودش متوجه شود ایجاد می‌شود، فکر می‌کند که این ارتباط برای مقابله کردن و جنگ کردن به منظور پیروزی شما انجام می‌گیرد، بنابراین یا مقاومت می‌کند و یا او نیز شروع به مقابله کردن می‌نماید.

بهترین حالت قرار گیری در زاویه ۹۰ درجه نسبت به مخاطب می‌باشد.

یعنی شما باید با زاویه ۹۰ درجه نسبت به شخص مخاطب قرار بگیرید تا در ضمیرناخودآگاه او تقابلی شکل نگیرد.

حباب شخصیتی

در بدو ارتباط مهمترین بحثی که در چند ثانیه اول اولویت

دارد، رعایت حباب شخصیتی افراد در نظر گرفته می‌شود.
هر شخصی علاوه بر جسم فیزیکی، حریم امنی در اطرافش وجود دارد که فراتر از حریم فیزیکی به نظر می‌رسد که ما با چشم آن را نمی‌بینیم.
در لحظه اول، باید طوری در کنار مخاطب قرار بگیریم که وارد این حریم امن شخصی که به آن حباب شخصیتی می‌گوییم نشویم، زیرا اگر خیلی به او نزدیک شویم، ارتباط ناموثر شکل می‌گیرد.
یعنی از نظر فاصله نسبت به طرف مقابل طوری قرار بگیریم که نه خیلی نزدیک باشیم و به حباب شخصیتی او نفوذ کنیم و نه آن قدر دور باشیم که ارتباطی ایجاد نشود.
باید بسیار زیرکانه طوری قرار بگیریم که مماس بر حباب شخصیتی مخاطب باشد.
چون اگر هم در فاصله دوری نسبت به یکدیگر قرار بگیریم، ارتباط خنثی ایجاد می‌شود.
شاید اشکال زیر در تفهیم فواصل به شما کمک کنند.

- ارتباط خنثی و بدون اثر
- ارتباط ناموثر و نفوذ در حباب شخصیتی
- ارتباط موثر

برای پی بردن به فاصله ایمن برای مماس بودن حباب شخصیتی، سعی کنید که در اولین برخورد به فرد مذکور نزدیک شده و با او روبوسی کنید و یا دست بدهید، سپس اجازه دهید که فرد فاصله خودش را با شما تنظیم کند، یعنی به این دقت کنید که فرد در چه فاصله ای نسبت به

شما قرار می‌گیرد، و زین پس باید هنگام ارتباط با آن شخص آن فاصله را مدنظر گرفته و رعایت کنید.

در مواقعی که امکان چنین کاری وجود ندارد، می‌توانیم فاصله ۳۵ - ۵۰ سانتیمتری را با فرد مقابل حفظ کنیم.

همگام سازی(pacing)

همگام سازی یعنی اینکه ما به صورت آگاهانه، رفتارهایی را انجام دهیم که مانند رفتارهای طرف مقابل باشد، تا ناخودآگاهش فکر کند که ما شباهت‌های زیادی با هم داریم. همگام سازی به صورت کلی به معنای الگوبرداری از مخاطب به صورت آگاهانه و گاهی حتی تبدیل شدن به خود او برای کسب اعتماد ضمیر ناخودآگاه طرف مقابل می‌باشد.

انسان‌ها به صورت ناخودآگاه از اشخاصی که شبیه خودشان باشند، خوششان می‌آید.

ان ال پی می‌گوید که اگر شما آگاهانه حرکات بدنتان را با حرکات بدن طرف مقابل تطبیق دهید و به صورت آینه ای عینا مانند او رفتار کنید تا بتوانید اعتماد ضمیر ناخودآگاهش را جلب کنید، می‌توانید در هر شرایطی چه مساعد و چه نامساعد به یک رابطه سازنده برسید، زیرا انسان‌ها از افرادی که شبیه خودشان هستند خوششان می‌آید و به او اعتماد بیشتری می‌کنند. البته انجام این کار باید چنان حرفه ای انجام شود که شخص مقابل متوجه این کار نشود چون در این صورت او فکر می‌کند که شما او را مسخره می‌کنید.

انواع همگام سازی

۱. گفتاری
۲. رفتاری
۳. گفتاری - رفتاری

همگام سازی گفتاری

الف- تن صدا

در مکالمه و ارتباط می‌بایست سعی کنیم صدای خود را از لحاظ بلندی و یا تن صدا با تن صدای مخاطب همسان کنیم.

ب - سرعت کلام

برخی تند و برخی کند و بر خی هنگام صحبت کردن با سرعت متوسط صحبت می‌کنند. ما برای برقراری صمیمیت می‌بایست هنگام صحبت کردن با سرعت صحبت کردن شخص مقابل خودمان را هماهنگ کنیم.

پ - تکیه کلام

برخی افراد تکیه کلام‌های خاصی هنگام گفتگو دارند و هنگام صحبت کردن از کلماتی مانند: مثلاً، فی‌الواقع، توجه کنید و... استفاده می‌کنند. در همگام سازی در NLP ما هنگام صحبت کردن می‌بایست به صورت آگاهانه همان تکیه کلام‌ها را به کار بگیریم.

ت - لحن صدا
اینکه هنگام ارتباط کلامی لحن صدای ما هم حتی المقدور باید همانند لحن صدای طرف مقابل باشد.

ث - سرعت تنفس موقع صحبت کردن
ما باید بتوانیم با دقت در دم و بازدم طرف مقابل سرعت تنفس دم و بازدم خود را با او هماهنگ کنیم.

ج - لهجه
می‌تواند بسیار موثر و در عین حال مخرب نیز باشد. الگو برداری از لهجه طرف مقابل مثلاً با یک اصفهانی، یزدی، شمالی با لهجه خودش صحبت کردن در بر قراری ارتباط موثر بسیار می‌تواند موثر واقع شود البته فقط در صورتی مجاز به این کار می‌باشیم که کاملا به آن لهجه مسلط باشیم چون در غیر این صورت امکان دارد شخص مقابل فکر کند او را مسخره می‌کنید و کلا ارتباط را از دست بدهید.

همگام سازی رفتاری
الف- حالت عمومی بدن (ایستاده، نشسته، خوابیده):
یعنی اگر طرف مقابل ایستاده ما نیز بایستیم و اگر نشسته و یا دراز کشیده ما نیز به همان صورت عمل کنیم.
ب- زاویه سر با بدن: الگو برداری آینه‌ای از زاویه سر طرف مقابل یعنی به هر سمتی که سر او خم بود ما نیز به

صورت آینه‌ای سرمان را به همان طرف خم می‌کنیم.
پ- ژست‌های خاص فیزیکی مخاطب: الگو بـرداری از حالت خاص فیزیکـی طـرف مقابـل مـثلاً در جیـب بـودن دست، خم بودن پا، تکـان دادن کـل یـا قسـمتی از بـدن، خاراندن بدن و....

همگام سازی گفتاری - رفتاری
الگوبرداری از حرکات، گفتار و رفتارهای خاص و غیر ارادی مستقل از رفتار مخاطب مانند خمیازه، سرفه، عطسه و... در ۶ ثانیه اول را همگام سازی گفتاری_رفتاری می‌گوییم. شما می‌توانید خیلی سریع و با هر کسی که مایلید با استفاده از این هماهنگی‌ها به راپورت برسید.

منظور از راپورت در NLP رسیدن به اعتماد در حدی عمیق تر از صمیمیت در سطح ضمیر ناخودآگاه می‌باشد.

خلاصه راه‌های رسیدن به راپورت:
احترام و درک الگوی ذهنی دیگران
هر کدام از ما بـر اسـاس تجربیـات و باورهـای خـود دیـد متفاوتی نسبت به اتفاقات اطراف خود داریـم، بنـابراین در انسان‌های مختلف الگوهای ذهنی متفاوتی وجود دارد و ما باید به چهارچوب‌های ذهنـی دیگـران احتـرام بگـذاریم و خودمان را به چهارچوب ذهنی آن‌ها نزدیک کنیم تا بتـوانیم از دیدگاه آن‌ها بـه پدیـده‌های اطـراف نگـاه کنـیم تـا بهتـر درکشان نماییم.

استفاده کردن از تکیه کلام‌ها و کلماتی که شـخص هنگــام صحبت کردن به کار می‌برد.

- حالت بدن: حالت بدن خــود را شــبیه حالــت بــدن مخاطبتان نمایید، هر قدر دو نفر حالتشان بیشــتر شبیه باشد رابطه موثرتری صورت می‌گیرد.
- حالت نفس کشیدن: هماهنگ کردن سرعت تنفس شما با مخاطبتان.
- تن صدا: هماهنگ کردن تن صدا از لحاظ بلنــدی و پایینی تن صدا و سرعت حرف زدن
- از لحاظ محتوای حرف زدن: سعی کنید تــا مطــالبی که شما عنوان می‌کنید با زمینه ای که شخص از آن صحبت می‌کند هماهنگ باشد.

نکات قابل توجه

هماهنگی تنفسی یکی از راه‌های قدرتمند برای رسیدن بــه راپورت در نظر گرفته می‌شود که معمولا در راپورت کامــل و عمیق اتفاق می‌افتد.

هماهنگ سازی صدا شبیه پیوستن بــه صــدای شــخص دیگر می‌باشــد کــه بــا او مــی‌خواهیــد یکــی شــوید. شــما می‌توانید از هماهنگ سازی صــدا در مکالمــه تلفنــی بــرای رسیدن به راپورت استفاده کنید.

هماهنگی‌هایی که ایجاد می‌شود تقلید به شمار نمی‌آید که جلب توجه کند یا اغراق آمیز باشد و بدون اینکه اهانت

آمیز باشد باید انجام گیرد، در غیر این صورت نتیجه عکس می‌گیرید. همه این هماهنگی‌ها به این دلیل اتفاق می‌افتند که انسان‌ها افراد شبیه خود را دوست دارند، بنابراین ما تا حد امکان با آنها هماهنگ شده و به آنها شبیه می‌شویم، که در سطح ناخودآگاه از ما خوششان بیاید و به ما اعتماد کنند.

تحقیقاتی که در مورد تاثیر همگام سازی انجام گرفته:

بنیان گذاران ان ال پی آزمایشاتی روی دو شخص به نام‌های آقای نایک و آقای ناستی انجام دادند، در این آزمایش موقعیت و حرکات داوطلب‌ها توسط بندلر و گریندر کنترل می‌شد و مورد بررسی قرار می‌گرفت.

در طول آزمایش آنها از افراد می‌خواستند که در موقعیت‌های خاصی قرار بگیرند و سپس راجع به موضوع‌های مختلف با هم بحث می‌کردند.

در هنگام آزمایش، آزمایش کنندگان به حرکات ناخودآگاه آقای نایک توجه می‌کردند و حرکاتش به صورت آینه وار توسط شخصی که با او صحبت می‌کرد تکرار می‌شد و به نحوی این کار انجام می‌گرفت که آقای نایک متوجه نشود.

در حالی که وقتی با آقای ناستی صحبت می‌شد این کار انجام نمی‌گرفت. آنها متوجه شدند که انسان‌ها به طور عمومی از اشخاصی که شبیه خودشان می‌باشند خوششان می‌آید و با آنها بهتر ارتباط برقرار می‌کنند (آقای نایک) و

این باعث می‌شود که به طور ناخودآگاه طرز ایستادن، تن صدا و حرکات همدیگر را تقلید نمایند. (یعنی زمانی که حرکات سوژه به طور نامحسوس توسط طرف مقابل تقلید می‌شد، این کار در نهایت منجر به ارتباط بهتر، اعتماد و علاقه بیشتری می‌گردید) افراد موفق و اشخاصی که ان ال پی کار می‌کنند از این دانش آگاه هستند و رفتارها را به منظور پیشبرد در کارهایشان تقلید کرده و استفاده می‌کنند. از سال ۱۹۹۰ به بعد ان ال پی به یک ابزار مفید و معروف در تبلیغات، فروش و سیاست تبدیل گشت.

نکته مهم:

همگام سازی وقتی با تمرین تبدیل به مهارت گردد و در سطح شایستگی ناهشیار قرار گیرد، بسیار ظریف و طبیعی جلوه می‌کند و نتایج بهتری به دست خواهد آمد.

- شما چگونه متوجه می‌شوید که آیا پیامی که منتقل گردیده توسط شخص مقابل دریافت شده یا نه؟
- چگونه متوجه می‌شوید که آیا معنی پیامی که شما قصد داشتید منتقل کنید با معنی‌ای که شخص دریافت کرده یکی شده یا نه؟

با یک تست!

یک تمرین و تست مفید که در ان ال پی استفاده می‌شود: شما یک جمله ساده را مثل امروز روز خوبی به نظر می‌رسد

را انتخاب می‌کنید و آن را به ۳ شکل متفاوت منتقل کنید.
- یک راه به صورت تهدید
- یک راه به صورت طعنه آمیز
- یک راه به صورت خوشحالی و شادمانی

این کار را می‌توانید برای یک شخص انجام دهید بدون اینکه به او بگویید که منظور شما در واقع کدام یکی می‌باشد.

سپس از او بخواهید که پیام عاطفی را که دریافت کرده بگوید. گاهی پیامی که می‌خواهید منتقل کنید با چیزی که او دریافت می‌کند یکی می‌شود، ولی غالبا به این صورت نخواهد بود، و شما متوجه خواهید شد زمانی که پیام را بیشتر با زبان بدن و نحوه صحبت کردن منتقل کرده اید، با پیامی که شخص دریافت می‌کند مشابهت بیشتری دارد، زیرا ارتباطات و زبان بدن خیلی بیشتر از کلماتی که ما استفاده می‌کنیم، تاثیرگذار هستند.

چگونه پیام کلمات را تقویت کنیم؟

استفاده از زبان بدن، تغییر آهنگ صداها و تاکید صوتی مناسب در هنگام استفاده از کلمات می‌تواند پیام‌های کلامی را به شدت تحت تاثیر قرار دهد.

تن صدا و زبان بدن حتی زمانی که یک کلمه ساده مانند سلام را می‌گویید مشخص می‌کند که آیا آن را به صورت تهدید، کنایه آمیز، و یا لذت بخش بیان می‌کنید.

مارگارت تاچر مدت زیادی را صرف تغییر کیفیت صدایش کرد.

بازیگران هم، در واقع بیشتر از اینکه با کلمات بازی کنند، بیشتر روی زبان بدن و تن صدا کار می‌کنند و یکی از هنرهای بازیگران، توانایی رساندن و انتقال معانی مختلف می‌باشد.

ارتباط، زمانی صحیح قلمداد می‌شود که کلمات حاوی پیامی باشند که وضعیت بدن و تن صدا بتواند آن پیام را در خودش جای بدهد.

به طور واضح در تحقیقات دیگری مشخص شد زبان بدن و تن صدا تفاوت‌های زیادی در تاثیرگذاری چیزی که شما می‌گویید به وجود می‌آورد، یعنی حتی بیشتر از چیزی که ما می‌گوییم و کلماتی که به کار می‌بریم، چگونگی گفتن آن مهم به نظر می‌رسد.

چه احساسی در هنگام همگام سازی دارید؟

گاهی شما احساس خوب و یا بدی را دراین فرآیند تجربه می‌کنید، گاهی امکان دارد که در هنگام همگام سازی احساس ناخوشایندی داشته باشید زیرا احتمالا رفتارهایی وجود داشته باشد که برای شما تقلید آن خوشایند نباشد و یا مثلاً شما نتوانید با سرعت کسی که سرعت تنفسی یا کلامی بالایی دارد هماهنگ شوید، در این صورت شما می‌توانید حرکات و رفتارهای ظریف تری انتخاب کنید و انجام دهید.

شما می‌توانید وقتی که در حرکات ساده تر قوی شدید، سعی کنید حرکات به نظر سنگین تر را نیز امتحان کنید.

راپورت چیست؟ (جادوی راپورت)

بعد از همگام سازی، راپورت(ارتباط مـوثر همـدلی) اتفـاق می‌افتد، که در این زمان می‌توان پیـام و خواسـته خـود را منتقل کرد.

در ان ال پی، راه و روش برقراری ارتباط سالم و موفق با مخاطب که باعث ایجاد حس اعتماد در روابط با دیگران می‌گردد را، راپورت گویند. راپورت یک کلمه فرانسوی می‌باشد که آن را راپو نیز می‌خوانند.

راپورت مرحله ای از ارتبـاط را شـامل می‌شـود کـه پـس از رسیدن به آن می‌توان اطلاعات را بدون ایجاد سوء تفـاهم و با پذیرش راحت تر به طرف مقابل انتقال داد. در مسائل کاری و مذاکرات، در ابتدا راپورت صورت گیرد و ارتباط موثر ایجاد می‌شود چون هنگامی که افراد در ارتبـاط مـوثر قـرار دارند پیشرفت بهتری در بحث و مذاکره صورت می‌گیـرد و در مرحله بعد با در میان گذاشتن ایده‌ها وارد بحث اصلـی خواهید شـد، کـه در نهایـت بـا درصـد بـالایی بـه نتیجـه می‌رسید و راپورت موثر خواهد بود.

این فرآینـد راپـو بـرای گـرفتن توجـه و اعتمـاد ضـمیر ناخودآگاه طرف مقابل بسیار مثمر ثمر واقع می‌گردد.

ان ال پی می‌گویـد افـراد آمـوزش دیـده می‌تواننـد بـه انتخاب خود و به صورت خودآگاه، هنگـامی کـه در ارتبـاط قرار می‌گیرند اعمالی را که معمولا در حین گفتگو، به صورت ناخودآگاه اتفاق می‌افتد، کنترل کنند و بـا رفتارهـای ارادی

مناسب خود جایگزین نمایند این کار منجر به برقراری ارتباط مجدد و موفقیت آمیز، حتی با افرادی که در رابطه دوستی مطلوبی قرار ندارند، می‌شود.

هسته اصلی ارتباط در ان ال پی، راپورت می‌باشد که منجر به افزایش اعتماد از طریق همراهی و همگام سازی بین فرستنده و گیرنده می‌گردد و در این مورد سیگنال‌های غیر کلامی بیش از کلام تاثیرگذار می‌باشند و مهمترین قسمت در ارتباطات را شامل می‌گردند.

- ✓ چه زمانی متوجه می‌شوید که ارتباط موثر یا راپو ایجاد می‌شود؟
- ✓ چگونه می‌توانید دیگران را درک کنید و با احترام به اصول ذهنی آنها و حفظ صداقت خود رابطه مفیدی را ایجاد کنید؟

راپورت برای ایجاد یک محیط قابل اعتماد و اطمینان و ایجاد مشارکت ضروری به نظر می‌رسد و در مشاوره، درمان، فروش، تحصیلات و حرفه، مورد استفاده قرار می‌گیرد.

چگونه ما می‌توانیم با دیگران به راپورت برسیم و یک رابطه قابل اعتماد و طولانی مدت داشته باشیم؟ چه ضمانتی وجود دارد که متوجه شوید افراد دیگر معنی پیام و کلمات شما را در ارتباط درک کرده باشند؟

پاسخ این سوال چیزی نمی‌باشد جز "پاسخی که شما دریافت می‌کنید". برای رسیدن به جواب عملی و فراتر از جواب‌های تئوری سوال را به طور دیگری مطرح می‌کنیم.

چگونه می‌توانید تشخیص دهید که دو نفر در راپورت قرار دارند؟

وقتی که در یک رستوران، اداره و یا هر جای دیگری هستید (حتی پشت چراغ قرمز!) که مردم همدیگر را ملاقات می‌کنند و با هم صحبت می‌کنند می‌توانید متوجه شوید که افراد با هم در راپورت هستند یانه!

به این صورت که وقتی وضعیت بدن و حرکاتشان بدون اینکه خودشان بدانند مشابه هم بوده و طرز نگاه کردنشان یکسان باشد در راپورت هستند.

زیرا افرادی که در ارتباط موثر به سر می‌برند تمایل دارند از لحاظ وضعیت ایستادن و حالات بدن به صورت آینه وار و یا هماهنگ با هم (دقیقا مانند خود شخص) رفتار کنند.

مانند یک رقص که شریک رقص شما حرکاتتان را به صورت موزون به صورت آینه‌ای با حرکات خودش جواب می‌دهد، شرکای رقص، واکنش‌هایشان به صورت دوطرفه و زبان بدنشان مکمل یکدیگر عمل می‌کند.

یک تناقض و پارادوکس که امکان دارد به وجود بیاید، دستکاری کردن مهارت‌های تاثیرگذار توسط اشخاصی صورت گیرد که مهارت کافی ندارند، و بنابراین یک ارتباط منفی ایجاد و باعث بدنامی این نوع ارتباطات و ان ال پی شود به این معنی که شخصی به هر طریقی یک شخص را مجبور کند که برخلاف چیزی که می‌خواهد کاری انجام دهد، که این با واقعیت ان ال پی در تضاد می‌باشد.

ارتباطات را مانند یک حلقه در نظر بگیرید که در عین حال که بر روی یک شخص دیگر تاثیرگذار هستید، خودتان

هم تحت تاثیر شخص دیگری قرار دارید ولی شما فقط می‌توانید مسئول قسمت خودتان در حلقه باشید.

در ان ال پی هیچ گاه هدف از ارتباط، پیروزی یک شخص نمی‌باشد بلکه قاعده و اصول ان ال پی بر مبنای برد- برد پایه ریزی می‌شود. تکنیک‌های ان ال پی با رعایت قوانین و اصول به کسی ضرر نمی‌رساند، مانند اینکه وقتی شخصی از یک اتومبیل استفاده می‌کند می‌تواند از آن استفاده مفید یا مضر داشته باشد و این بستگی به مهارت و دید شخص از رانندگی و اتومبیل دارد.

زمانی که افراد در راپورت قرار ندارند واکنش بدن آنها (اگر چه با هم حرف می‌زنند) در هماهنگی با یکدیگر صورت نمی‌گیرد، آنها مانند شریک‌های رقص عمل نمی‌کنند و شما می‌توانید آن را فورا تشخیص دهید.

در ارتباطات تفاهم آمیز و موفق، هماهنگی حرکات بدن آینه‌وار در حین مکالمه و ارتباط صورت می‌گیرد، گرچه شاید افراد از آن بی خبر باشند و به صورت ناخودآگاه اتفاق بیافتد.

راهبری (leading)

یک ارتباط موثر از راپورت شروع می‌شود به این معنی که ابتدا باید همراهی و همگام سازی اتفاق بیافتد تا در نهایت به همدلی منجر شود که این امر به شما اجازه می‌دهد یک پل بین خودتان و طرف مقابل بسازید، بعد از اینکه راپورت و اعتماد سازی در مخاطب ایجاد شد، شما می‌توانید شروع کنید به تغییر رفتارهایتان با این هدف که

رفتار طرف مقابل را به سمت مناسب و دلخواه هدایت کنید(راهبری)، چون بعد از راپورت، آنها مانند شما عمل می‌کنند و دنباله‌رو شما خواهند شد و حتی می‌توانید آنها را به مسیر دیگری هدایت کنید، چون به شما اعتماد دارند.

در آموزش، بهترین معلم‌ها کسانی هستند که ابتدا راپورت ایجاد می‌کنند و سپس مطالب را به یادگیرنده منتقل می‌کنند و قطعا در این روش، یادگیری بیشتری از موضوع و مهارت کسب می‌گردد.

با همدلی پلی از طریق راپورت و احترام ایجاد می‌شود و با راهبری (leading) یا هدایت، می‌توان رفتار افرادی که دنباله رو شما خواهند شد را تغییر داد.

راهبری هیچ گاه بدون همدلی به وجود نمی‌آید، شما نمی‌توانید یک شخص را برای عبور از پل راهبری کنید تا زمانی که پل نساخته باشید.

وقتی کسی را که دوست داریم ناراحت می‌بینیم، می‌توانیم از روش همگاهی استفاده کنیم تا او را از آن حالت خارج کنیم، ولی اگر ابتدا بخواهیم با صدای بلند تشویق و تمجیدش کنیم احتمالا احساس او را بدتر می‌کنیم حتی با وجود اینکه این یک توجه مثبت قلمداد می‌شود، اما کارساز نخواهد بود، انتخاب بهتری وجود دارد و آن اینکه ابتدا در وضعیت آینه وار یا هماهنگی نسبت به شخص قرار بگیرید و بعد از اطمینان از راپورت به تدریج او را تغییر دهید.

هنگامی که در هماهنگی با شخصی قرار دارید اگر همچنان بتوانید هماهنگی خود را حفظ کنید کم کم از

شخص جلوتر افتاده و فراتر می‌روید، و در این لحظه می‌توانید با تاثیرگذاری روی شخص مقابل، او را به سمتی که مدنظر دارید هدایت کنید (leading).

اگر دوندگان یک مسابقه دو استقامت را تماشا کنید، می‌بینید که دونده جلویی سرعت مسابقه را تعیین می‌کند و بقیه دوندگان همچنان از آن سرعت پیروی می‌کنند، در اینجا هم شیوه کار این‌گونه عمل می‌کند.

در ابتدا سعی کرده به شخص نزدیک شوید و بعد از نزدیک شدن از او جلو بزنید و سپس شما سرعت را تعیین می‌کنید.

برای این کار باید تمام توجه‌تان به شخص مقابل باشد تا بتوانید به وضعیت و حالت بدن او آگاه شوید و سرعت کلام، تن صدا و حرکات چشم او را کاملا در نظر بگیرید و سپس با آن هماهنگ شده و هماهنگی را حفظ کنید تا بعد از مدتی از شخص فراتر بروید و شخص را هدایت و رهبری کنید تا به هدف مورد نظرتان دست یابید. با در نظر گرفتن قاعده برد-برد حتی از این روش می‌توان برای آرام کردن افراد خشمگین و عصبانی هم استفاده کرد.

همدلی و راهبری جزء اصول اساسی ان ال پی هستند و بسیار در راپورت کاربرد دارند، همچنین از قوی‌ترین روش‌ها، برای حرکت به سوی توافق یا اشتراک گذاری نتایج محسوب می‌شوند.

به منظور همدلی و هدایت موفق، در ابتدا شما نیاز دارید که توجه زیادی به اشخاص داشته باشید و به اندازه کافی در رفتار خود برای پاسخ به چیزی که می‌شنوید و

چیزی که می‌بینید انعطاف پذیر باشید و شما بعد از تمرین زیاد در این کار خبره می‌شوید و ضمیر ناخودآگاهتان این کار را به راحتی انجام خواهد داد.

کانال ترجیحی

یکی از بهترین راه‌ها برای ارتباطات صحیح، استفاده از کانال ترجیحی می‌باشد.

- ✓ کانال ترجیحی، یا سیستم بازنمودی چیست؟
- ✓ آیا می‌دانید چگونه فکر می‌کنید؟
- ✓ چگونه تجربیات شما در ذهنتان شکل می‌گیرد؟
- ✓ از کدام حس‌تان برای مرور خاطرات بیشتر استفاده می‌کنید؟

هر شخصی تجربه دنیای اطراف را از طریق حواس پنج گانه‌ی خود شکل می‌دهد.

امکان دارد که تاکنون درباره چگونه فکر کردن، فکر نکرده باشید (پردازش) و فقط به آنچه درباره‌اش فکر می‌کنید، فکر کرده باشید (محتوای فکر).

کیفیت فکر کردنتان کیفیت تجربه‌تان را تعیین می‌کند، به همین دلیل چگونه فکر کردن به اندازه درباره‌ی چه چیزی فکر کردن مهم به نظر می‌رسد.

هنگامی که دریچه آگاهی‌تان را به روی چگونه فکر کردن و درک دنیای اطراف خود باز می‌کنید اتفاق‌های جالبی رخ می‌دهد، آن موقع متوجه خواهید شد که می‌توانید نوع فکر کردن درباره‌ی فرد یا موقعیتی خاص را تحت کنترل خود

درآورید.

همچنین پی می‌برید که دیگران مانند شما فکر نمی‌کنند و به همین دلیل گاهی ساده ترین چیزها در نظر شما، در نظر شخص دیگر مشکل به نظر می‌آید.

یکی از راه‌هایی که بهتر می‌توانیم خود و اطرافیانمان را بشناسیم استفاده از سیستم‌های بازنمودی (کانال‌های ترجیحی) می‌باشد.

ما برای درک اطرافمان از همه حواسمان (دیدن، شنیدن، بوییدن، چشیدن، حس کردن) به طور همزمان می‌توانیم استفاده کنیم، ولی هر کدام از ما غالبا یکی از حواس را بیشتر به کار می‌گیریم و اطلاعات بیشتری از طریق آن کسب می‌کنیم که در اصطلاح به آن حسی که بین این پنج حس اطلاعات بیشتری را در اختیار ما قرار می‌دهد کانال ترجیحی می‌گوییم.

مثلا کسی که بیشترین اطلاعات را از محیط به وسیله دیدن، کسب کند، می‌گوییم کانال ترجیحی او دیداری می‌باشد و یا اگر فردی اطلاعات بیشتری را از طریق گوش دریافت کند، شنیداری نامیده می‌شود، و فردی که از طریق حس لامسه، چشایی و یا بویایی دریافت بیشتری داشته باشد، او را کنستاتیک یا حسی می‌نامیم.

NLP (ان ال پی) در این باره اطلاعات زیادی را در اختیار ما قرار می‌دهد.

افکار مستقیما روی جسم تاثیر می‌گذارند و همان‌طور که در پیش فرض‌های NLP خوانده‌ایم، فکر و بدن یک سیستم دارند.

ما از حواسمان استفاده می‌کنیم تا دنیای پیرامونمان را بشناسیم و همچنین تجربیاتمان را شکل دهیم و یا دوباره مرور کنیم.

تجربه‌ی دنیای اطرافتان، یعنی همان چیزی که شما زندگی می‌نامید، از طریق حواس پنج‌گانه رخ می‌دهد.

افراد مختلف به واسطه داشتن کانال‌های ترجیحی متفاوت می‌توانند اتفاقات و پدیده‌های یکسانی را به صورت متفاوت تفسیر کنند.

برای مثال: اگر سیستم بازنمودی شما بصری باشد، بیش از هر چیز دیگری موارد دیداری را به خاطر می‌آورید.

افراد شنیداری، کلمات و صداها را به یاد می‌آورند

و افراد کنستاتیک اکثرا توجه بیشتری روی بوها، مزه‌ها و حس‌ها دارند.

لطفاً "به یک میوه خوشمزه فکر کنید" احتمالا تصویری از میوه به ذهنتان بیاید، رنگ خاص یا طرح خاصی از آن به ذهنتان خطور کند.

صدای کشیدن دستتان روی سطح میوه، صدای خوردن میوه را مرور کنید، صدای چاقو هنگام پوست کندن و یا قاچ کردن میوه را بشنوید و شاید بوی خوش آن نیز به مشام‌تان برسد و حتی مزه ای از میوه را نیز در دهان‌تان حس کنید و یا امکان دارد جنس و بافت میوه را زمانی که در دستتان می‌گیرید را حس کنید.

این تجربیات فقط با فکر کردن درباره‌ی میوه دلخواهتان رخ می‌دهد.

حتی هنگام خواندن مطالب فوق تاثیری که یکی از

جملات در شما ایجاد کرد، نسبت به بقیه جملات بیشتر بود.(کدام جمله برای شما خوشایندتر بود؟)

انسان‌ها به شکل‌های طبیعی راه‌های متفاوت دریافت اطلاعات را همراه هم به کار می‌برند و همزمان علاقه دارند به یکی از این راه‌ها نسبت به راه‌های دیگر توجه و علاقه بیشتری نشان دهند و بیشترین دریافت را از آن طریق داشته باشند که به آن راهی که هر شخصی بیشتر دوست دارد از طریقش اطلاعات را دریافت کند ترجیح حسی یا کانال ترجیحی گفته می‌شود.

فیلتر کردن واقعیت و راه‌های ادراکی :

همه انسان‌ها با تجربه‌ی واقعیت به شکل گزینشی، اطلاعاتی را از محیط اطراف خود به شکل دیداری، شنیداری یا حسی دریافت می‌کنند.

گزینش اطلاعات و یا فیلتر کردن حقایق که منتهی به ایجاد یک واقعیت در ذهن افراد می‌شود به دلایل زیادی از جمله، تجربیات، باورها، ارزش‌ها، آگاهی‌ها و کانال ترجیحی متفاوت افراد صورت می‌گیرد.

تجربه‌ی ما از دنیای بیرون امکان دارد به صورت حس، تصویر، صدا، بو و یا مزه در ما درونی شود.

انسان‌ها به شکل طبیعی راه‌های متفاوت دریافت اطلاعات را همراه هم به کار می‌برند و همزمان علاقه دارند به یکی از این راه‌ها نسبت به راه‌های دیگر توجه و علاقه بیشتری نشان دهند، یکی از دلایلی که از اتفاقی مشابه برداشت‌های متفاوتی می‌شود، همین گزینش اطلاعات

توسط کانال‌های ترجیحی می‌باشد.

آدولس هوکسلی (نویسنده انگلیسی) به این نکته اشاره دارد که راه‌های ادراکی، که نقاط ارتباطی ما با جهان از طریق حواس، چشم‌ها، بینی، گوش‌ها، دهان و پوست ارتباط برقرار می‌کنیم.

حتی این نقاط ارتباطی فراتر از آنچه به نظر می‌رسند هستند، برای مثال، چشم‌های شما "پنجره ای رو به جهان گشوده‌اند"، در حالی که آنها نه فقط یک پنجره، بلکه حتی نمی‌توان به عنوان دوربین هم در نظر گرفت.

تا حالا توجه کرده‌اید که دوربین‌ها نمی‌توانند ماهیت اصلی چیزی که شما می‌بینید را بگیرند! چشم‌ها خیلی باهوش‌تر از دوربین کار می‌کنند.

گیرنده‌های چشم مانند گیرنده‌های میله‌ای و مخروطی شبکیه چشم با وجود اینکه مسئول نور نمی‌باشند اما می‌توانند در نور دریافتی تفاوت ایجاد کنند. ظاهرا نگاه کردن به این کلمات کار ساده ای به نظر می‌رسد.

به منظور فرستادن اطلاعات در مورد شکل و کلمات، چشم مرتبا آنها را می‌بیند، به صورتی که گیرنده‌های میله‌ای در ابتدا به محرک سیاه و سفید واکنش نشان می‌دهند، و ما همچنان که به دیدن کلمات ادامه می‌دهیم، تصویر به شبکیه چشم می‌رسد و در نهایت به قشر دیداری مغز فرستاده می‌شود. تصاویر با وجود اینکه در دنیای خارج حضور دارند، اما در نهایت در مغز ساخته شده و نگهداری می‌شوند.

بنابراین برای دیدن، ما توسط یک سری از فیلترهای

پیچیده فعال شده قادر به مشاهده خواهیم بود و سایر حواس ما به همین صورت عمل می‌کنند. جهانی که ما می‌بینیم دنیای واقعی قلمداد نمی‌شود، بلکه تنها یک نقشه ساخته شده توسط اعصاب محسوب می‌گردند.

فیلترهایی از اعتقادات، علائق و تمایلات ما، همراه با کانال ترجیحی موجب شکل گیری نقشه ذهنی ما می‌شوند. ما می‌توانیم یاد بگیریم که به حواسمان اجازه بدهیم که به ما بهتر خدمت کنند، با ایجاد توانایی توجه بیشتر، قضاوت کمتر و تشخیص بهتر در همه حواس که باعث می‌شود به طور معنی‌داری کیفیت زندگی بالاتر رود، که این مهارت امری ضروری در بسیاری از کارها به نظر می‌رسد.

گسترش و قوی تر کردن هر یک از حواس فیزیکی ما باعث تیز هوشی حواس (تیز حسی) می‌شود که یکی از اهداف روشن ان ال پی قوی کردن حواس می‌باشد. علاوه بر این بنا به علاقه یا شغل خود می‌توان یکی از حواس را قوی تر کرد. یک چشنده نوشیدنی برای تفکیک مزه‌ها نیاز به حس چشایی خوبی دارد. یک موسیقی‌دان نیاز به تشخیص خوب صدا دارد. یک خانه ساز یا منبت کار باید به جنس موادی که انتخاب می‌کند حساس باشد تا بتواند از چوب یا سنگ نقش مورد نظر را در بیاورد و یک نقاش باید به تفاوت جزیی رنگ و شکل حساس باشد. در گالری نقاشی ما بیشتر از چشمهایمان استفاده می‌کنیم. در کنسرت بیشتر از گوش‌هایمان استفاده می‌کنیم.

ان ال پی می‌تواند در این زمینه اطلاعات زیادی در اختیار شما قرار دهد.

قبل از شناسایی کانال ترجیحی ترجیحا با سیستم تجسمی آشنا شوید:

سیستم تجسمی یا VAKOG چیست؟

در ان ال پی مسیرهایی که ما برای طبقه بندی و کدبندی اطلاعاتمان در مغز بر می‌گزینیم، که بـه سیسـتم تجسـمی (VAKOG) معروف هستند. شامل پنج عمل زیر می‌باشد:

- دیدن(V)
- شنیدن(A)
- احساس کردن(K)
- بوییدن (O)
- چشیدن (G)

سیستم تصویری اغلب به صورت اختصار بـا V نشـان داده می‌شود که می‌تواند به صورت خارجی و یا درونی اسـتفاده شود زمانی که ما به دنیای بیـرون نگـاه مـی‌کنـیم(Ve) یـا وقتی که به تصویر درونی نگاه می‌کنیم(Vi)
به همین صورت سیستم شنیداری (A) که به صـداهای خارجی (Ae) و صداهای درونی (Ai) تقسیم می‌شود.
کنستاتیک خارجی (Ke) شامل احساسات لمسی ماننـد تماس، دما و رطوبـت و کنسـتاتیک داخلـی (ki) مثـل بـه خـاطر آوردن احساسـات، هیجانـات، و احسـاس تـوازن می‌باشد.
بدون آنها ما نمی‌توانیم خودمان را در جایی کنترل کنیم و یا به خاطر بیاوریم.
دیداری، شنیداری و کنستاتیک عمده ترین سیستم‌های

تجسمی هستند که استفاده می‌شوند و حـس چشـیدن و چشـایی (G) و بوییــدن و بویـایی (O) اغلـب در همــان سیستم کنستاتیک طبقه‌بندی می‌شوند.

همه ما همیشه از این سه حس استفاده مـی‌کنـیم اگـر چه ما از همه آنها با هم آگاهی نداریم و ما معمولا تمایـل داریم که یکی از آنها را بیشتر به کار بگیریم.

سیستم‌های تجسمی به صورت انحصاری عمل نمی‌کنند یعنی می‌تواند حس دیدن به صـورت هم‌زمـان همـراه بـا حس کنستاتیک و یا شنیدن باشـد، البتـه امکـان دارد کـه پرداختن به هر سه آنها در یک زمان مشکل باشـد. خیلـی وقت‌ها فکر کـردن بـه آنهـا بـه صـورت ناخودآگـاه انجـام می‌شود.

اکثر افرادی که به تصاویر، صدا و احساسات درونی‌شـان می‌پردازند باعث می‌شود که نتوانند به صورت هم‌زمان بـه جهان خارجی توجه کنند.

رفتار ما از مجموعه‌ای از تجربیـات حس‌هـای درونـی و بیرونی تشکیل می‌شود و در هر زمان ما می‌توانیم تنها بـه قسمتی از تجربیاتمان بپردازیم.

افرادی که تجربیات قوی درونی دارند کمتـر نسـبت بـه دردهای خارجی آسیب‌پذیر هستند.

در حالی که شما این مطالب را می‌خوانید روی مطالب متمرکز می‌شوید و از احساسی که در پای چپتان وجود دارد آگاهی ندارید ..... تا زمانی که من به اون اشاره نکـردم!......

بسیاری از سیگنال‌های فوری وجـود دارنـد کـه فـورا مـورد توجه قرار می‌گیرند، ماننـد یـک درد ناگهـانی، مـوقعی کـه

اسمتان را صدا می‌زنند، بوی سیگار و یا اگر گرسنه باشید بوی غذا.

پس اکثر انسان‌ها می‌توانند در یک زمان فقط به یکی از حواس بپردازند، در حالی که ان ال پی به شما کمک می‌کند تا هم‌زمان چند حس را به کار ببرید.

شناخت سیستم بازنمودی اصلی(کانال ترجیحی)

زمانی که شما می‌خواهید به اطلاعات مهمی دسترسی داشته باشید، از سیستم بازنمودی اصلی خود استفاده می‌کنید.

این سیستم‌ها را با اسم‌های دیداری (بصری)، شنیداری (سمعی) یا حسی (لامسه) می‌شناسیم.

سیستم بازنمودی شما نوع کلام کاربردی شما را نیز مشخص می‌سازد بنابراین اگر بتوانید به زبان خود گوش بدهید، می‌توانید سیستم مورد نظر خویش و آدم‌هایی را که با آنها مراوده دارید را شناسایی کنید.

در نتیجه می‌توانید شیوه‌ی گفتگو با آنها را بیاموزید و ارتباطتتان را با آنها عمیق تر گردانید.

NLP (ان ال پی) با سرنخ‌های چشمی و حامل‌ها در این باره به شما کمک می‌کند.

نقشه‌های چشمی، کلیدهای دستیابی به سیستم بازنمودی یا همان کانال ترجیحی دیگران می‌باشند.

بین نقشه‌های ذهنی و حرکات چشم ارتباطی وجود دارد.

برای اینکه بدانید هر کس از چه سیستم بازنمودی

استفاده می‌کند، می‌توانید علاوه بر گوش دادن به نوع زبان کاربردی، مسیر حرکت چشمان او را نیز زیر نظر قرار بگیرید. (چشم خوانی)

تشخیص انواع کانال ترجیحی

بیشترین حجم اطلاعات را از کدام طریق کسب می‌کنید؟ شما چگونه فکر می‌کنید؟

در سن ۱۱ یا ۱۲ سالگی یکی از حس‌ها و یا کانال‌ها به عنوان کانال ترجیحی در اولویت قرار می‌گیرد و در واقع افراد بیشترین اطلاعات را از محیط به وسیله کانال ترجیحی خود دریافت می‌کنند.

یعنی از این به بعد میزان اطلاعاتی که از کانال ترجیحی دریافت می‌شود بسیار بیشتر از کانال‌های دیگر می‌باشد، و هر شخصی کانال ترجیحی خاص خود را دارد.

کانال ترجیحی خود را تشخیص دهید، کدام یک از راه‌های دیداری، شنیداری یا حسی در شما قوی تر به نظر می‌رسد؟ به توضیحات زیر دقت کنید و ببینید کدام یک از این موارد درباره شما صدق می‌کند؟

- آیا شما این توانایی را دارید که به راحتی تصویر خاطراتتان و یا تصویری از آینده را در ذهن داشته باشید؟
- آیا ازعکس‌ها و فیلم‌ها، طراحی‌ها، تماشا کردن برنامه‌های تلویزیونی و لگوها و نمادها خوشتان می‌آید؟

- احتمالا طراحی منزل یا محل کار، خیلی برایتان مهم باشد!
- در این صورت امکان دارد که کانال ترجیحی شما دیداری باشد.

بسیاری از افراد اطلاعات محیط اطراف را از طریق چشم‌هایشان دریافت می‌کنند و می‌توانند تصویر ذهنی روشنی از چیزی که فکر می‌کنند بسازند (دیداری)

کسانی که از حس دیداری خود بهره می‌گیرند، سریع حرف می‌زنند، سینه‌ای تنفس می‌کنند، اغلب لاغرند و راست می‌ایستند.

آنها با تصویر سازی می‌اندیشند و اگر به آنها فیلم یا عکس نشان دهید، بهتر مسائل را درک می‌کنند.

در حالی که دسته دیگر شاید با خودشان حرف بزنند و برای آنها دیدن تصویر راحت نباشد و بیشتر از گوش‌هایشان برای دریافت اطلاعات استفاده کنند(شنیداری)

آیا شما می‌توانید صدای نظرات و انتقادات دیگران را در ذهنتان بیاورید؟

هنگام مرور خاطرات صدای اطرافیانتان و محیطتان را به خاطر بیاورید؟ احتمالا ازمکالمه‌های تلفنی، آهنگ، موسیقی، شنیدن شعر و داستان، کلیپ‌های صوتی آموزشی، حرف زدن و شنیدن خوشتان بیاید.

در ضمن اگر شنیداری باشید احتمالا به میزان صدا در پیرامونتان اهمیت می‌دهید. در این صورت امکان دارد کانال ترجیحی شما شنیداری باشد.

کسانی که در این دسته قرار می‌گیرند، از میانه‌ی سینه نفس می‌کشند؛ از راه شنیدن می‌آموزند و به راحتی می‌توانند حرفی را که شنیده‌اند تکرار نمایند.

اغلب صدای آهنگینی دارند، از گفتگوی تلفنی لذت می‌برند و حواسشان زود از بابت سروصدا پرت می‌شود. در این میان دسته‌ای هم هستند که بیشتر به احساسشان(لامسه، بویایی و چشایی) در هر موقعیت توجه می‌کنند(حسی یا کنستاتیک).

آیا تا چیزی را حس نکنید نمی‌توانید در آن مورد تصمیم بگیرید؟

✓ احتمالا به ورزش، کوهنوردی و کار کردن با دست‌هایتان علاقمند باشید.
✓ در ضمن احتمالا به بافت و احساسی که از محیط اطرافتان و یا دیگران دریافت می‌کنید، حساس هستید.
✓ در این صورت امکان دارد کانال ترجیحی شما حسی یا کنستاتیک باشد.

کسانی که به حس لامسه بها می‌دهند، در گفتار آهسته اند و با شکم نفس عمیق می‌کشند. هنگام صحبت کردن نزدیکتر به دیگران می‌ایستند و دوست دارند به کسانی که دوستشان دارند، دست بزنند.

برای اینکه بهتر متوجه شوید، مدتی درباره این موضوع فکر کنید که چگونه این مطالب را تجربه می‌کنید؟

هر کس این مطالب را به صورتی متفاوت درک می‌کند.

خودتان این مورد را امتحان کنید، هنگام خواندن این مطالب دقت کنید که ترجیح می‌دهید اطلاعات را چگونه دریافت کنید؟

دقت کنید که کدام صفحات موجب می‌شوند توجه‌تان بیشتر جذب شود؟

کدام یک از کلمات، تصاویر یا احساسات روی شما تاثیر بیشتری می‌گذارد؟

شناسایی کانال ترجیحی

خصوصیات خاصی در هر دسته وجود دارد که منعکس کننده اولویت حسی افراد می‌باشد. شناسایی اینکه اشخاص از کدام شیوه ادراکی بیشتر استفاده می‌کنند، برای درک منظور آنها نقش مهمی را ایفا می‌نماید و بنابراین به ما کمک می‌کند که هم منظور آنها را بهتر درک کنیم و هم نقطه نظر خود را به آنها از همان کانال ترجیحی خودشان انتقال دهیم تا آنها هم بهتر متوجه منظور ما شوند.

شما می‌توانید از روش‌های زیر استفاده کنید تا راحت تر کانال‌های ترجیحی را شناسایی کنید.

۱. خصوصیات ظاهری افراد
۲. پرسیدن سوال مناسب و حامل‌ها
۳. سرنخ‌های چشمی

شناسایی کانال ترجیحی از طریق پاره ای از خصوصیات ظاهری افراد:

افراد دیداری:

- دیداری‌ها از طریق تصاویر چیزی را دوباره به خاطر می‌آورند و با اصوات به راحتی نمی‌توان حواس این گروه را پرت کرد.
- معمولا گردن بلند دارند.
- در هنگام ایستادن نوک پا به صورت مستقیم قرار می‌گیرد.
- در هنگام صحبت کردن سرعت بالایی دارند و سریع حرف می‌زنند، و حرکات دست زیادی دارند .
- موقع نوشیدن مایعات مردمک چشم‌های آنها به سمت بالا حرکت می‌کند.
- روی صندلی تمایل دارند در قسمت جلوی صندلی بنشینند.
- معمولا تنفس سطحی دارند.
- آنها از طریق مشاهده کردن یاد می‌گیرند.
- یک فرد دیداری به ظاهر چیزها توجه زیادی نشان می‌دهد.

افراد شنیداری:

- نحوه به یاد آوری خاطرات از طریق صداها می‌باشد.
- معمولا اندازه گردن متوسطی دارند.
- معمولا صدا و تن صدای دلنشینی دارند.
- سرعت حرف زدنشان متوسط می‌باشد و حرکات

دستشان نسبت به دیداری‌ها کمتر و بیشتر در کنار بدن می‌باشد.
- موقع نوشیدن مایعات، مردمک چشم به سمت طرفین(گوش‌ها) می‌باشد.
- موقع ایستادن یک پا مستقیم و پای دیگر کج می‌باشد.
- یادگیری‌شان معمولا از طریق گوش دادن می‌باشد.
- صدا به راحتی حواسشان را پرت می‌کند.

افراد حسی(کنستاتیک)
- معمولا گردن کوتاه‌تری نسبت به بقیه دارند.
- موقع صحبت کردن بسیار آرام و عمیق حرف می‌زنند.
- حرکات دست ندارند یا بسیار به آرامی حرکت می‌کند.
- موقع نوشیدن مایعات چشم‌ها را بسته یا ته لیوان را نگاه می‌کنند.
- تنفسشان از ناحیه انتهای ریه صورت می‌گیرد.
- از طریق تجربه کردن یاد می‌گیرند.
- این افراد توجه زیادی به حسی که از چیزها می‌گیرند دارند.

حامل‌ها
وقتی که ما برای ارتباط از کلمات استفاده می‌کنیم، کلمات

بازتاب افکار ما هستند.

هریک از ما به صورت منحصر به فرد چندین فیلتر ذهنی داریم که باعث می‌شود آنچه ما از محیط پیرامون خود درک می‌کنیم با دیگران متفاوت باشد.

در سیستم‌های بازنمودی (ترجیحی) مختلف از کلمات کلیدی متفاوتی استفاده می‌شود که در NLP (ان ال پی) به آنها حامل‌ها گفته می‌شود. حامل‌ها کلمات خاص حسی هستند که افعال، قیود و صفات را در برمی‌گیرند.

آدم‌ها از روی عادت، بیشتر زبانی را به کار می‌برند که منطبق با سیستم‌های بازنمودی (نظام ترجیحی) موردنظرشان باشد و در عین حال کمترین استفاده را از بیانی می‌کنند که به آن کانال توجه زیادی ندارند. اگر بتوانید با کسی، از راه کانال ترجیحی خودش و یا در اصل به زبان خودش ارتباط برقرار کنید، رابطه‌ی دوستانه‌ی خود را با او افزایش می‌دهید. یکی از ساده ترین راه‌های شناسایی شیوه‌های ادراکی دیگران به این شکل می‌باشد که به کلمات، واژه‌ها و تصاویری که شخص مورد نظر از آن استفاده می‌کند و آنها را بازگو می‌کند دقیق شویم.

کسی که کانال دیداری دارد از کلماتی استفاده می‌کند که حالت دیداری و یا بصری در آن کلمات به شکلی وجود دارد:

مثل: صحبت شما جالب به نظر می‌رسد، تعبیر زیبایی داشتید و ....

کلماتی همچون دیدن، طرح، چشم نواز، ویو، رنگ، زیبایی، منظره، نگاه کردن، به نظر رسیدن، مجسم کردن، نشان

دادن،هارمونی رنگ، روشن شدن و ... می‌باشد.
کسی که کانال شنیداری دارد، بیشتر کلمات و عباراتی با مفهوم شنیداری به کار می‌برد:
مثل: به من بگو، صدات واضح شنیده نمی‌شود، درست نشنیدم. کلماتی مانند: سکوت، گوش دادن، موسیقی، آهنگ، ریتم، گوش نواز، شنیدن، گوشزد کردن، حرف زدن، هم صدا، گفتن و...
کسی که از روش احساسی استفاده می‌کند کلمات و عباراتی با مفهوم حسی استفاده می‌کند مانند:
احساس می‌کنم، درک می‌کنم، نقطه نظر جالبی دارید. کلماتی که حسی‌ها به کار می‌برند: حس کردن، خوشمزه، خوشبو، آرامش، الهامات درونی، درک کردن، دست و پنجه نرم کردن، وصل شدن، تماس برقرار کردن و...

راه دیگری برای آگاهی از اینکه دیگران به چه شیوه ادراکی اطلاعات می‌گیرند، استفاده از پرسش‌های مناسب می‌باشد.

مثلا می‌توانید بپرسید: ترجیح می‌دهید چگونه اطلاعات مورد نظرتان را در اختیار شما قرار دهم؟

راه دیگر: از افراد بخواهید بهترین خاطره خود را برای شما بازگو کنند! اکثرا جواب‌های متفاوتی دریافت خواهید کرد.

اشخاص اغلب با توجه به روحیه و نظام ترجیحی خود به این پرسش پاسخ درست و دقیق می‌دهند. برای تقویت مهارت ارتباطی‌تان به نوع کلماتی که افراد استفاده می‌کنند دقت کنید و از خود سوال کنید، آیا این کلمات دیداری،

شنیداری یا حسی هستند؟ به این شکل به راحتی متوجه خواهید شد که در ذهن دیگران چه چیزهایی می‌گذرد و آیا آنها به تصاویر، کلمات یا موارد حسی واکنش نشان می‌دهند که حتی می‌توانید از سرنخ‌های چشمی که در ادامه توضیح خواهیم داد استفاده نیز نمایید. به این ترتیب خواهید فهمید از چه نوع لحن و چه کلماتی استفاده کنید تا موجب دریافت بهترین پاسخ‌ها از این افراد گردد.

چشم خوانی و سرنخ‌های چشمی

تشخیص نوع افکار با کمک حرکات چشم. آیا تاکنون به درک اهمیت چشم‌ها در زبان بدن پی برده اید؟ با ما همراه باشید تا به شما کمک کنیم تا با حرکات چشم مخاطب خود، به تفکرات او پی ببرید! بندلر و گریندر در روزهای اول شکل گیری ان ال پی متوجه شدند که افراد بر اساس نوع حس و کانال ترجیحی که به آن علاقه دارند، چشم‌های خود را در جهتی خاص حرکت می‌دهند، این حرکت چشم‌ها را راهنمای درک چشم‌ها می‌نامند. بندلر و گریندر با بررسی دقیق میلتون اریکسون و ویرجینیا ستیر به این نتیجه رسیدند که اشخاص از سه روش برای پردازش اطلاعات استفاده می‌کنند که عبارت اند از:

۱. ایجاد تصاویر دیداری (حس درونی)
۲. گفت گو کردن با خود
۳. شنیدن صداها

شما به راحتی می‌توانید موقع فکر کردن یک نفر متوجه شوید که آیا او به صدا فکر می‌کند یا تصویر و یا احساس! فکر شما روی بدن و حالات آن تاثیر می‌گذارد.

اولین چیزی که وقتی وارد خانه می‌شوید می‌بینید چیست؟ برای پاسخ به این سوال شما احتمالا به طرف بالا و سمت چپ نگاه کردید. اکثر راست دست‌ها برای یادآوری خاطرات به سمت بالا و چپ نگاه می‌کنند.

صدای دوستتان وقتی که شما را صدا می‌زند، چگونه لحنی دارد؟

برای پاسخ به این سوال شما احتمالا به طرفین و سمت چپ نگاه کردید. شما هنگام تماس مخمل با پوستتان چه احساسی پیدا می‌کنید؟ احتمالا شما به سمت پایین و سمت راستتان نگاه کردید. اکثر افراد به این طریق با احساساتشان ارتباط برقرار می‌کنند.

فکری که ما داریم روی حرکات چشم ما تاثیر دارد. مطالعات عصب شناسی نشان می‌دهد که حرکات چشم به سمت طرفین یا بالا و پایین با فعال بودن بخش‌های مختلف از مغز ارتباط دارد. این حرکات چشم (LEM) نامیده می‌شود و در ان ال پی به آن راهنمای چشمی در دسترس می‌گویند زیرا آنها راهنماهای چشمی هستند که کاملا در دسترسند و به ما می‌گویند که افراد چگونه اطلاعات موجود در ذهنشان در دسترسشان قرار می‌گیرد.

بین حرکات چشم و کانال ترجیحی افراد روابط عصب شناختی طبیعی زیادی وجود دارد و در تمام دنیا الگوی مشابهی دارد.

چشم‌ها حقایق بیشتری درباره فرد به ما می‌گویند تا گفته‌های شخص، چون کلام ما اکثرا به صورت آگاهانه بیان می‌گردد در صورتی که حرکات چشم توسط ضمیر ناخودآگاه صورت می‌گیرد.

حرکات چشم تست قابل اعتمادی محسوب می‌شود که پنهان کردن آن کار دشواری می‌باشد.

سرنخ‌های چشمی (چشم خوانی و تشخیص کانال ترجیحی)

با کمک حرکات چشم هم می‌توان کانال ترجیحی افراد را شناسایی کرد. هنگامی که افراد در پاسخ به سوالات، چشم‌های خود را حرکت می‌دهند، متوجه خواهید شد که ترجیح آنها به کدام کانال تعلق می‌گیرد. چرا دقت به حرکات چشم‌ها می‌تواند به شما کمک کند؟

شما با این کار و تشخیص کانال ترجیحی بر اساس حرکات چشمی فرصت خوبی برای درک این مسئله خواهید داشت که چگونه با این افراد سخن بگویید و با آنها ارتباط برقرار کنید و واکنش‌ها و پاسخ‌هایی مثبت را در آنها برانگیزید.

وقتی تصویری را از خاطرات گذشته مجسم می‌کنیم، چشم‌های ما به سمت بالا و چپ نگاه می‌کنند. وقتی که می‌خواهیم از کلمات تصویر جدیدی بسازیم یا می‌خواهیم چیزی را تصور کنیم که قبلا ندیده ایم، چشم‌های ما به سمت بالا و راست نگاه می‌کنند.

اگــر بخــواهیم صــداهای گذشــته را بــه یــاد بیــاوریم چشم‌های ما به سمت چپ (گوش ســمت چــپ) و بــرای ساختن نوا و صداهای جدید چشم‌های ما به سمت راست (گوش سمت راست) حرکت می‌کنند.

وقتی با خودمان گفتگوی درونی داریم، چشم‌ها معمــولا به سمت پاییــن و چــپ، و وقتــی یــک احساســی را مــرور می‌کنیم چشم‌ها به سمت پایین و راست حرکت می‌کنند.

خصوصیات ذکر شده در بــالا، مربــوط بــه افــراد راســت دست می‌باشد. حرکت چشم‌های افراد چپ دست، عکسِ این جهت‌ها خواهد بود. بدین ترتیب که آنها برای تصاویر و صداهای به خاطر آورده شده بــه ســمت راســت خــود و برای تصاویر و صداهای ساخته شده، به سمت چــپ خــود نگاه می‌کنند.

به همین دلیل هنگام دقت به حرکت چشــم‌های افــراد، در مرحله‌ی اول توجه کنید که آنها راست دست هستند یــا چپ دست! البته استثناهایی هم در حرکات چشــمی وجــود دارد. به این صــورت شــروع کنیــد: پیــش از هــر کــاری بــا پرسیدن چند سوال ساده که پاسخ آنها بــه صــورت واضــح دیداری یا شــنیداری مــی‌باشــد، حرکت چشــم‌های آنهــا را بررسی کنید تا الگوی حرکات چشمی آنها را تشخیص دهید و بر اساس آن بقیه پاسخ‌ها را بررسی و شناسایی نماییــد. به این صورت که اگــر مردمــک چشــم بــالا رفت احتمــال دیداری بودن او بالا می‌رود و اگر به سمت یکی از گوش‌ها رفت شخص شنیداری و اگر به سمت پایین رفت احتمــال کنستاتیک بودن بالا می‌رود.

نشانه دروغ گفتن

سال‌ها پژوهش توسط پل اکمن نشان می‌دهد که مسئله‌ی اصلی توجه به حالات ظریف در چهره و حرکات افراد می‌باشد.

۴۲ عضله در صورت هر فرد وجود دارد که با حرکات آنها این حالات ظریف در چهره شکل می‌گیرند.

حال اگر به این حالات ظریف که به سرعت تغییر می‌کنند، توجه کنید، و آنها را بشناسید، به اطلاعات کافی برای درک اینکه فردی دروغ می‌گوید یا راست، دست خواهید یافت. تنها افرادی با درک بالا از این حالات احساسی ظریف، قادرند آنها را به درستی تشخیص دهند.

شیوه بهتر فکر کردن

روش‌هایی برای تعدیل و تنظیم کردن مغز وجود دارد تا بتوان به شیوه خاصی فکر کرد.

اگر بخواهید چیزی را که دیروز دیده اید به خاطر بیاورید، آسان ترین راه یادآوری، نگاه کردن به سمت بالا و چپ، یا اینکه مستقیم به جلو زل بزنید. اگر به سمت پایین نگاه کنید، به راحتی نمی‌توانید تصاویر را به خاطر آورید.

تمرین:

با دوستان خود می‌توانید تمرین کنید. در یک مکان بی‌سروصدا بنشینید و سوالات زیر را از او بپرسید و به

سرنخ‌های چشمی او توجه کنید. بعد جای خود را عوض کنید و این بار شما به سوالات او پاسخ دهید. چگونه می‌توان با کمک کانال ترجیحی پاسخ مثبت از مخاطب دریافت کرد؟

وقتی کانال ترجیحی مخاطب خود را شناسایی کنید و از کانال ترجیحی مخاطب خود برای انتقال پیام به او استفاده کنید، او به اقدام و خواسته شما پاسخ مثبت می‌دهد. امکان دارد مجبور باشید که کمی بیشتر تلاش کنید، اما این تلاش ارزش انجام آن را دارد، زیرا در آینده در وقت و نیروی شما صرفه جویی زیادی می‌کنند. شخص مخاطب شما نیز از اقدامی که کرده اید استقبال می‌کند.

آزمایشی در رابطه با کانال ترجیحی

جان گریندر و ریچارد بندلر پی بردند که مردم از معانی کلماتی که شما استفاده می‌کنید تصویر می‌سازند.

آنها یک گروه ساختند و ۳ رنگ کارت قرمز، سبز و زرد تهیه کردند. و به افراد گفتند که در مورد اهدافشان صحبت کنند، سپس افرادی که از کلمات و عبارت‌های احساسی صحبت کردند کارت زرد دریافت نمودند و افرادی که از کلمات و عبارت‌های شنیداری استفاده کردند کارت سبز گرفتند و افرادی که از کلمات و عبارت‌های دیداری استفاده کردند کارت قرمز گرفتند. سپس یک تمرین ساده انجام دادند.

افراد با کارت‌های هم رنگ برای ۵ دقیقه با هم صحبت کردند و سپس از آنها خواسته شد که با افرادی با کارت‌های

رنگ متفاوت صحبت کنند. در بررسی راپورت، آنها متوجه شدند که افراد با کارت‌های مشابه به راپورت و احساس بهتری نسبت به یکدیگر می‌رسند.

کدام کانال ترجیحی بر دیگری ارجحیت دارد؟ هیچ‌یک از کانال‌های ترجیحی نسبت به دیگری برتری ندارد.

هر یک از این ترجیح‌ها فقط نوعی متفاوت از فکر کردن، پردازش اطلاعات و واکنش نشان دادن محسوب می‌شود که تجربه‌ی شما از دنیای اطرافتان را شکل می‌دهد. هیچ کدام از کانال‌های ترجیحی بهتر از دیگری به نظر نمی‌رسد و این بستگی دارد به اینکه چه کاری را بخواهید انجام دهید.

اکثر ورزشکاران به حس کنستاتیک خوبی نیاز دارند، و یک معمار موفق باید بتواند به طور ذهنی تصویر واضحی از آنچه می‌خواهد انجام دهد را داشته باشد. یکی از بهترین مهارت‌ها این می‌باشد که بتوانید برای کاری که در دست دارید بهترین کانال ترجیحی مرتبط به آن را استفاده کنید. هر کدام از روان درمان‌های مختلف از کانال ترجیحی خاصی طرفداری می‌کنند. روان درمانگرهایی که روی جسم و بدن کار می‌کنند عمدتا روی کانال کنستاتیک کار می‌کنند. روانکاوها عمدتا شنیداری و هنر درمانی یا درمانگرهایی که بیشتر با داستان‌ها کار می‌کنند دیداری هستند.

نکته:

آگاه باشید که به اطرافیانتان برچسب دیداری، شنیداری یا حسی بودن نزنید و از این کلی سازی‌ها دور بمانید.

افزایش تیز حسی

برای افزایش تیز حسی می‌توان علاوه بر کانال ترجیحی، سایر کانال‌ها را در خودمان تقویت کنیم.

اگر قبلا برای یادگیری می‌بایست از تصاویر استفاده می‌کردید، سعی کنید این بار از گوش دادن به سی دی‌های آموزشی بهره بگیرید.

هنگامی که افراد مختلف متوجه می‌شوند چگونه توانایی‌هایشان را برای دسترسی به تصاویر، کلمات و احساس‌های مختلف افزایش دهند، درک می‌کنند صاحب استعدادهایی هستند که پیش از این از آنها آگاهی نداشتند.

چگونه از کانال ترجیحی برای رسیدن به راپورت استفاده کنیم؟

ما از کلمات برای توصیف افکارمان استفاده می‌کنیم بنابراین کلماتی که ما به کار می‌بریم به کانال ترجیحی ما اشاره دارد.

کلماتی مانند دریافت کردن، فهمیدن، فکر کردن و فرآیند بر پایه گیرنده‌های حواس استفاده نشده‌اند، بنابراین این کلمات در کانال ترجیحی خنثی می‌باشند و نمی‌توان از آنها برای تشخیص کانال ترجیحی افراد استفاده کرد.

در مقاله‌های علمی بیشتر از این کلمات استفاده می‌شود، شاید این کار به صورت ناخودآگاه انجام می‌گیرد

که باعث می‌شود هم خواننده و هم نویسنده برداشت‌های شخصی داشته باشند و مقاله بی‌طرف باشد.

اگر چه کلمات خنثی به طور متفاوتی به وسیله خوانندگان کنستاتیک، شنیداری و دیداری ترجمه می‌شود که خود این امر باعث می‌شود بحث‌های علمی زیادی بر پایه معانی کلمات به وجود بیاید و هر کس فکر می‌کند که خودش درست می‌گوید.

از شما می‌خواهیم که در هفته پیش رو از کلماتی که در صحبت‌های معمولتان استفاده می‌کنید آگاه باشید و به آنها بیشتر دقت کنید، همچنین برای شما جذاب خواهد بود اگر بخواهید که به دیگران گوش دهید و کانال ترجیحی آنها را پیدا کنید.

اگر شما کسی باشید که ترجیح می‌دهید که فکرتان بر پایه تصویر باشد، شاید دوست داشته باشید الگوهای زبانی در رابطه با رنگ و تصویر را در اشخاص اطرافتان پیدا کنید.

اگر به صورت کنستاتیک فکر می‌کنید، می‌توانید با روشی که دیگران خود را ارائه می‌دهند در تماس باشید.

و اگر شنیداری باشید به شما پیشنهاد می‌شود که با دقت گوش دهید و به لحن صحبت کردن افراد با یکدیگر توجه کنید.

موارد مهمی در ارتباط موثر وجود دارد و راز یک رابطه خوب در این نکته خلاصه می‌شود که بدانید مهمتر از مطلبی که شما بیان می‌کنید، چگونگی گفتن آن اهمیت دارد.

برای خلق یک ارتباط موثر، با شخص مقابل شما باید

"هم گزاره" باشید، یعنی باید مانند آنها صحبت کنید و ایده‌هایی را که شما ارائه می‌دهید منطبق با روش فکر کردن آنها باشد.

توانایی شما برای انجام این کار به دو چیز بستگی دارد:

۱. تیز حسی در توجه، شنیدن و برداشتن الگوهای زبانی شخص مقابل
۲. داشتن لغات کافی متناسب برای پاسخ دادن به شخص مقابل که متناسب با کانال ترجیحی او می‌باشد.

همه ارتباطات در یک سیستم واحد و کانال ترجیحی یکسان اتفاق نمی‌افتد اما تطابق زبان و کلام برای برقراری راپورت بسیار مهم به نظر می‌رسد.
در صورتی که می‌خواهید بدانید که به راپو رسیده اید، این را به وسیله توجه کردن به کلماتی که شخص مقابل استفاده می‌کند متوجه خواهید شد.

راه حل بسیار مناسب در آموزش:

موقعی که شما در گفتگو با یک گروه هستید تمام سیستم‌ها و کانال‌های ترجیحی افراد گروه را پوشش دهید و اجازه بدهید که افراد دیداری مطالبی که ما می‌گوییم را ببینند، افراد شنیداری صداها، وضوح و بلندی آن را بشنوند،

و برای کنستاتیک‌ها باید طوری خودتان را نشان دهید که منظور شما را متوجه شوند.

همه آنها باید بدانند که چرا باید به شما گوش بدهند، اگر توضیحات شما فقط از راه یک کانال ترجیحی باشد قطعا دوسوم شنوندگان را از دست خواهید داد.

اگر بتوانید کانال ترجیحی یک فرد را پیدا کنید می‌توانید با این فرد سازگار شده و به راپورت برسید و اطلاعات مورد نظرتان و یا منظور ارتباطیتان را برای درک بهتر و پذیرش راحت تر از طریق کانال مورد نظر انتقال دهید.

خاتمه دادن به راپورت و از بین بردن صمیمیت

آیا تا به حال خواسته‌اید که به هر دلیلی بخواهید ارتباطتان را با شخص یا اشخاصی قطع کنید؟

گاهی بهترین کار در ارتباطی، قطع آن ارتباط می‌باشد، اما آیا توانایی این کار را داریم؟

امکان دارد عدم هماهنگی با شخص خاصی موجب بروز احساس بد در ما گردد و ما می‌دانیم که باید این ارتباط خاتمه یابد، یعنی می‌دانیم، می‌خواهیم، اما نمی‌توانیم!

قطع ادامه راپورت یک ابزار قدرتمند و راه حل قوی برای خاتمه دادن به مکالمه ای می‌باشد که در آن گیر افتاده اید و تمایلی به ادامه آن ندارید.

شما می‌توانید با تغییر لحن، صدا و سرعت حرف زدنتان بر خلاف شخص مقابل، راپورت را قطع کنید، شما می‌توانید از این مهارت مهم در تمام کردن مکالمات تلفنی، که گاهی

خیلی مشکل به نظر می‌رسند، نیز استفاده کنید.

عدم هماهنگی با شخص مقابل به معنای تفاوت معنی‌داری در تفکر، رفتار، گفتار، طرز پوشش و ... به شمار می‌آید، که نه تنها بروز احساس‌های منفی و بد را در ما افزایش می‌دهد بلکه موجب رنجش می‌شود.

برای این که رنجش کمتری را متحمل شویم، بهترین کار قطع راپو به نظر می‌رسد.

تکنیک‌هایی برای از بین بردن صمیمیت به شکل آگاهانه

چهار مورد زیر می‌تواند صمیمیت میان شما و فردی که با او احساس ناهماهنگی می‌کنید را به سرعت از میان ببرد.

قطع ارتباط با کمک حالت فیزیکی

می‌توانید کم کم از فرد مورد نظر از لحاظ فیزیکی فاصله بگیرید و از او دور شوید، دیگر با او ارتباط چشمی برقرار نکنید و با حالت چهره‌تان او را متوجه کنید که خواهان صمیمیت با او نمی‌باشد. یا اینکه در جهت مخالف متمایل شوید و طرز ایستادن خود را عوض کنید. (توجه داشته باشید که در شرایطی که می‌خواهیم در ارتباط با شخص به صورت صمیمانه بمانیم از این رفتارها آگاهانه خودداری کنید.)

قطع ارتباط با کمک لحن کلامتان

می‌توانید لحن کلامتان را عوض کنید و لحن سخن گفتنتان را مخالف لحن مخاطب نمایید. با زیاد کردن صدایتان یا آرام تر حرف زدن، هدف و منظورتان را منتقل کنید. اگر او با لحن بلند صحبت می‌کند، لحنمان را آرام کنیم و یا برعکس. در زمانی که او آرام صحبت می‌کند، شما سریع‌تر صحبت کنید و در زمانی که سریع و پرهیجان صحبت می‌کند، شما آرام و بدون احساس صحبت کنید. در هر حال از قدرت سکوت غافل نمانید.

قطع ارتباط با کمک کلماتی که به زبان می‌آورید

فراموش نکنید که عبارات کوتاهی مثل "نه متشکرم" گاهی برای به زبان آوردن سخت به نظر می‌رسد. به همین دلیل تمرین کنید تا در صورت لزوم این عبارات را به زبان بیاورید. خیلی اوقات دوست دارید فقط بگویید: متشکرم یا می‌خواهم از شما خداحافظی کنم. دقت کنید که در این مواقع چگونه می‌توانید به ساده ترین شکل این جملات را بگویید و برای این منظور تمرین کنید.

با استفاده از این تکنیک‌ها شما می‌توانید هم مدیریت زمان و هم مدیریت انرژی و هزینه‌ها را بهبود ببخشید.

E-Prime (ای پرایم)

آیا تا به حال از E-Prime شنیده اید؟

برخی از تفکرات و برداشت‌های ما به دلیل کلـی بـودن و عدم وضوح و شفافیت منتهی به ایجاد سردرگمی و گـاهی ناامیـدی و حتـی نـا کارآمـدی مـا در ارتبـاط بـا دیگـران می‌شوند.

زبان، یکی از ابزار بسیار مهـم بـرای ارتباطـات کارآمـد و مناسب می‌باشد، با استفاده از NLP، ما می‌توانیم کلمات را به شیوه ای بهتر استفاده کنیم تـا افکارمـان را در سـبک بسیار عمیق تر و متفاوت تر از حد معمول بیان کنیم، ایـن کار را می‌توان با درک نقاط قوت و ضعف زبان انجام داد.

ما همچنین باید بـدانیم کـه چگونـه زبـان، کلمـات و جملات در ذهن ما و دیگران موجب تفسیر و تغییر معنا و مفهوم می‌شوند.

یکی از پیش فرض‌های NLP بیان می‌کند که نتیجه یک ارتباط را پاسخی که شما در آن ارتبـاط دریافـت مـی‌کنیـد مشخص می‌کند، مـا از زبـان بـه عنـوان وسـیله ای بـرای رسیدن به یک نتیجه و پاسخ مطلوب استفاده مـی‌کنـیم.

کلمات انتخاب شده ما بسیار مهم هستند و باید برای فرد دیگر معنای مناسب داشته باشند، کلمات مورد استفاده باید مناسب نقشه ذهنی شخص مقابل باشند.

با استفاده از مهارت‌های ارتباط کلامی NLP، هر شخص می‌تواند در ارتباط با دیگران درک بهتر داشته باشد و از گفتگوی بهتری بهره مند شود.

NLP جهت برقراری ارتباط بهتر زبان‌های خاصی را پیشنهاد می‌کند که یکی از آنها زبان E-Prime می‌باشد.

این سبک توسط متخصص زبان شناسی به نام دیوید بورلند، فارغ التحصیل دانشگاه‌هاروارد، توسعه داده شد.

این اصطلاح (E-Prime) به استفاده از زبان انگلیسی بدون استفاده از فعل " بودن" یا همان افعال "to be" اشاره دارد.

زبان ای پرایم کمک می‌کند که فعل‌های مشمول قطعیت را از جملات حذف کنیم تا مجهولات جملات از بین رفته و سوء تفاهمات و تعارضات به حداقل برسند.

بنابراین با استفاده از زبان E-Prime، ما می‌توانیم از اظهارات بیهوده و گاهی برعکس جلوگیری کنیم، و معنی واقعی را روشن تر بیان کنیم.

در ادامه جهت روشن تر شدن مبحث به توضیحات بیشتری می‌پردازیم.

تکنیک E-Prime صرفا جایگزینیِ مکانیکی کلمات نمی‌باشد، بلکه بیشتر معنای با دقت فکر کردن را دارد نه اینکه فقط، به سادگی تغییر کلمات باشد.

اگر چه ما به راحتی می‌توانیم جمله"من گرسنه هستم"

را تبدیل کنیم به "من احساس گرسنگی می‌کنم"، منتهی چیزی که مهم به نظر می‌رسد این می‌باشد که روش E-Prime، شخص را وادار می‌کند تا قبل از باز کردن دهان به روشنی فکر کند تا وضوح تفکر منتهی به وضوح گفتاری شود.

همچنین استفاده از زبان E-Prime می‌تواند تغییرات مثبتی در رفتار، روابط و دستاوردهای شما ایجاد کند، این به این دلیل می‌باشد که شما از تعاریف، اظهارات ناقص و جنجالی دور می‌شوید.

شما عادت به ارائه یک دیدگاه دقیق و واقع بینانه برای ارتباطات خود خواهید کرد.

هر گونه سوء تفاهم که امکان دارد در ارتباط شما با همسر، خانواده، دوستان، همکاران، رئیس یا مشتریان شما رخ دهد، به طور خودکار حذف می‌شود.

از آنجایی که در این سبک گفتاری یک تفکر واضح تر و منطقی پیش از صحبت کردن واقعی، وجود دارد، زبان و کلمات انتخاب شده تبدیل به ابزار موثر برای ارتباطات می‌شوند.

ای پرایم در مورد ارتباط میان تفکر و کلام صحبت می‌کند، این لینک باعث می‌شود E-Prime یک عامل قدرتمند برای تغییر شخصی باشد.

E-Prime در برنامه‌های کاربردی مختلف از جمله دستاورد شخصی و حل مسئله استفاده می‌شود.

حتی استفاده جزیی از تکنیک E-Prime در ارتباطات روزمره ما می‌تواند تغییرات گسترده ای در زندگی ما ایجاد

کند. این امر ما را مجبور می‌کند تا در مورد آنچه که به دیگران می‌گوییم با استفاده از طیف وسیعی از کلمات در دسترس، تجدید نظر کنیم. برخی از مردم فکر می‌کنند که استفاده از E-Prime یک فرآیند پیچیده و عملی مشکل را شامل می‌گردد.

استفاده از این تکنیک در ارتباطات روزمره مزیت بسیار زیادی دارد، چون فرصت‌هایی را ایجاد خواهد کرد که در آن به سرزمین‌های نا آشنای زبان می‌رسید، و شما را مجبور می‌کند تا عمیق تر در مورد معنای واقعی یک کلمه فکر کنید و آن را واضح تر و دقیق بیان کنید.

با استفاده مکرر، این تکنیک به یک فرآیند ناخودآگاه تبدیل می‌شود و فرآیندهای تفکر را روشن تر و تقویت می‌کند.

سیاه و سفید یا خاکستری

دلیل پیشنهاد عدم استفاده از کلمه "است" در زبان ای پرایم این می‌باشد که در زبان (E_prime) برخلاف زبان معمول می‌توان از جمله بیان شده برای پیش بینی‌های گسترده استفاده کرد.

کلمه "است" فرض می‌کند که همه چیز را می‌توان به سیاه یا سفید تقسیم کرد، درست یا نادرست، با این حال، زندگی ما را مناطق خاکستری زیادی پوشش می‌دهد.

این کلمه (است) بر روی هر موضوعی، اطلاعاتی بسیار قطعی قرار می‌دهد، بنابراین راه سازشی را باقی نمی‌گذارد. مشکل واقعی زمانی رخ می‌دهد که دیگران شروع به

تفسیر معانی مختلف کلمات و درک آنان می‌کنند، این امر می‌تواند منجر به عدم هماهنگی درک متقابل و ایجاد روابط مشکل دار شود.

زمانی که سعی می‌شود این کلمات جایگزین گردند، ما مجبور به فکر کردن و بیان معنی واقعی کلماتی که در نظر گرفته ایم، هستیم که در این صورت می‌توانیم راه روشن تر و برتر برای ابراز افکارمان بیابیم.

متفکران انتقادی از زبان E_prime به عنوان یک ابزار برای نوشتن، صحبت کردن و فکر کردن به روشنی و دقیق استفاده می‌کنند.

یاد بگیرید چگونه می‌توانید از این زبان برای تیز کردن توانایی‌های تفکر انتقادی خود استفاده کنید، از تله‌های روحی جلوگیری کنید و به یک اندیشمند بهتر تبدیل شوید.

خطای احتمالی کلمه "است"

دو خطای احتمالی برای استفاده از کلمه "است" در ساختن جمله وجود دارد، که توسط آلفرد کوریزیبسکی، بنیان‌گذار معنی شناسی شناخته شد.

اولین خطر زدن برچسب هویتی نامیده می‌شود، مانند اینکه گفته می‌شود سارا دانش آموز است. به عنوان مثال، سارا به غیر از دانش آموز، یک دختر، خواهر، تنیس باز و گیتاریست نیز می‌باشد.

حتی سارا می‌تواند یک دانش آموز نیمه وقت باشد و در بخشی از روز کار کند. بنابراین، بیانیه اولیه نمی‌تواند هویت کامل سارا را توصیف کند. ضمن اینکه با به کار بردن کلمه

است، ما در ذهن مخاطب راه را تا حدود زیادی برای اندیشیدن به جنبه‌های دیگر آن موضوع می‌بندیم.
به عنوان مثال، کدام یک بهتر به نظر می‌رسد که از آن استفاده کنید.
"او یک مدیر بانک است" یا "او در بانک به عنوان مدیر کار می‌کند"؟
دومین خطر استمرار را نشان می‌دهد که محدوده سازش را از بین می‌برد. موضوع را به عنوان بله یا خیر مطرح می‌کند. این گونه به کار بردن باعث می‌شود که ما بیانیه‌های مطلق و عمومی را ایجاد کنیم که حتی منطقی ندارند. به عنوان مثال، جمله "سهراب خنگ است"
این جمله، سهراب همیشه خنگ است سهراب قبلا خنگ بوده سهراب در حال حاضر خنگ است و سهراب خنگ باقی می‌ماند را می‌تواند به ذهن مخاطب و حتی خود سهراب القاء کند، در حالی که شاید منظور گوینده این باشد که سهراب از فرصت خوب استفاده نمی‌کند!!!
بنابراین، به عنوان مثال به جای بیان جمله ای مانند "ذهن زیبا فیلم خوبی است"، شما می‌توانید چیزی شبیه به "فیلم ذهن زیبا یک فیلم خوب برای من به نظر می‌رسد"، و یا "من از فیلم ذهن زیبا لذت بردم" استفاده کنید.

صدای منفعل و صدای فعال

من استفاده از E-Prime را بیشتر و بیشتر برای برقراری ارتباط در گفتگوی روزمره، ترجیح می‌دهم.
ای پرایم به شما برای نوشتن یک آگهی نیز کمک

می‌کند.

اگر شما برای نوشتن آگهی از صدای فعال به جای صدای منفعل استفاده کنید، نتایج بهتری به دست خواهید آورد.

مثلا جملهٔ: "این نسخه توسط من نوشته شده است." (صدای منفعل) را به "من این نسخه را نوشتم" (صدای فعال) تغییر دهید.

انجام این کار باعث می‌شود که جمله قدرت بیشتری داشته باشد و آن را واضح تر و ساده تر کند.

دولت‌ها تمایل دارند از صدای غیرفعال برای از بین بردن سرزنش استفاده کنند. "بسیاری از اشتباهات انجام شده است." (صدای منفعل) "دولت بوش اشتباهات زیادی را مرتکب شد" (صدای فعال).

اگر شما می‌خواهید قدرت خود را بالا ببرید و خود را شفاف و واضح نشان دهید، از صدای فعال استفاده کنید.

ولی در مواجه با انتقادات و سرزنش‌ها از صدای منفعل استفاده کنید.

از E-Prime استفاده کنید تا نوشته‌هایتان را دقیق تر کنید.

به جای گفتن چیزی مانند "ما سریع ترین هستیم ! از خود بپرسید؛ چگونه، به طور خاص، شما سریع کار می‌کنید؟ "ما این کار را در کمتر از ۸ ساعت انجام خواهیم داد!

از E-Prime برای اضافه کردن قدرت و وضوح به نوشتن خود استفاده کنید، اما خودتان را شکنجه نکنید! این زبان برخی از مشکلاتی را که هنگام استفاده از زبان استبدادی،

اصلاح عقاید و تاثیر آنها بر روی دیگران و دفاع در ارتباطات به وجود می‌آید، از بین می‌برد.

این زبان در توصیف نظرات شما به عنوان عقاید و نه واقعیت‌ها به شما کمک زیادی می‌کند

به طور عمدی یا نه، مردم تمایل دارند که افعال to be را مورد سوء استفاده قرار دهند، و در عین حال یک راه تفکر ایجاد می‌کنند که مانع تفکر انتقادی مناسب می‌شود، و استفاده کاربردی از زبان ای پرایم به ما در حل این مسائل کمک می‌کند.

قبل از استفاده از E-Prime، ما باید دلایل استفاده از این زبان را یاد بگیریم و مزایایی که با استفاده از آن به دست می‌آوریم را بهتر بدانیم.

E-Prime از ۹ راه می‌تواند به شما کمک کند که یک فکر بهتر داشته باشید.

دیدگاه‌ها را به عنوان حقیقت پنهان می‌کند

جمله "بتهوون بهترین آهنگ‌ساز است" را در نظر بگیرید یا جمله "این یک ایده احمقانه است". این جملات نشان می‌دهند که چگونه می‌خواهیم نظرات ما به عنوان حقایق بیان و پذیرفته شوند.

به یاد داشته باشیم که بسیاری از آنچه که ما می‌گوییم، به واقع، فقط نظرات ما هستند. گزینه‌های E-Prime برای این جمله‌ها را در نظر بگیرید:

"من آهنگ‌های بتهوون را دوست دارم"، و "من این ایده را نمی‌پذیرم".

همان گونه که می‌بینید در جمله دوم با استفاده نکـردن از فعل "است" قطعیت را از جمله برداشـته و از بسـیاری از مقاومت‌ها در ذهن طرف مقابل جلوگیری کرده ایم.

این زبان دقت بالاتری را در بیان کلمات و جمله بندی انجـام مـی‌دهـد و مفروضـات پنهـان را بـه نمـایش می‌گذارد

عدم تمایل در استفاده از فعل to be به نظر می‌رسد نیاز به ارائه جزئیات بیشتر از حد معمول داشـته باشـد. بـه عنـوان مثال، هنگـام اصـلاح جملـه "سـینا بـاهوش اسـت"، شـما می‌توانید بگویید "سینا در آزمون IQ نمره ۱۴۰ را بـه دسـت آورد" و این بسته به تعریف شما از "باهوش" دارد.
E-Prime شما را تشویق می‌کند تا کلمات مبهم (ماننـد «باهوش») را شرح دهید، و هـر گونـه محتـوای پنهـان در پشت آنها را افشا کنید.

قابل تعویض بودن را نشان می‌دهد

جمله "زمین گرد است" را در نظر بگیریـد. توجـه کنیـد کـه چگونه فعلِ "است" با موضـوع اصـلی یـک حرکـت فکـری فریبنده را انجام می‌دهد و به نظر مـی‌رسـد یـک حقیقـت مطلق و ماهیت تغییر ناپذیر دارد، این دقیقا مانند جملـه چند صد سال پیش در مورد زمین می‌باشد که"زمین صاف است"!!! .

E-Prime جمله "زمین گرد به نظر می‌رسد " را جایگزین می‌کند که نشان می‌دهد یک ناظر وجود دارد که به سادگی زمین را گرد می‌داند.

از قضاوت و برچسب گذاری زود هنگام جلوگیری می‌کند

E-Prime از انتزاع‌هایی ممانعت می‌کند که به برچسب گذاری و تعصب منجر می‌گردد. "مریم مسلمان است" با جمله "مریم به اسلام اعتقاد دارد"، در حالی که این دو جمله دارای معنای مشابهی هستند، جمله دوم مریم را از هر گونه تعصبات مرتبط با برچسب "اسلام" جدا می‌کند.

به عنوان یک نکته مهم توجه داشته باشید که، برچسب زدن نه تنها زمانی اتفاق می‌افتد که با افراد دیگر برخورد می‌شود، بلکه برای برخورد با خودمان نیز کاربرد فراوان دارد.

مثلا اگر کسی به خودش بگوید «من یک خوک هستم»، باید سعی کند زبان E-Prime را به کار ببرد و به خودش بگوید:

"من مثل یک خوک می‌خورم" یا "من به اندازه دو نفر شام خوردم".

هنگام استفاده از E-Prime...

به زودی خواهید دید که استفاده از صدای غیر فعال

می‌تواند بسیار سخت باشد یا امکان دارد به ضرر شما تمام شود. اگر چه در ابتدا به نظر می‌رسد محدودیتی وجود دارد و کمی این کار سخت به نظر می‌رسد ولی می‌توانم بگویم که وقتی به آن دسترسی پیدا می‌کنید، صدای منفعل را از دست خواهید داد که این از دست دادن می‌تواند بسیار خوب باشد چون منتهی به تجهیز شما به صدای فعال می‌شود.

بنابراین باید در مورد استفاده از این زبان قوی شوید.

هنگامی که شما نمی‌خواهید از جملاتی مانند «اشتباهاتی اتفاق افتاده» (این جمله دارای است محذوف می‌باشد) استفاده کنید، باید اصلاح کنید و بگویید «سحر اشتباه کرد» و یا اگر واقعاً نمی‌دانید (یا نمی‌خواهید افشا کنید)، می‌توانید از عبارت "کسی در این اتاق اشتباه کرد" استفاده کنید.

این عبارت اخیر همچنان به عنوان یک جایگزین بهتر استفاده می‌شود، زیرا حداقل شما به صراحت اشاره می‌کنید که یک اشتباه درعمل فاعل وجود دارد.

زبان را رنگارنگ تر می‌کند

قبل از استفاده از زبان ای پرایم، من اعتقاد داشتم که E-Prime زبان را پیچیده تر، خشن تر و شخصی تر می‌کند.

شما هم امکان دارد در ابتدای استفاده و تمرین این زبان کمی سختی تحمل کنید و به نظرتان این گونه صحبت کردن کمی رنج آور باشد، با این وجود، با کمی تمرین، متوجه خواهید شد که E-Prime یک فرصت بسیار

عالی برای یک روش بسیار پر جنب و جوش و بسیار قـوی برای نوشتن و گفتار شما فراهم می‌کند.

ای پرایم امکان بحـث و جـدل را تحریـک نمـی‌کنـد و ضمنا راه گفتگو با آرامش را باز می‌کند.

در E-Prime "تو اشتباه کردی" را می‌توان به راحتی به جمله "من آن را نمی‌بینم" تغییر داد.

سبکِ ارتباط اولی (تو اشتباه کـردی) بلافاصـله امکـان بحث و گفتگو را بدون نیاز به اولین اظهـارات دیگـران بـاز می‌کند.

عبارت‌هایی مانند "من فـیلم را دوسـت داشـتم" بیشـتر طرف مقابل را دعوت به بحث‌های سالم و اشتراک نظـرات مختلف می‌کند تا جمله "فیلم خوب بود" که یک جملـه بـا افعال to be می‌باشد. در E-Prime، مـا درک مـی‌کنـیم، کـه نظرات ما نمی‌توانند مطلق باشند.

ای پرایم خلاقیت شما را بهبود می‌بخشد

E-Prime همچنین می‌تواند در قلمرو خلاقیت و حل مسائل کمک کند.

عبـارتی مانـنـد "راه حـل وجـود نـدارد!" را می‌تـوان بـه گزینه‌های بهتر مانند "من هنوز هیچ راه حلـی پیـدا نکـرده ام" تغییر داد.

بیشتر از آن، E-Prime به شما کمک می‌کند تا بر تعاریف

غلبه کنید و به واقعیت‌های بیشتری برسید، به شما امکـان می‌دهد راه حل‌هایی را که ابتدا نادیده گرفتـه شـده، پیـدا کنید.

عبارت، "مشتری احمق است" می‌تواند تبـدیل شـود بـه "مشتری محصول ما را خریداری نمی‌کند حتی اگر قیمـت محصول کمتر شود".

عبارت دوم نقطه شروع بسیار خوبی را برای پیشـبرد راه حل‌ها در مقایسه با عبارت اول دارد.

E-prime مغز شما را وادار به تمرین می‌کند

نه برای هـیچ چیـز دیگـری، بلکـه E-Prime را فقـط بـرای تمرین مغزی عالی امتحان کنید!

به من اعتماد کنید، تا E-Prime را امتحان نکنیـد هرگـز نمی‌فهمید چقدر می‌تواند چـالش برانگیـز باشـد. می‌تـوان گفت یادگیری E-Prime دقیقا همانند یادگیری و درک یـک زبان جدید می‌باشد، به صورتی که به جای یادگیری کلمات و گرامرها و ساختارهای جدید، شما باید بخشی از آنچه که می‌دانید را طور دیگری بخوانید و این نورون‌های مغز شما را فعال‌تر خواهد کرد!

E-Prime شما را از سقوط به تلـه‌های تفکـر اشتبـاه بـاز می‌دارد.

E-Prime یـک راه تفکـر جدیـد مـی‌باشـد، نـه یـک محدودیت دستور زبان، و هدف اصلی آن بالا بردن آگـاهی درباره اینکه چگونه زبان بر روی افکار مـا تـاثیر مـی‌گـذارد مـی‌باشد و بـه هـیچ وجـه محـدودیت سخت‌گیرانـه و

کورکورانه در زبان نمی‌باشد.

استفاده از زبان ای پرایم بیشتر برای ایجاد عادات تفکر جدیدی نسبت به زمانی که تفکر و صحبت کردن را به طور قاطع انجام می‌دادید کاربرد دارد.

زبان E-Prime قصد ندارد زبان انگلیسی یا فارسی یا هر زبانی را به نفع E-Prime کنار بگذارد، ولی هر کس می‌تواند برای مدتی از آن استفاده کند، شما هم امتحان کنید و ببینید که چگونه آگاهی و تفکر شما به این سبک زبانی جدید بر روی شما و دیگران تاثیر می‌گذارد.

تکنیک هدف گذاری با NLP

- چه چیزی باعث می‌شود برخی موفق تـر از دیگـران باشند؟
- چه چیزی سبب می‌شود کسی قهرمان المپیـک یـا برند درجه یک شود؟
- چرا گاهی با وجود تعیین اهداف، نمی‌توانیم به آن دست یابیم؟

اگر سوالاتی شبیه سوالات بالا ذهن شما را درگیر می‌کند، و اگر می‌خواهید هدف‌های بزرگی داشته باشید مـا بـه شـما کمک خـواهیم کـرد کـه بـا بالفعـل کـردن توانایی‌هایتـان سریع‌تر و راحت تر از دیگران به اهدافتان دست پیدا کنید.

کسـی کـه هـدف مشخصـی در زنـدگی دارد، هماننـد لوکوموتیوی به نظر می‌رسد که در حال حرکت قرار دارد و تا رسیدن به مقصد از حرکت باز نمی‌ایستد و نگـه داشـتنش دشوار می‌باشد، و به عکس انسان بی هدف را می‌توان بـه کسی تشبیه کرد که به دور خود می‌چرخد و حرکت مثبتـی رو به سمت جلو ندارد!

برای بالا بردن کیفیـت زنـدگی و لـذت بخـش نمـودن

زندگی، انسان‌ها نیاز به انتخاب هدف و مکتوب کـردن آن دارند.

دارن‌هاردی بعد از مصاحبه با تعداد زیادی از افراد موفق دو صفت مشترک را در همه آنها پیدا کرد:

۱. تعهد راسخ و ثابت در روند یادگیری دارند.
۲. اهداف واضح و مکتوب دارند و از قبل برای رسیدن به آنها برنامه ریزی کرده‌اند.

هدف می‌خواهد که شما به نتیجه‌ای برتر و عالی‌تر برسید که باعث آزاد شدن انگیزه و انرژی فراوان در انسان می‌شود و موجبات رضایت خاطر او را نیز تامین می‌کند.

هدف، به کار و زندگی شما معنی می‌دهد و علت اصلـی فعالیت‌های شما را اهداف شما مشخص می‌کنند.

نداشتن هدف مشخص موجب اتلاف انـرژی می‌شـود و اگر کسی برای موفقیت برنامه ای نداشته باشد، در حقیقت برای شکست خود را آماده می‌کند.

ما برای موفقیت در زندگی نیاز به توانایی‌هایی داریـم و بـه دسـت آوردن ایـن توانایی‌هـا، خـود نیـز مـی‌تواننـد هدف‌های ما باشند.

اگر می‌خواهید رمز این توانمندی‌ها را بیابیـد از خـود بپرسید که چه می‌خواهیم؟ افـراد موفـق بیشـتر اوقـات در مورد هدفشان و اینکه چگونه به آن برسند، فکر می‌کنند.

خواسته و هدف شما چیست؟

اولین گام دستیابی به هر چیز را می‌توان در خواستن آن دانست. ابتدا ببینید چه می‌خواهید؟

بعضی از افراد می‌گویند ما هیچ وقت هیچ هدفی برای خود نداشته‌ایم، خبر خوب اینکه با شناسایی رویاهایتان در زندگی می‌توانید آنها را به هدف تبدیل کنید. با پیدا کردن رویاهای قابل دستیابی و ایجاد کمی تغییر در آن‌ها، هدف‌های مناسبی را می‌توان در زندگی به دست آورد.

اگر انسان برای رسیدن به رویایی که می‌خواهد، برنامه ریزی کند و در آن مسیر به صورت صحیح گام بردارد آن رویا را تبدیل به هدف می‌کند.

توانایی افراد در استفاده از امکانات و ابزارهای شخصی و درونی، به طور مستقیم بر روی اهداف و رویاها تاثیر می‌گذارد. و ضمیر ناخودآگاه مدام در حال پردازش اطلاعات می‌باشد تا ما را به سوی مسیری خاص که برای او تعریف کرده ایم هدایت کند.

ماکسول مالتز می‌گوید وقتی ذهن هدف مشخصی پیدا می‌کند، از بین تمام اطلاعاتی که تاکنون دارد و همچنین اطلاعاتی که بعد از تعیین هدف، مرتب از محیط می‌گیرد، کار هدایت و تمرکز به سمت هدف داده شده را آن قدر تکرار می‌کند تا به هدف مطلوبش برسد و این راه را با عنوان سایبرنتیک روانی معرفی می‌کند که در کل به معنای فرایندهای ناخودآگاه و غیر ارادی برای محقق کردن تخیلات و تصورات در نظر گرفته می‌شود.

پس اگر شما می‌خواهید به زندگیتان شکل دلخواهتان را ببخشید ابتدا باید تصویر کاملی از نتیجه مطلوبتان را در ذهنتان داشته باشید تا بتوانید کم کم با به دست آوردن قطعات کوچک، تصویر کلی را با قرار دادن آن قطعات

کوچک در کنار همدیگر در ذهن شکل دهید و بتوانید مطلوبتان را خلق کنید.

زمانی که از هدفتان آگاه باشید، به مغز خود تصویر واضح و روشنی می‌دهید تا بر آن اساس حرکت کند و بتواند اطلاعات مورد نیاز را به ترتیب اهمیت دریافت کند و در کنار هم قرار دهد.

شما با به تصویر کشیدن هدفتان پیام واضحی به مغزتان ارسال می‌کنید تا دست به کار شود.

اگر دیدی صحیح و اصولی داشته باشید هیچ محدودیتی برای رسیدن به خواسته‌هایتان وجود نخواهد داشت.

در مقابل اگر شخصی نداند که چه چیزی می‌خواهد، حتی داشتن قوی ترین توانمندی‌ها و بهترین شرایط هم نمی‌تواند به او کمک کند، بنابراین، هم داشتن هدف و هم شناخت توانمندی‌ها قدم‌های موثر برای داشتن یک زندگی موفق قلمداد می‌گردد. داشتن هدف می‌تواند شما را پرورش دهد، بزرگتان کند و به شما قدرت ببخشد.

افرادی که با NLP آشنا می‌شوند، با توجه به شناخت قدرت درونی خود، شناسایی ابزارها و توانمندی‌های زیادی که در وجودشان هست و همچنین تقویت و کسب مهارت‌های جدید، معمولا اهداف بزرگ و چشمگیری را برای خود تعیین می‌کنند.

ما با ۳ قسمت، مرحله قبل از هدف گذاری، تعیین هدف هوشمند و برنامه ریزی برای آن شما را با بهترین متدهای هدف گذاری در ان ال پی آشنا خواهیم نمود.

مراحل قبل از هدف گذاری برای موفقیت

تعیین یک زندگی ایده آل

قبل از اینکه هدفی برای آینده‌تان در نظر بگیرید، یک برنامه برای زندگی‌تان درست کنید"

زندگی ایده آلتان را به تصویر بکشید؟

ابتدا کشف کنید که چه نوع زندگی را می‌خواهید، قصد دارید در چه محلی زندگی کنید؟ دوست دارید چه آدم‌هایی کنارتان باشند، دوست دارید شب‌ها و ایام تعطیل چه کار کنید؟ دوست دارید به کجا سفر کنید؟ می‌خواهید محل کارتان چطور محیطی باشد؟ محیط دلخواه خود را در ذهن مجسم کنید. ذهن خود را آزاد بگذارید، هیچ محدودیتی وجود ندارد، هر چه می‌خواهید تصور کنید، محیطی را طراحی کنید که بیانگر سلیقه و روحیه شما باشد و با ارزش‌ها و هویت شما سازگار باشد. یعنی آنچه که می‌خواهید باشید، کارهایی که می‌خواهید انجام دهید، فردی که می‌خواهید باشید و آن چه که می‌خواهید با دیگران سهیم شوید.

افراد، احساسات و مکان‌هایی که می‌خواهید بخشی از زندگی‌تان باشند را در ذهن تجسم کنید. کجا خواهید بود؟

اگر تصویر روشنی از روزی ایده آل در ذهن ندارید، چگونه می‌توانید چنین روزی را در زندگی‌تان به وجود آورید؟ و اگر وقت ندارید چند دقیقه در روز را به این موضوع اختصاص دهید، شما هیچ وقتی هم برای زندگی به شیوه خودتان ندارید. چگونه می‌توانید به هدف بزنید در حالی که آن را نمی‌شناسید و نمی‌دانید چیست؟

مغز قدرت آن را دارد تا هر چه می‌خواهید به شما بدهد، اما فقط در صورتی قادر به انجام این کار می‌باشید که پیام‌های واضح، روشن، قوی و متمرکزی دریافت کنید.

کاری کنید که برنامه زندگی‌تان با برنامه شغلی‌تان در تداخل نباشد. می‌بایست اهداف را در قالب شرایط، توانمندی‌ها و آن چیزهایی که در زندگی می‌خواهیم داشته باشیم تعریف کنیم.

زندگی بدون تعادل، روابط‌تان را با دیگران خراب می‌کند، سلامتی شما را تحت تاثیر قرار می‌دهد و اعتقادتان را زیر سوال می‌برد. زندگی بدون تعادل و هماهنگی این خطر را به دنبال دارد که منجر به از دست دادن چیزهای زیادی در زندگی‌تان شود و در نهایت سبب کم‌رنگ شدن خوشبختی‌تان شود، پس چیزهایی در زندگی خود پیدا کنید که به شما هیجان و انگیزه بدهد.

جورج برنارد شاو می‌گوید: انسان منطقی خودش را با زندگی تطبیق می‌دهد اما انسان غیر منطقی تلاش می‌کند که دنیا را با خودش تطبیق بدهد بنابراین هر پیشرفتی بستگی به انسان‌های غیر منطقی دارد.

انسان‌های متوسطی که حتی از جاهای کوچک شروع کرده‌اند با داشتن هدف، به انسان‌هایی تبدیل شده اند که جهان را تغییر داده اند.

هر چیزی که بتوانید آن را در خود ببینید و از صمیم قلب آن را بخواهید، می‌تواند برایتان به حقیقت تبدیل شود. تنها شما می‌دانید که در زندگی چه می‌خواهید و از

چه خوشحال می‌شوید.

روز ایده‌آل و مطلوب خود را در ذهن تجسم کنید، به این معنا که از زمان بیدار شدنتان تا موقعی که می‌خواهید به بستر بروید، چگونه روزی را تجربه خواهید کرد؟ همه را با جزئیات شرح داده و بنویسید.

برای لحظه ای محدودیت‌ها را کنار بزنید.
اگر همین الان یک غول چراغ جادو به سراغ شما بیاید و برای شما امکان رسیدن به ده آرزو را فراهم کند، چه آرزوهایی را مطرح می‌کنید؟ به این فکر کنید که اگر همه منابع و قدرت‌های عالم را داشتید، چه کاری می‌کردید؟ دوست داشتید به چه چیزهایی می‌رسیدید؟ به هدف‌هایی فکر کنید که از صمیم قلب آن‌ها را دوست دارید .

همه چیز را به صورت یک بازی ببینید و قوه تخیل خود را رها کنید، بگذارید درونتان راهنمای شما باشد و توانایی‌های خود را پیش داوری نکنید.

به هدف‌های بزرگ فکر کنید و در رویاهایی فرو روید، که در نظر شما و اطرافیانتان غیر ممکن به نظر می‌رسند. اجازه ندهید خانواده، دوستان، همکاران‌تان، یا جامعه ای که در آن زندگی می‌کنید، تمایلاتشان را به شما تحمیل کنند.
اگر هدف‌هایتان چیزی نباشد که واقعاً می‌خواهید، خلاقیتی در آن نخواهید داشت این موضوع باعث می‌شود نتوانید به موفقیت‌های بزرگ دست یابید و باعث می‌شود، فکر کنید که انسان ناموفق و یا حتی شکست خورده ای

هستید. دوست دارید چه اتفاقی بیافتد؟ درباره چه چیزی در اشتیاق فراوان به سر می‌برید؟ اگر منابع نامحدود داشتید، دوست داشتید چه کاری بکنید؟ حالا به زمینه‌های مهم زندگی خود توجه کنید: خانواده، روابط، کار، حرفه، سلامتی، جامعه و رشد معنوی.

برای تمام این ابعاد در زندگی‌تان اهدافی را تعیین کنید. اگر می‌دانستید موفقیتتان قطعی خواهد بود، چه کار می‌کردید؟ چه فعالیت‌ها و چه اقداماتی انجام می‌دادید؟

شما باید آگاهانه بدانید چه می‌خواهید چون این آگاهی بر روی نتایج کارتان اثر می‌گذارد. همیشه برای ایجاد تغییرات بهتر، ابتدا باید دنیای درونتان را تغییر دهید تا دنیای پیرامونتان تغییر کند.

- دقیقا چه می‌خواهید؟
- چه می‌بینید؟
- چه می‌شنوید؟
- چه احساس می‌کنید؟
- چه می‌بویید؟
- چه می‌چشید؟

در زندگی به طور طبیعی می‌توانید تا حدی پیش بروید ولی در ذهن خود می‌توانید پا را فراتر بگذارید و به اهداف بزرگتری برسید و سپس، آن واقعیت درونی را در دنیای خارج عملی کنید.

تمرکز شما بر هر چیز، همان نتایج را برایتان به ارمغان می‌آورد. پس لطفاً روی خواسته‌هایتان تمرکز کنید و سعی

کنید از کلام مثبت استفاده کنید تا نتایج مثبت بگیرید. اگر انگیزه اصلی شما دور شدن از وضعیت فعلی زندگی‌تان باشد می‌توانید، از خودتان سوال کنید به جای این وضعیت، چه شرایطی را می‌خواهم در زندگیم ایجاد کنم؟

با جواب دادن به این سوالات ذهن خود را برنامه ریزی می‌کنید تا آنچه را می‌خواهید به دست آورید. اگر در ذهنتان هدف‌های کوچک داشته باشید، به همان هدف‌های کوچک می‌رسید.

شاید باورتان نشود که رسیدن به هدف‌های بزرگ، به اندازه هدف‌های کوچک از شما وقت و انرژی می‌گیرند، پس پیش به سوی هدف‌های بزرگ.

لطفاً به مدت حداقل ۱۰ دقیقه قلم را از روی کاغذ برندارید و فقط خواسته‌هایتان را بنویسید و تا جایی که می‌توانید اهداف‌تان را در رابطه با کار، خانواده، ارتباطات حالات جسمی و فیزیکی، روحی، ذهنی، اجتماعی و اقتصادی بنویسید.

به فهرستی که نوشته‌اید مراجعه کنید و زمان رسیدن به آن اهداف را تخمین بزنید.

تخمین زمان برای رسیدن به هدف نقش مهمی دارد.

تعیین اهداف با در نظر گرفتن ارزش‌ها

گوته: "چیزهایی که بیشترین ارزش‌ها را دارند، نباید در اختیار چیزهایی قرار گیرند که کمترین ارزش‌ها را دارند"

ارزش یعنی تمام آن چیزهایی که در زندگی برای شما

مهم هستند و در نظر داشته باشید در اشخاص مختلف ارزش‌ها متفاوت‌اند.

ارزش‌های شما بیشترین نقش را در زندگی شما بازی می‌کنند.

مهمترین چیزهای دنیا برای شما چه چیزهایی هستند؟ اگر قرار باشد که یک هفته دیگر دنیا به انتها برسد، شما چه می‌کردید؟

مواردی را ذکر کنید که بدون آنها زندگی برای شما مفهوم خود را از دست می‌دهد.

در تعیین اهداف باید ارزش‌هایتان را مورد توجه قرار دهید و مطمئن شوید اهدافتان با ارزش‌هایتان تناقضی نداشته باشند.

در همان ابتدا این مورد را در نظر بگیرید که واقعاً برخی هدف‌ها ارزش پیگیری ندارند، در واقع باید اهدافتان با ارزش‌ها و استانداردهای شما همخوانی داشته، اگر این طور نباشد، به زودی خواهید دید که علاقه خود را به آن هدف از دست خواهید داد یا برای رسیدن به هدفتان باید از چیزهای باارزش زندگی‌تان بگذرید که این کار در دراز مدت به روحیه شما آسیب می‌رساند.

لحظاتی به پایان زندگی خود فکر کنید و به سه درس بزرگی که در زندگی آموخته اید توجه کنید که چرا اینها تا این حد برای شما مهم بوده اند؟

فکر کنید که داشتن چه چیزی، انجام چه کاری یا بودن چه کسی در زندگی برایتان اهمیت دارد؟

شما در بهترین حالت خود می‌توانید چگونه و چه کسی باشید؟

دوست دارید دیگران بعد از مرگتان شما را با چه جمله ای یاد کنند؟

برای چه چیزی و چه کسی می‌خواهید شبانه روز کار کنید و زحمت بکشید؟

برای چه چیزی حاضرید از جانتان بگذرید تا طبق گفته کینگ: ارزش زنده ماندن را داشته باشید؟

به این پرسش‌ها پاسخ دهید و این برنامه را به مهم ترین برنامه زندگی تبدیل کنید.

با در نظر گرفتن ارزش‌های خود، فهرستی از همه چیز تهیه کنید، چیزهایی که حالا می‌خواهید، چیزهایی که در گذشته می‌خواستید و چیزهایی که احتمالا در آینده خواهید خواست.

و در نهایت چهار ارزش زندگی خود را به ترتیب اولویت بنویسید.

مشخص کردن تمام منابع و امکانات در دسترس

طبق پیش فرض‌های ان ال پی ما همه توانایی‌های مورد نیاز برای رسیدن به هدف را در اختیار داریم، که البته بیشتر امکان دارد که به آنها توجه نکرده و یا به آنها کم لطفی نموده‌ایم.

می‌توانید در این مرحله به تمام منابع خود بیاندیشید و لیستی از آنها تهیه نمایید.

منابع درونی و بیرونی را بررسی کرده و تمام آنها را ذکر کنید.

منابع درونی، شامل: دانش و اطلاعات، تجربه، استعداد، جسم، حالات روحی و ذهنی، عادات، بینش‌ها و ...

منابع بیرونی شامل:

محیط خانه، جامعه، کار، فرهنگ، پول، حمایت اطرافیان، تجهیزات و.... البته باید در این مرحله همه را به صورت مثبت بررسی کرده، یعنی بر روی داشته‌ها تمرکز کنید و نه نداشته‌ها! شناسایی و استفاده از ابزارهای درونی، پرورش و رشد آنها می‌تواند به شما کمک کند تا اهداف مناسب تری برگزینید و بسیاری از موانع را از سر راه خود بردارید.

از بین تمام خواسته‌های نوشته شده، چهار هدف را مشخص کنید که می‌خواهید امسال به آنها دست یابید.
با توجه به ارزش‌ها و منابع و امکانات خود اهدافی را انتخاب کنید که برایتان با اهمیت تر و هیجان انگیزترند و با رسیدن به آنها رضایت خاطر زیادی به دست می‌آورید.
از خود بپرسید چرا می‌خواهید به این اهداف برسید؟ و چرا برایتان اهمیت دارد؟
پاسخی واضح، مختصر و مثبت بدهید.
از هدف نهایی شروع کنید و از خود بپرسید برای رسیدن به آن باید چه کار کنم؟
وقتی توجه خود را به آنچه می‌خواهید جلب می‌کنید

دیگر به آنچه نمی‌خواهید فکر نمی‌کنید.
زمانی که به اهدافتان متمرکز می‌شوید، در این حالت ذهن خود را برنامه ریزی نموده اید تا فرصت‌ها و امکاناتی را برای شما به صورت آگاهانه و یا ناخودآگاه فراهم نماید که به شما برای رسیدن به هدفتان بیش از پیش کمک نماید.
برای کسب نتیجه مطلوب باید به این سوال پاسخ دهید که:
چه می‌خواهم؟
داشتن تصویر درونی واضح از آنچه می‌خواهید، باعث می‌شود ذهن و جسم برای رسیدن به آن هدف برنامه ریزی کنند.

رها کردن باورهای محدود کننده
باورهای محدود کننده همانند زنجیر به پای شما بسته می‌شوند و شما را از پیشرفت و گام برداشتن باز می‌دارند.
اگر به کاری که انجام می‌دهید باور نداشته باشید، بالاخره در برهه ای از زمان آن کار را رها خواهید کرد.
در قسمت‌هایی از زندگی‌تان که هنوز موفقیت‌های بزرگ و یا موفقیت مورد نظرتان را کسب نکرده‌اید، بیشتر دقت کنید، آیا در این موارد باورهای محدود کننده ای وجود دارند؟
باور به خود، باور به آنچه که انجام می‌دهید و باور به هدفتان را تقویت کنید.
تنها کسی که در جهان کنترل کامل اقدامات و تصمیمات شما را در اختیار دارد، خود شما هستید.

گاهی برای شکست‌های مکرر زندگی‌تان بهانه تراشی می‌کنید اما در واقع باید بدانید معنای بهانه تراشی را می‌توان به زبان ساده این گونه معنا کرد که "کنترل اوضاع را در دست نگرفته اید"

بیشترین و قوی ترین عاملی که بر اعمال و رفتارهای انسان تاثیر گذاری دارد، باورهای اوست و اگر نسبت به هدفی باورهای قدرتمند و یاری دهنده ای نداشته باشیم، حصول نتایج، یا غیر ممکن می‌گردد و یا همراه با مشقت زیاد ایجاد می‌گردد.

هر انسان برای رسیدن به هدف خود میل و انگیزه ای در درون خود دارد، و بالعکس گاهی هم پیش می‌آید که مقاوت درونی در برابر رسیدن به هدف در شخص وجود داشته باشد.

مقاومت درونی و صداهای درونی‌تان به شما می‌گویند که نمی‌توانید، نباید و یا سزاوار آن هدف نمی‌باشید. اگر انرژی مقاومت درونی بر انرژی میل درونی‌تان فائق گردد، شما به هدفتان نخواهید رسید.

به همین دلیل، مردم اهداف بسیاری انتخاب می‌کنند، تلاش بسیاری انجام می‌دهند و هیچ اتفاق خاصی رخ نمی‌دهد و به اهدافشان نمی‌رسند. هنگامی که ما بدون توجه به باورهای عمیق خود مبنی بر غیرممکن بودن رسیدن به هدف خاصی، آن هدف را انتخاب می‌کنیم، در حال تعیین هدف نخواهیم بود، بلکه در حال آرزو کردن خواهیم بود و در نهایت مقاومت‌های درونی امکان دارد باعث خنثی شدن میل و انگیزه درونی گردد.

هدفی را انتخاب کنید که مقاومت درونی نداشته باشید و یا مقاومت درونی را پیدا کرده و آن را از بین ببرید.

وقتی به هدفتان فکر می‌کنید، آیا به سمت هدف خود در حال حرکت هستید یا از آن فاصله می‌گیرید؟

برای نرسیدن به این هدف چه نیت‌های پنهانی در درون شما وجود دارند که خودشان را نشان نمی‌دهند؟

اگر برای جواب دادن به این سوالات دچار شک و تردیدی شدید، شما ماه‌ها و شاید سال‌ها در وقت خود صرفه جویی کرده‌اید که با این مشکلات بعدا مواجه نشوید.

اما وقتی ذهن شما به این باور برسد که شما این هدف را واقعاً می‌خواهید در نتیجه با شما همراه می‌شود و اتفاقاتی را رقم می‌زند تا شما را خیلی راحت تر به آن هدف برساند.

بررسی اینکه آیا هدفتان مطلوب خودتان می‌باشد یا دیگران؟

این مورد از سه نظر مورد بررسی قرار می‌گیرید.

۱. نباید اجازه دهید اهدافی را که برای خودتان در نظر می‌گیرید، اهدافی باشند که دیگران به صورت آگاهانه یا ناآگاهانه بر شما تحمیل کرده‌اند.
۲. این شما هستید که هدف را مشخص می‌کنید و این هدف نباید در ارتباط با دیگری باشد تا اگر آن شخص تغییر کند باز هم، شما به خواسته‌تان دست یابید.
۳. نباید هدف را طوری انتخاب کنید که وابسته به

دیگران باشد، یعنی افراد دیگری نباید در رسیدن یا نرسیدن شما به نتایج نقش اول را بازی کنند.

مطمئن شوید مراحل رسیدن به هدفتان را به گونه‌ای طراحی کرده باشید که انجام دادن تمامی پله‌ها به شخص خودتان مربوط باشد و دیگران در شدن یا نشدن و رقم خوردن پله‌ها نقشی نداشته باشند.

آیا می‌توانید مسئولیت دستیابی به این نتیجه را به عهده بگیرید؟

آیا نتیجه تحت کنترل شما قرار دارد؟

اگر دیگران نیز در این هدف نقش دارند، چگونه مسئولیت متقاعد کردن آنها را برای این که به شما کمک کنند، به عهده می‌گیرد؟

چقدر از پیشبرد اهدافتان را می‌توانید به تنهایی انجام دهید؟

چه افرادی در اطرافتان می‌گویند هدف شما شدنی نخواهد بود؟

آیا این هدف را خودم انتخاب کردم یا دیگران برای من برگزیدند؟

ما در زندگی توسط افراد و رسانه‌های زیادی به حاشیه رانده می‌شویم، و یا تحت تاثیر دیگران و جامعه، رسیدن به هدفی را برای خودمان لازم می‌دانیم، افرادی هستند که رویاهایمان را نابود می‌کنند و رویاهایشان را بر ما تحمیل می‌کنند، اما در حقیقت، این خودمان هستیم که با پذیرفتن نظرات و ارزیابی‌های آنها درباره ما و شرایطمان، بدون بررسی دقیق و بی چون و چرا حرف آنها را قبول

می‌کنیم که در واقع با این کار در حال نابود کردن رویاهایمان هستیم.
با دقت بیشتر این موارد شما راه رهایی و آزادی را در پیش می‌گیرد و تصمیمات بهتری اتخاذ خواهید کرد.

بررسی اکولوژیک بودن هدف
پیامدهای هدف خود را در آینده بررسی نمایید. هر هدفی پیامدهای خاص خود را به دنبال دارد، و این پیامدها بر زندگی خودتان، اطرافیان و کل جهان هستی تاثیرات زیادی بر جای می‌گذارد.
هدف شما نباید به شخص و یا جهان هستی آسیب برساند.
هدفی که بر می‌گزینید نباید از سر خودخواهی و غرور باشد، هدفی را انتخاب کنید که هم به نفع شما و هم به نفع اطرافیانتان باشد.
اگر هدفتان بر جهان هستی تاثیر منفی می‌گذارد، انتظار نداشته باشید جهان هستی در این مسیر به شما کمک کند و اگر هدفتان را اکولوژیک انتخاب کردید، منتظر اتفاق‌های خوب در زندگیتان باشید.
از خودتان سوال کنید:
این امر سودی برای من دارد؟
رسیدن به آن، چه فرصتی را برای من فراهم می‌کند؟
آیا این خواسته به صلاح من و جهان هستی می‌باشد؟
دستیابی به این هدف چگونه بر خانواده، دوستان و جامعه ام اثر می‌گذارد؟
با بررسی تمام موارد مثبت و منفی برای شناسایی اثرات

هدفتان بر زندگی شما، با دید بازتری در مورد هدفتان تصمیم می‌گیرید.

مطمئن شوید که پیگیری و رسیدن به رویایتان برای شما خوب خواهد بود و به کسی آسیبی نمی‌رساند.

با سبک و سنگین کردن تمام جوانب امر، اگر واقعاً هدفتان را اکولوژیک احساس نکردید، می‌توانید با انعطاف پذیری و تغییرات کوچک هدفتان را طوری که مناسب و اکولوژیک باشد، تغییر بدهید در بسیاری از موارد با تغییرات کوچک در جزئیات هدف آثار اکولوژیکی منفی، از بین خواهد رفت و شما با خیال راحت می‌توانید به سمت هدفتان حرکت کنید.

مکتوب کردن اهداف

مکتوب کردن رویاها و اهداف رابطه مستقیمی با رسیدن به آنها دارد. علاوه بر داشتن تصویر واضح از هدف، ما نیاز به مکتوب کردن آن داریم.

اهداف مکتوب، ذهن را فعال می‌کنند و به شما انگیزه و انرژی می‌دهند و می‌توانند توانایی‌هایتان را شکوفا کنند. فکر کردن به هدف به تنهایی نمی‌تواند شما را به اهدافتان برساند. معمولا جرقه اهدافی که فقط در ذهن هستند با بروز مشکلات و چالش‌های جدید خاموش می‌شوند، مگر این که آنها را بنویسید، همیشه به خاطر داشته باشید که ضعیف ترین قلم‌ها از قوی‌ترین فکرها قوی تر می‌باشند.

در هنگام مکتوب کردن اهداف شرایط ویژه ای را باید مورد توجه قرار داد که در قسمت اهداف خوش ساخت تمام آنها را بررسی خواهیم نمود.

خرد کردن هدف

حتما می‌بایست هدف به مراحل و قطعات کوچکتر تقسیم شود تا هم مراحل رسیدن به هدف برای ذهن واضح تر شود و هم برای خود شخص مراحلی که باید طی شود تا به هدف برسد ملموس تر باشد ضمن اینکه با خرد کردن هدف به هدف‌های کوچکتر با دستیابی به هر یک از اجزا شخص انگیزه بیشتری می‌گیرد و احساس خوبی را تجربه می‌کند و از اینکه می‌بیند که با تلاش و حرکت در حال نزدیک شدن به هدفش می‌باشد، احساس فوق العاده‌ای را تجربه می‌کنید.

چشم انداز

- هدف نهایی شما چیست؟
- آیا فقط تعیین هدف کافی به نظر می‌رسد؟
- این هدف شما را به چیزی که می‌خواهید می‌رساند؟
- آیا اگر به هدفتان برسید، رضایت کافی خواهید داشت؟

تعیین اهداف به تنهایی معجزه نمی‌کند، ما باید یک چشم انداز مشخص و یک دلیل دقیق و محکم برای چرایی انجام یک کار داشته باشیم.

شناخت عمیق تر از هدف والاتر، انگیزه شما را برای رسیدن به هدفتان بیشتر می‌کند.

اگر بخواهید فقط به پله بعدی چشم بدوزید این امکان وجود دارد که بعد از طی چند پله دوباره به همان جایی

برسید که بودید، راه بهتری وجود دارد و آن اینکه علاوه بر دیدن پله بعدی بتوانید مقصد نهایی را نیز ببینید.

آنتونی رابینز می‌گوید: نمی‌توان انسان‌ها را تنبل خواند بلکه فقط آنها اهداف ضعیفی دارند که نمی‌توانند الهام بخش آنان باشد.

هدف مقصد و یک جریان آگاهانه را نشان می‌دهد، و هدف بزرگتر جریانی بزرگتر را به راه خواهد انداخت. اهداف محدود، زندگی را محدود می‌کنند و اهداف بزرگ محدودیت‌ها را کنار می‌زنند.

باید بدانید واقعاً چه می‌خواهید چون این تنها راهی می‌تواند باشد که به شما کمک کند تا به واسطه آن حرکت کنید و به هدفتان برسید. فکر کردن به چه اهدافی احساس لذت بیشتری از زندگی کردن به شما می‌بخشد؟

برای پیدا کردن هدف بزرگتر از خودتان سوال کنید، پس از رسیدن به این هدف چه خواهد شد؟ زمانی که جواب این سوال را یافتید، منافعی که از رسیدن به آن هدف عایدتان خواهد شد، انگیزه شما را چند برابر خواهد نمود و شما مصمم تر از قبل گام بر می‌دارید.

اهدافتان را به بهترین شیوه مکتوب کنید.

مکتوب کردن اهداف به خودی خود می‌تواند تضمینی برای موفقیت باشد، از این رو ما شما را با سلسله فرایندهایی در تعیین درست چشم اندازها، اهداف و برنامه ریزی دقیق تا رسیدن به آنها آشنا می‌کنیم.

اکثر افراد برای اطمینان از خرید و سرمایه گذاری‌هایی

که انجام می‌دهند، به دنبال ضمانت هستند و کارهایی که تضمین شده باشند را با آرامش و اطمینان بیشتری انجام می‌دهند.

بنابراین ما به دنبال تضمین‌های موفقیت و راه‌های تضمین شده برای رسیدن به اهداف هستیم و تضمین شده ترین راه را با شما نیز در میان می‌گذاریم. ان ال پی رسیدن به اهدافتان را با کمک این متد تضمین می‌کند.

در ان ال پی مشخصات خاصی برای یک هدف صحیح وجود دارد که توجه شما را به صورت ویژه به این خصوصیات جلب می‌کنیم. برای تبدیل رویا به هدف، ابتدا باید خصوصیات اهداف را پیدا کرده و بر اساس آن بتوانیم هدف گذاری کنیم.

مشخصات اهداف خوش ساخت با کمک ان ال پی

هدف شما باید SMART یا هوشمندانه باشد. اسمارت استراتژی اثبات شده ای برای رسیدن به اهداف به نظر می‌رسد.

۱-S: هدف شما باید خاص و مشخص باشد. (Specific)

۲-M: هدف باید قابل اندازه گیری و سنجش باشد(Measurable)

۳-A: هدف باید قابل دسترس و قابل دستیابی باشد(Achievable)

۴-R: هدف باید واقعی و مرتبط باشد(Realistic)

۵-T: هدف باید تاریخ و زمان داشته باشد(Time)

هدف باید خاص و مشخص، واضح و شفاف باشد

درباره نتایج خود مقصدی خاص را مـدنظر بگیریـد، یعنـی باید خیلی اختصاصی هدفتان را تعیین کنیـد. نتیجـه را در زمان حال بنویسید.

هدفتان نباید مبهم باشد، لطفاً اهـدافتان را بـه خـوبی توصیف کنید، طوری که برای هر شخص دیگری نیز واضـح باشد. هدف مشخص بـه هـدفی مـی‌گوینـد کـه واضـح و روشن تعریف شده باشد، و تصویر واضـحی را بتـوان از آن تجسم کرد.

در تعیین هدف به موردی که می‌خواهید، فکر کنید، نـه آنچه را که نمی‌خواهید! لطفـاً از مطـرح کـردن هـدف بـه صورت منفی خودداری نمایید.

اگر می‌خواهید به وزن متناسـب برسـید نبایـد بگوییـد نمی‌خواهم چاق باشم! نگویید می‌خـواهم خیلـی ثروتمنـد باشم. ثروتمند بودن از نظر یک نفر شاید ماهی ۲ میلیـون تومان درآمد در ماه باشد و برای شـخص دیگـر ۲ میلیـارد تومان درآمد در ماه ثروت محسوب نشود!

این هدف باید آن قدر واضح تعریف شود که اگر کودکی آن را بخواند، متوجه هدف مورد نظر شود.

می‌خواهید چه اتفاقی بیافتد؟

لطفاً از بیان مواردی که نمی‌خواهیـد و یـا در مغـایرت بـا خواسته‌تان قرار دارد، خودداری کنید. حتی نباید بگویید که من می‌خواهم وزن کم کنم.

شما کاهش ۵ کیلوگرمی وزن را در نظر بگیرید برای هدف یا وزن دقیقی که می‌خواهید به آن برسید را هدف قرار دهید.

هر چقدر هدف واضح تر و شفاف تر باشد، ذهنتان بیشتر به شما کمک می‌کند.

هدف باید قابل سنجش و اندازه گیری باشد.

از لحاظ کمی هدفتان را بیان کنید، هدف باید قابل اندازه گیری باشد. هدف بدون عدد و رقم همان رویایی خشک و خالی به حساب می‌آید.

تصویری از هدفتان که می‌خواهید به آن برسید، با جزئیات بیشتری بسازید. هر چقدر هدفتان را با جزئیات بیشتری بیان کنید، قدرت بیشتری به آن می‌دهید.

این معیار سبب می‌شود که شما بتوانید به سادگی دستاوردهایتان را اندازه گیری کنید.

همچنین با داشتن هدف قابل اندازه گیری، شما قادر به ردیابی میزان پیشرفت در طول دوره، برای رسیدن به آن هدف می‌باشید. یعنی، بعدها می‌توانید میزان پیشرفت خود را بسنجید. به عنوان مثال، "من می‌خواهم امسال کتاب بیشتری بخوانم" یک هدف قابل اندازه گیری مناسب نمی‌باشد.

کلمه "بیشتر" یک اصطلاح مبهم قلمداد می‌گردد. از خود بپرسید چقدر؟

جمله "من می‌خواهم چهل کتاب را در سال جاری بخوانم" مناسب‌تر به نظر می‌رسد. فرد می‌تواند نمودار

پیشرفت خود را به صورت ماهانه یا سه ماهه مورد سنجش قرار دهد.

به طور متوسط، او می‌داند حداقل سه کتاب در یک ماه یا دقیقا ده کتاب در سه ماه را باید مطالعه کند. اندازه گیری استاندارد در تعیین هدف برای سنجش سرعت پیشرفت شما در مسیر حرکت به سمت هدف بسیار به شما کمک می‌کند.

اندازه گیری موفقیت‌های کسب شده می‌تواند انگیزه بیشتر برای حصول نتیجه در شما ایجاد کند. در تجربه دیگری می‌توان نوع اندازه گیری را با آنچه موجب ایجاد انگیزه می‌شود مقایسه نمود.

به عنوان مثال، اندازه گیری کاهش وزن با افزایش انرژی و خلق و خوی موجب انگیزه بیشتری نسبت به مشاهده عدد در مقیاس برای شما ایجاد می‌کند (و یا بالعکس.) ببینید عامل انگیزاننده شما می‌تواند چه چیزی باشد و بر طبق آن معیار هدفتان را تعیین کنید.

هدف باید قابل دسترس و قابل دستیابی باشد.

هدف باید دست یافتنی باشد به این معنا که واقعاً رسیدن به آن هدف برای شما ممکن باشد تا مطمئن شوید زمان و تلاش شما به هدر نمی‌رود.

در این مورد، روی امکانات و توانایی‌هایتان بیشتر متمرکز شوید.

از تمام حواس خود برای توصیف کردن هدفتان استفاده کنید. هر چه توصیف شما دقیق تر باشد، ذهنتان بیشتر

قدرت پیدا می‌کند تا به هدفتان برسید. از حواس پنج‌گانه برای توصیف هدفتان استفاده کنید.

✓ وقتی به هدفتان فکر می‌کنید، چگونه احساسی پیدا می‌کنید؟
✓ در درون خود چه می‌بینید و چه می‌شنوید؟
✓ از کجا متوجه می‌شوید که به هدفتان رسیده اید؟
✓ آیا هدفتان به اندازه کافی در شما انگیزه ایجاد می‌کند؟
✓ آیا باور دارید که می‌توانید به این هدف برسید؟

صحیح بودن اهداف برای موفقیت ضروری می‌باشد.

برنامه ریزی دقیق در تعیین مسیر رسیدن به یک هدف لازم می‌باشد که این برنامه ریزی شامل ملاحظاتی مانند بررسی موانعی، پایبندی به برنامه هدف، تنظیم مهلت برای دستاوردهای ریز شده، افرادی که احتمالا می‌توانند مفید باشند و به شما کمک کنند، و در نهایت تجربه و مهارت‌هایی که برای دستیابی به این هدف را می‌توان از منابع مختلف کسب کرد.

ببینید وقتی به هدفتان رسیدید چگونه به نظر می‌آیید، چه احساسی پیدا می‌کنید و چه می‌بینید یا می‌شنوید؟

اگر ندانید با رسیدن به هدفتان به چه چیزهایی دست می‌یابید، این احتمال وجود دارد که به آن برسید ولی متوجه نشده باشید.

اگر جوانب را نسنجید احتمال دارد پیروز شوید ولی

تصور کنید شکست خورده‌اید.
در آن صورت ذهن شما به شما کمک خواهد کرد که در آن راستا قدم بردارید.

هدف باید واقعی و مرتبط باشد

من می‌خواهم در اولین هفته کاری‌ام، یک میلیاردر شوم! من می‌خواهم تا ماه بعد در کره ماه زندگی کنم! آیا چنین چیزی امکان دارد؟

هیچ چیز غیر ممکنی وجود ندارد اما افراد زیادی احتمال دارد به دلیل غیر واقعی بودن اهداف شکست بخورند و ناامید شوند.

یکی از تفاوت‌های عمده بین رویاپردازی و هدف گذاری در این مرحله مشخص می‌شود.

البته فکر نکنید که نباید آرزوهای بسیار بزرگ داشت، شاید شما استثناء باشید و بتوانید اهدافی را که دیگران نمی‌توانند حتی به آن فکر کنند را محقق سازید.

هر فردی بر اساس فکر، عمل و کارش می‌تواند اهدافی را برای خود تعیین کند.

دنبال کردن یک هدف خطر کردن و فداکاری را نیز به دنبال دارد ولی نمی‌توان به عنوان ریسک بدون عقل و بی گدار به آب زدن معنا کرد.

آیا برای رسیدن به هدفتان با موقعیت هماهنگی دارید؟ در ان ال پی هماهنگ بودن یعنی با تمام وجود چیزی را خواستن! آیا این هدف در راستای باورها و ارزش‌های شما می‌باشد؟

امکان دستیابی به هدفتان را در جهان واقعی بررسی کنید و هدفی را که از همان ابتدا خود را شکست خورده می‌پندارید، تعیین نکنید.

هدف باید تاریخ و زمان داشته باشد

برای رسیدن به هدف خود باید مهلت زمانی و چهارچوب خاصی را تعیین کنید و زمان خاصی را نیز برای رسیدن به هدفتان مشخص کنید.

زمان یک فاکتور حیاتی در هدف گذاری محسوب می‌شود.

وقتی به هدفتان زمان می‌دهید، ذهن، جسم و رفتارهایتان واکنش‌های مناسب را تا رسیدن به زمان مناسب تنظیم می‌کنند.

ذهن بر روی جسم و جسم روی ذهن تاثیر می‌گذارد تا شما را به اهدافتان برسانند.

بدون تعیین زمان، هیچ احساس ضرورتی در شما ایجاد نمی‌شود.

به هنگام تنظیم یک هدف مطمئن شوید که زمان مناسب را در نظر گرفته اید و زمان و برنامه رسیدن به هدفتان با هر برنامه شخصی دیگر شما در تضاد نباشد.

به عنوان مثال، زمان ادامه تحصیل با برنامه ازدواجتان هم خوانی داشته باشد، در غیر این صورت، فرد به احتمال زیاد تحت فشار شدیدی قرار می‌گیرد و احتمالا یک و یا هر دو هدف تحت تاثیر یگدیگر قرار بگیرند و نتیجه دلخواه حاصل نگردد.

خط زمانی داشته باشید که بتوانید حوادثی را که منجر به تحقق رویاهای شما می‌شود روی آن قرار دهید و آن را بررسی کنید.

فکر می‌کنید برای شما چه مدتی طول بکشد تا به هدفتان برسید؟ یکسال؟ شش سال؟ پنج سال؟

اگر یک هدف خاص، قابل اندازه گیری، واقع بینانه و دارای یک جدول زمانی متصل به آن باشد، عملکرد شما بهینه سازی می‌شود و رسیدن شما به هدف قطعی می‌گردد.

اهداف خود را با قوانین اهداف خوش ساخت مقایسه کنید.

- آیا اهدافتان به گونه ای مثبت بیان شده اند؟
- آیا آن را از نظر احساسی کاملا مشخص کرده‌اید؟
- آیا آینده آنها را در ذهن تجسم کرده اید؟
- بیان کنید وقتی به آن اهداف دست یافتید، احساستان چگونه خواهد بود؟(چه خواهید دید، شنید و احساس خواهید کرد؟)

چگونه برای رسیدن به هدف برنامه ریزی کنید؟

تمرکز روی خواسته و نتیجه کار

با مقصدی در ذهن، راه را آغاز کنید و برای رسیدن به آن مقصد، سفر خود را برنامه ریزی کنید.

خواسته‌ی خود را و نتیجه را در نظر بگیرید، نتیجه همان پیامد مورد نظر شما از اقدامی خاص باشد.

افراد بسیار موفق کسانی هستند که بر نتیجه تمرکز می‌کنند.

آقای بیل گیتس می‌گوید: اگر هدف مشخصی برای خود در نظر بگیرید و معیاری برای سنجش عملکرد خود در مسیر آن هدف داشته باشید، به پیشرفت چشمگیری دست پیدا خواهید کرد.

پیدا کردن این چنین هدفی و داشتن معیار مناسب برای سنجش آن، کاری دشوار به نظر می‌رسد، اگر این کار آسان بود همه آن را انجام می‌دادند.

نتیجه به معنای تصویر مشخص و همراه با جزئیات از خواسته‌ی شما می‌باشد. باید تصویری متمرکز و بسیار واضح از هدف در ذهنتان داشته باشید که به آن تصور پایان مطلوب می‌گویند و از هم اکنون تصمیم بگیرید که انرژی‌ها و اقدامات خود را روی آن تصویر متمرکز کنید.

تمرکز بر هدف باعث می‌شود که فرد از تمرکز بر وضعیت نامطلوب فعلی رها شده و بر خواسته و هدف نهایی خود متمرکز گردد، در نتیجه فرصت‌ها را شناسایی و از آنها استفاده می‌کند و با سرعت بیشتری، افراد، اطلاعات و چیزهایی را که برای رسیدن به هدف نیاز دارد، در اختیار خود می‌گیرد. نتایج، مسیر را تعیین می‌کنند.

چنین نتیجه‌ای باید به قدر کافی انگیزه دهنده باشد تا بتوانید از وضعیت کنونی خود به سمت آن جایگاه پیش بروید.

تعیین معیاری برای اندازه گیری موفقیت

وقتی نتیجه مطلوب را می‌نویسید، توجه داشته باشید که دقیقا شما از کجا باید شروع کنید؟؟؟

خواسته و هدف شما جایگاهی می‌باشد که می‌خواهید به آن دست پیدا کنید و برای اینکه آن را بهتر پیدا کنید از نقطه آغازتان شروع کنید که:

- ✓ اکنون کجا قرار گرفته ام؟
- ✓ چه موقع به هدفم خواهم رسید؟
- ✓ از کجا متوجه خواهید شد که به نتیجه رسیده اید؟
- ✓ چگونه خواهید فهمید که به نتیجه مطلوب رسیده اید؟
- ✓ از خودتان بپرسید: کجا؟ کی؟ با چه کسی یا کسانی این نتیجه را می‌خواهم؟

زمانی که نقطه آغاز و پایان راه را مشخص کردید برایتان روشن می‌شود که...

چگونه بفهمید آن هدف را چه زمانی خواهید داشت؟

سه دلیل برای پاسخ به این سوال وجود دارد:

۱. چه موقع در مسیر درست قرار دارید و چه موقع به حاشیه کشیده شده و منحرف شده اید؟
۲. چگونه بفهمید چقدر به هدف خود نزدیک شده اید؟
۳. بدانید چه موقع واقعاً به نتیجه‌ی مطلوب خود رسیده اید؟

نشانه ای پیدا کنید که هنگام نیاز نشان بدهد شما در راستای هدف خود در حرکتید یا خیر؟

پیشبرد اهدافتان را به روشنی در ذهن خود تصور کنید. این احساس پیشرفت کردن به شما کمک می‌کند تا در جهت رویاهای خود، ماه به ماه و هفته به هفته حرکت کنید.

از خود بپرسید:

- ✓ وقتی به هدفتان می‌رسید چه خواهید دید؟
- ✓ چه خواهید شنید؟
- ✓ چه احساسی خواهید داشت؟
- ✓ رسیدن به موفقیت چه بویی خواهد داشت؟
- ✓ رسیدن به موفقیت چه مزه ای خواهد داشت؟
- ✓ پاسخ به این سوالات به شما می‌گوید آیا به هدف خود در حال نزدیک شدن هستید یا دور شدن؟

اولین قدم برای شروع را پیدا کنید

از خود بپرسید: اولین گام که می‌توانم برای دستیابی به این نتیجه بردارم چه گامی را شامل می‌شود؟

اگر می‌خواهید اولین گامتان را پیدا کنید، خود را در جایگاه رسیدن به هدف تصور کنید و به دوران ما بین زمان حال و زمان دستیابی به هدف توجه کنید و ببینید که راه دستیابی به هدف چه می‌باشد؟

در این صورت مغزتان فعال می‌شود و گام به گام شما را راهنمایی می‌کند.

گام‌هایی که به ذهنتان می‌رسد را بنویسید و از اولین گام شروع کنید....

یک خط زمانی در نظر بگیرید و هدف‌ها و حوادثی را که منجر به محقق شدن هدفتان می‌شوند را بنویسید.

آنتونی رابینز می‌گوید: زیاد مهم به نظر نمی‌رسد که چقدر اشتباه کنید یا سرعت پیشرفتتان چقدر کند باشد، با این همه باز هم از همه‌ی کسانی که هیچ تلاشی نمی‌کنند، شما جلوتر هستید برنامه ریزی داشته باشید، دنبال برنامه‌ای بی‌نقص نباشید، دنبال راه‌های صحیح‌تر و سریع‌تر باشید.

تا وقتی که بعد از هر شکست بتوان دوباره حرکت کرد و به تلاش ادامه داد، نمی‌توان آن را شکست نامید.

پس امیدوارانه تلاش خود را تا رسیدن به نتیجه مطلوب شروع کنید و تا وقتی که به نتیجه مطلوبتان نرسیده‌اید، دست از تلاش برندارید.

حالا به صورت ذهنی از تاریخ تحقق رویایتان به عقب برگردید، ببینید برای رسیدن به این رویا چه قدم‌هایی برداشته اید؟

قدم به قدم به عقب برگردید تا نقشه دقیق راهی را پیدا کنید که شما را به هدف نهایی‌تان می‌رساند.

این قدم‌ها هدف‌های شما و راهنمای شما در کنار جاده زندگی هستند، تصویر بزرگ و واضحی از هر هدف در حال وقوع را در نظر بگیرید. بعد از تعیین اهدافتان یک جدول زمانی در نظر بگیرید که نشان بدهد که می‌خواهید در چه زمانی به اهدافتان دست پیدا کنید.

پیدا کردن الگوها

اینک تصویر روشنی از مسیر خود دارید، می‌توانید در وقت و انرژی خود صرفه جویی کنید و با پیروی از افراد موفق، از گام نهادن در مسیرهای نادرست اجتناب کنید.

الگوبرداری یعنی اینکه کاملا درک کنید که به چه نحو و چگونه این فرد مورد نظر قادر بوده به این موفقیت‌ها دست پیدا کند.

الگو قرار دادن فردی که کاری را به بهترین شیوه انجام داده و شما هم می‌خواهید آن را انجام دهید بهترین راه تعالی شما می‌باشد.

اشخاصی که در زندگی‌تان می‌توانند الگوی شما باشند، چه کسانی هستند؟ این افراد می‌توانند از آشنایان یا اشخاص معروفی باشند که به موفقیت بزرگی دست یافته‌اند.

نام سه تا پنج نفر از آنها را که به هدف مطلوب شما دست یافته اند، بنویسید. در چند کلمه کارها یا رفتارهایی را بنویسید که موجبات موفقیت آنها را فراهم کرده باشد.

به این دقت کنید که کدام عنصر در رفتارهای فرد برای شما مهم به نظر می‌رسند. با دقت جزئیات رفتارهای آن شخص را پیدا کنید و سعی کنید آنها را به طور کامل پیاده نمایید، گاهی با الگوبرداری از آن شخص می‌توانید در باورهای خود تجدید نظر کنید و باورهای مناسب‌تری را ایجاد نمایید.

بعد از این کار، لحظه‌ای چشم‌هایتان را ببندید و تجسم کنید هر یک از این افراد قصد دارند در مورد اینکه چگونه

به اهدافتان دست یابید، پندی بدهند.
این نظرات را بنویسید. حتی اگر با آنها شخصا هم برخورد نداشته اید، به صورت راهنمایان بسیار خوب آینده شما در می‌آیند.

شناسایی موانع موفقیت

شاید ذکر این مورد برای شما عجیب باشد، اما راه موفقیت همیشه هموار نخواهد بود و اگر شما از همان ابتدای کار موانع را شناسایی کنید و برای هر کدام، راه حلی بیابید، قطعا مشکلات کمتری را تجربه خواهید کرد.

وقتی به هدفتان فکر می‌کنید آیا احساس آزادی دارید یا احساس می‌کنید موانعی بر سر راه موفقیتتان وجود دارد؟
در چند پاراگراف توضیح دهید چه عواملی مانع می‌شوند به هدفتان برسید؟

یکی از راه‌های غلبه بر محدودیت‌ها و مسائلی که ایجاد می‌شوند، شناسایی موارد محدود کننده را شامل می‌گردد.
موانع شما برای رسیدن به نتیجه مطلوب و انجام این اهداف چه چیزهایی هستند؟

شما باید برای رسیدن به هر نتیجه ای، مسیری را که باید در آن گام بردارید در ذهن خود تجسم کرده و موانعی را که احتمالا سر راه شما ایجاد شوند را شناسایی کنید.

اگر نمی‌دانید چه نقشه‌ای باید بکشید، از خودتان سوال کنید چه چیزی مانع می‌شود تا نتوانید نتیجه دلخواهتان را به دست بیاورید؟

پاسخ را بلافاصله بررسی کنید و تغییرات لازم را به وجود

آورید. از خودتان سوال کنید چه کارهایی باید انجام دهید تا شرایط را به نفع خودتان ایجاد کنید؟

هماهنگ شدن با هدف

تا زمانی که با هدفتان در هماهنگی نباشید، برای رسیدن به هدف کارتان دشوار خواهد بود. اگر با هدفتان در هماهنگی باشید، نه تنها به هدفتان نزدیکتر می‌شوید، بلکه زودتر از آنچه که فکرش را بکنید، به هدفتان می‌رسید.

برای این کار باید سعی کنید به جزئی از هدفتان تبدیل شوید تا در مسیر موفقیت دائمی قرار بگیرید. داشتن احساس خوب در رابطه با هدف، هماهنگی وضعیت جسمی و ذهنی و تجسمات واضح می‌تواند شما را به نتایج دلخواه برساند.

هر چه حالت روحیتان را در وضعیت بهتری قرار دهید، درک بیشتری پیدا می‌کنید و قدرتتان بیشتر می‌شود و امکانات بیشتری در اختیارتان قرار می‌گیرد و می‌توانید به حالت روحی قدرتمند تری دست پیدا کنید، و این چرخه نیز مدام تکرار می‌شود.

جسم ما، مغز ما و حالات روحی ما می‌خواهد که با کل هستی در هماهنگی باشد، هر چه بتوانیم این هماهنگی را بیشتر در خود به وجود آوریم، قادر خواهیم بود به اطلاعات و احساسات بیشتری دست یابیم. ابتدا باید بدانید برای این هدف چه مهارت‌ها، استعدادها، رفتارها و عاداتی لازم دارید؟

چه منابعی را هم اکنون در اختیار دارید و چه منابعی

باید در اختیارتان قرار بگیرد تا بتوانید به نتیجه‌ی مورد نظرتان دست بیابید؟ منابع شما از لحاظ مهارت‌های فیزیکی، ذهنی و روحی کدامند؟ بعد از شناسایی تمام منابع، می‌توانید برخی را تقویت و یا ایجاد کنید. منابع خود را فعال کنید و البته با پیدا کردن منابع کافی، انعطاف پذیری شما نیز بالاتر می‌رود و ساده تر می‌توانید برای موانع راه حل پیدا کنید. در مورد اجزاء هدف و این که چه برداشت‌ها، اعتقادات و رفتارهایی شما را به موفقیت می‌رسانند بیشتر تحقیق کنید.

- توضیح دهید که برای رسیدن به اهدافتان باید چگونه فردی باشید؟
- آیا نیاز به مدرک خاصی دارید؟
- آیا باید رفتارهای خاصی داشته باشید؟
- اگر از این اجزاء بی اطلاع باشید، در رسیدن به آن دچار مشکل خواهید شد؟
- آیا آن قدر در این راستا هماهنگ هستید که بتوانید از چیزهای دیگر در این راه بگذرید؟

چند پاراگراف در مورد خصوصیات اخلاقی، مهارت‌ها، رفتارها، اعتقادات و نظمی بنویسید که باعث می‌شود به فردی تبدیل شوید که به خواسته‌هایش می‌رسد.

چه خصوصیات اخلاقی، مهارت‌ها، رفتارها، اعتقادات و نظمی باعث می‌شود به فردی تبدیل شوید که می‌خواهید باشید؟

مهارت‌ها، استعدادها، اشخاصی که با آنها در ارتباط بودید و یا می‌خواهید در ارتباط باشید، محیط‌هایی که در

آن قرار می‌گیرید، اعتباراتی که باید کسب کنید، دارایی‌هایی که باید داشته باشید و ... .

سعی کنید تمام اعمال، رفتار و کارهایی که در حقیقت برای رسیدن به آن هدف انجام می‌دهید را تا جایی که لازم می‌دانید بنویسید.

برای به دست آوردن نتایج بهتر به نقش تیز حسی، ارتباطات، انعطاف پذیری که قبلا در مورد آنها توضیح داده‌ایم بیشتر دقت کنید.

اجازه دهید تمام منابع، ابزارها و مسیرها با هم هماهنگ گردند تا همگی، شما را در رسیدن به اهدافتان یاری کنند.

اقدام و عمل

بعضی‌ها می‌نشینند و در رویا و خیال فرو می‌روند، بی‌آنکه اقدامی صورت دهند. فکر کردن به رویاها سبب می‌شود که انگیزه کافی به دست آورید تا دست به کار شوید و بدانید که به کجا می‌خواهید برسید، اما تا شروع به عمل نکنید، نتایجی کسب نخواهید کرد.

دست کم به یک اقدام و عمل فکر کنید که با انجام دادن آن بتوانید به رویای خود حیات ببخشید و به آن نزدیکتر شوید. اولین قدم، شاید سخت باشد، اما با برداشتن آن سایر قدم‌ها راحت تر می‌شوند. با شکستن اهداف بزرگ به قدم‌های کوچکتر می‌توان انگیزه را حفظ کرده و باورها را تقویت کنید.

هدفتان را خرد کنید

پس از یافتن همه آنچه که برای رسیدن به هدفتان لازم دارید، اعم از توانمندی‌هایی که لازم دارید در خود ایجاد کنید یا رفتارهایی که باید در خود ایجاد کنید یا تغییر دهید یا به دست آوردن مقداری پول جهت سرمایه اولیه و یا هر چیز دیگر حال باید تمام کارهایی که برای رسیدن به هدف می‌بایست انجام دهید را تا آنجا که می‌توانید به قسمت‌های کوچک‌تری تقسیم کنید و بر اساس ترتیب و اولویت زمانی که می‌بایست انجام شوند به ترتیب یادداشت کنید و برای انجام دادن هر یک از این کارها زمانی معقول مشخص کنید که مثلاً مطالعه فلان کتاب به چند روز زمان نیاز دارد یا حتی برای خرید کتاب چه کارهایی را در چه مدت زمان و یا چه روزی باید انجام دهید.

پس از خرد کردن کامل هدف و تقسیم آن به کوچک‌ترین قسمت‌های ممکن و اختصاص زمان به هر یک از مراحلی که باید طی کنید، اینک شما یک نقشه کاملا واضح و شفاف دارید که دقیقا به شما می‌گوید که در هر زمان چه کاری باید انجام دهید و حتی در چه مکانی باید باشید. این همان نقشه گنج شما به حساب می‌آید.

شروع به عمل کردن برنامه ریزی کنید.

بعد از انجام این مراحل دیری نخواهد گذشت که اتفاقات خوب شروع به آمدن می‌کنند، از آمدن افراد مناسب به

زندگیتان گرفته تا اتفاقات عجیب و غریبی که رخ می‌دهند تا شما را خیلی سریع تر و راحت تر به اهدافتان برسانند.

فرایندی که انسان وارد آن می‌شود و اتفاقاتی که بعد از ورود انسان به این فرآیند می‌افتد خیلی زود رسیدن به اهداف را محقق می‌کنند و به محض اینکه به کاری مطلوبتان متعهد شوید، همه اتفاقات خوشایند رخ می‌دهند.

تعهد همراه با عشق شما را تبدیل به مغناطیسی می‌کند تا چیزهای خوب نصیب شما شوند.

اگر به این نتیجه رسیدید که کاری باید انجام شود، پس بدون هیچ گونه بهانه جویی و اتلاف وقت آن را انجام دهید. کاری که باید انجام شود را در اولین فرصت انجام دهید.

ضرورت انجام این کار برای شما محرز شده، پس در هر حالت و روحیه ای که باشید با انگیزه فراوان، جدیت و سرسختی، کار را شروع کرده و به سرانجام رسانید. همین حالا دست به کار شوید!

شرطی سازی جهت ایجاد و کنترل احساسات

تفاوت انسان‌های موفق با افراد عادی

انسان‌های موفق به وفور این توانایی را دارند که می‌توانند احساسات مناسب با موقعیت را در خود ایجاد کنند، یعنی با کنترل افکار و احساسات و هدایت کردن احساسات خود در مناسب ترین جهت، متمایز و موفق از سایر افراد عمل نمایند.

انسان‌ها در هر لحظه به خاطر افکاری که دارند در حال بروز واکنش‌های احساسی هستند که برخی از این واکنش‌ها عالی و مناسب هستند و بعضی دیگر نامناسب.

این احساسات در حالتی که شدت بگیرند امکان دارد از کنترل ما خارج شده و موجب آسیب رسیدن به خودمان و حتی دیگران شوند.

عکس العمل‌های ناشی از احساسات روی کار و زندگی ما تاثیرگذار هستند، بنابراین اگر خواهان زندگی و کار موفق هستیم، نیاز به کنترل احساسات خود داریم.

بعضی از افرادی که می‌خواهند تغییرات مثبتی در خود ایجاد کنند و مانند افراد موفق واکنش نشان دهند، سعی

می‌کنند که این تغییرات را به صورت آگاهانه در خود ایجاد کنند، که علاوه بر زمان بر بودن آن انرژی زیادی نیز از افراد گرفته می‌شود، خوشبختانه با وجود ان ال پی، این تغییرات کارآمد و سریع شده که نه تنها انرژی زیادی از افراد نمی‌گیرد بلکه انرژی بخش تر نیز می‌باشند.

رفتار و گفتار ما بر اساس احساسی که در آن لحظه در ما ایجاد شده، شکل می‌گیرد، پس اگر می‌خواهید عملکرد شما بهتر شود باید بتوانید احساسی را در خود ایجاد کنید که به شما کمک کند نه اینکه به شما آسیب برساند!

با کنترل احساسات همیشه می‌توانید بر خود مسلط شده و به این شکل روی دیگران نیز تاثیر مثبت بگذارید.

ایجاد احساسات مناسب

در حالی که یک شرایط و اتفاق خاص می‌تواند دیگران را تحت تاثیر قرار داده و کنترل خود را از دست دهند شما با داشتن آرامش می‌توانید عملکرد مناسب‌تری داشته باشید، یا موقعی که عاملی باعث نگرانی و ناراحتی در سایرین می‌شود، شما می‌توانید در همان لحظه احساس خوشایند داشته باشید و در هر صورت کمتر تحت تاثیر محرک‌ها و شرایط بیرونی قرار بگیرید.

راهکارهای عملی:

ساده ترین و سریع ترین راه برای دست یافتن به احساس مطلوب استفاده از تکنیک آنکراژ (آنکور) در ان ال پی

می‌باشد که در زبان فارسی با نام کلید، شرطی شدن، لنگر یا تداعی‌گر نیز معرفی می‌شود.

در مواقع زیادی شاهد بروز رفتارها و واکنش‌های افراطی در خود و یا دیگران بوده ایم که با کوچک‌ترین محرک‌ها، واکنش‌های شدیدی را از خود بروز داده ایم.

حالت‌های شما دائما در حال تغییر هستند و ارزش شرطی‌ها زمانی مشخص می‌شود که در مواقع لزوم می‌توانید با استفاده از آنها حالتتان را طوری که می‌خواهید، تغییر دهید.

در این فصل به شما نشان خواهیم داد که چگونه تکنیک شرطی سازی در ان ال پی می‌تواند به شما در رویارویی با موقعیت‌های رنج آور، ترسناک و پرچالش کمک کند.

شما می‌توانید به راحتی با استفاده از تکنیک آنکور، حالت احساسی و یا ذهنی خود را در کمترین زمان به نفع خودتان تغییر دهید.

آنکور یا شرطی سازی از ابزارهای بسیار مهم ان ال پی می‌باشد که به ما کمک می‌کند که حالت‌های مثبتی در خودمان به وجود بیاوریم و در حقیقت آنکور را می‌توان از استفاده کردن از محرکی بیرونی برای ایجاد حالت یا واکنشی درونی در ما تعریف نمود. هر محرکی که بتواند حالت روحی خاصی را ایجاد کند، آنکور نامیده می‌شود.

تاریخچه آنکور

آنکور یادآور آزمایشی می‌باشد که پاولوف روی سگ‌ها

انجام داد. پاولوف هنگامی کـه بـه سـگ‌هـا غـذا مـی‌داد هم‌زمان یک زنگ را نیز به صدا در می‌آورد، حیـوان وقتـی که غذا را می‌دید به صورت طبیعـی بـزاق دهـانش ترشـح می‌کرد.

بعد از چند بار به صـدا درآوردن زنـگ و غـذا دادن هـم زمان، سگ نسبت به صـدای زنـگ شـرطی شـده بـود بـه صورتی که بعد از گذشت مدتی تنها به صدا درآوردن زنـگ می‌توانست باعث ترشح بزاق در سگ شود.

از آزمایش شرطی سازی پاولوف می‌توان نتیجـه گرفـت که می‌توان تجربه‌ها را با یک محرک خاص بـه کـار بـرد و پس آن دو (تجربه و محرک) را با هم مرتبط کرد.

هنگامی که یاد بگیرید کـه چگونـه از آنکورهـا استفاده کنید، می‌توانید از تمام خـاطرات و تجربیـات مثبت‌تـان در مقابل موقعیت‌های پرچالش استفاده کنید.

شرطی شدن در اثر تداوم یک عامل محرک، هم‌زمان بـا تجربه یک احسـاس به وجـود خواهـد آمـد، واژه هم‌زمـان برای این تکنیک بسیار مهم تلقی می‌گردد.

امکان دارد این سوال برای شما پیش بیاید کـه چگونـه شرطی شدن می‌تواند به ما کمک کند!

عامل محرک

عامل محرک موجب برانگیختگی شما می‌شود و بـا ایجـاد حالتی در ذهن، سبب تغییر رفتـار شـما مـی‌شـود. عوامـل محرک در زندگی روزمره به سادگی و بدون اینکه متوجه آن باشید، شما را به منابع ناخودآگاهتان مرتبط می‌کنند.

احساسات و رفتارهای شما از عوامل محرک سرچشمه می‌گیرند، این عوامل را در زندگی روزمره می‌توان به وفور پیدا کرد که می‌توانند روحیه‌ی شما را لحظه به لحظه تغییر دهند.

این عوامل منجر به ابراز احساسات شدید شما نسبت به یک تجربه می‌شوند و حتی وقتی در پایان روز دوباره عوامل محرک ایجاد شده را در ذهنتان مرور کنید، می‌توانید به طور دقیق دوباره آن احساسات را تجربه کنید.

گاهی حتی این احساس شدید آسیب رسان نیز می‌باشد، عوامل محرک می‌توانند موارد به ظاهر ساده باشند، حتی نوع خاص صحبت، حالت صورت یا حرکت بدنی می‌توانند عاملی برای عصبانیت یا ناراحتی شوند، در اصل تجربه ناخوشایندی که در گذشته با آن محرک داشته‌اید باعث ایجاد احساس منفی در زمان حال شما می‌شود.

محرک و حس‌ها

محرک‌ها هر روز در هر پنج حس بینایی، شنوایی، لامسه، چشایی و بویایی خودشان را نشان می‌دهند.

مثال: اگر بویی را استشمام کنید که شما را به یاد کسی بیاندازد که از قبل به او علاقمند بودید، در شما احساسی خاص به وجود می‌آید. برخی از محرک‌ها در بیش از یک حس تاثیر می‌گذارند. به طور مثال، مزه، دیدن و حس کشیدن سیگار هر یک می‌توانند عوامل محرک برای تحریک سیگار کشیدن باشند.

پاسخ یا عکس العمل

هر محرکی موجب برانگیخته شدن و عکس العمل می‌گردد، محرک‌های یکسان، پاسخ‌های یکسان ایجاد می‌کنند. هر رویدادی که تکرار آن با احساسی همراه شده باشد می‌تواند شما را شرطی کند.

اگر نسبت به محرکی شرطی شوید با بروز آن محرک، احساسی که در ذهن شما ثبت شده مجددا بروز خواهد کرد.

همه انسان‌ها می‌توانند هم آنکور مثبت داشته باشند و هم آنکور منفی، که آنکورهای مثبت حالات روحی خوبی ایجاد می‌کنند و در مقابل آنکورهای منفی موجب ایجاد احساس‌های بد می‌گردند. لیستی از آنکورهای مثبت و منفی خودتان تهیه کنید تا بتوانید خود را بهتر بشناسید و با از بین بردن آنکورهای منفی زندگی لذت بخش تری را تجربه کنید.

محرک منبع

چون انسان‌ها در پاسخ به محرک‌های مختلف واکنش‌های خاصی نشان می‌دهند، با داشتن محرک خوب، می‌توانیم واکنش‌ها و احساسات خوبی را در موارد لزوم تجربه کنیم. محرک‌های منبع محرک‌هایی هستند که برای تغییر حالت احساسی خود مد نظر قرار می‌گیرند و باعث ایجاد حالت مثبت در موقعیت مورد نظرتان خواهید شد.

هدف ما از بین بردن احساس منفی و تقویت احساس

خوب می‌باشد بنابراین قبل از هر چیز احساسات خود را شناسایی کنیم، برای این کار باید توجه بیشتری روی احساسات خود داشته باشیم. و برای توجه بیشتر روی احساسات می‌توانید در شرایط مختلف از راه‌های زیر شروع کنید :

۱. می‌توانید با پرسیدن این سوال از خود شروع کنید که چه احساسی در شما بروز پیدا کرد؟

۲. به تجربه ای که در حال احساس کردن آن هستید با دقت بیشتری بپردازید.

۳. به بدنتان بیشتر توجه کنید که چه واکنش‌هایی بروز می‌دهد؟

۴. به نحوه تنفس و حالت ماهیچه‌هایتان دقت کنید واز خودتان بپرسید در درون شما چه اتفاقی می‌افتد؟

۵. آیا فکر می‌کنید که خوشحال هستید، یا واقعاً احساس خوشحالی دارید؟

۶. حالت‌های فیزیولوژیکی خود را بیان کنید.

تعریف آنکور

آنکور با ایجاد حالتی بین محرک و پاسخ ارتباطی برقرار می‌کند که باعث می‌شود ذهن، فکر و احساس به هم ارتباط پیدا کنند. بسیاری از آنکورها بی اختیار شکل می‌گیرند و به صورت اتوماتیک کار می‌کنند و شما احتمال دارد از آنها بی‌خبر باشید، مثلاً بوی یک غذای خاص که ناگهان شما را یاد مادرتان، شخص دیگری و یا مکان خاصی بیاندازد.

هر یک از ما در زندگی شخصی خود حالات احساسی متفاوتی را تجربه کرده ایم و این حالت احساسی به دلایل خاصی ایجاد شده اند و حتی می‌توانیم با مرور خاطرات گذشته دوباره همان احساسات را تجربه کنیم.

هر محرکی که با یک حالت جسمانی و احساسی در ارتباط باشد و به آن لینک شود آنکور نامیده می‌شود. صداها، تصاویر، بوها و حتی یک مزه خاص می‌توانند از جمله محرک‌های طبیعی باشند.

آنکورها کلید روشن کننده احساسات هستند.

اگر می‌خواهید احساسی را در خود شرطی سازید، ابتدا باید خود را به نحوی در اوج آن احساس قرار دهید، و این کار را باید به گونه ای انجام دهید که در حین تجربه آن احساس واقعاً احساسی قوی داشته باشید.

هیچ احساس منفی مداومی از بدو تولد با انسان زاده نمی‌شود، بلکه تداوم یک احساس به دلیل شرطی شدن ذهن ما با عوامل متعدد می‌باشد. ان ال پی از آنکور به شیوه ای عالی استفاده می‌کند زیرا به فرد کمک می‌کند تا با استفاده از آنکور حالت احساسی مثبتی را در خود ایجاد کند.

انواع آنکور
آنکور اتوماتیک
آنکور طراحی شده

آنکور اتوماتیک:

آیا تا به حال برای شما پیش آمده که با شنیدن یک آهنگ به یاد شخص یا موقعیت خاصی بیافتید؟ یا به یک مکان خاص بروید و در آنجا بدون رخ دادن اتفاق خاصی، احساس خوب یا بد در شما ایجاد شود؟

صدای آژیر قرمز که شما را یاد دوران جنگ می‌اندازد! چراغ قرمز که باعث توقف می‌شود! بو و یا طعم خاصی شما را به دوران کودکی ببرد! شما در تمام این موارد بدون اینکه خودتان باخبر باشید، شرطی شده اید!

همه ما انسان‌ها در طول روز با آنکورهای متفاوتی مواجه هستیم، به صورتی که احساس خوب و یا بدی نسبت به انجام کاری، شخصی و یا چیزی به طور متناوب در ما ایجاد می‌شود که امکان دارد از آنها بی اطلاع باشیم و همه این آنکورها معمولا به صورت تصادفی ساخته می‌شوند.

در نتیجه ما فکر می‌کنیم که حالات احساسی ما به صورت شانسی بروز می‌یابند و به افکار و اعمال ما بستگی زیادی ندارد.

مانند اینکه اگر چند بار برایمان پیش بیاید که با همکارمان به صورت شدید جر و بحث کنیم و یا زمان‌هایی که در حالت احساسی ناخوشایند بوده ایم با همکارمان مشاجره کرده باشیم، از این به بعد با دیدن آن همکار و بدون انجام دادن کار خاصی، احساس نامطلوبی در ما ایجاد می‌گردد، بنابراین همه آنکورها نمی‌توانند مطلوب و خوشایند باشند.

یکی از راز و رمزهای موفقیت، حذف آنکورهایی با نتایج غیر مفید و جایگزین کردن آنها با آنکورهای مثبت به شمار می‌آید.

آنکور طراحی شده

برخلاف دسته قبلی این نوع آنکور را خودمان به صورت آگاهانه و با برنامه ایجاد می‌کنیم، شما از این نوع آنکورها می‌توانید آگاهانه استفاده کنید، یک حالت ذهنی و یا احساسی و یا فیزیکی را در هر شرایطی که به آن نیاز دارید در خود ایجاد کنید.

همچنین می‌توانید کنترل ذهن و جسم و فکرتان را به راحتی و در مدت زمان بسیار کمی به دست بگیرید تا بتوانید در هر شرایطی سریعا در حالت آرامش قرار بگیرید، حالت تعادل ایجاد کنید و یا شور و شوق کافی برای کارتان را در خود ایجاد نمایید.

ورزشکارهای حرفه ای، بازیگران و بسیاری از سخنرانان آنکورهای مفیدی را در خود ایجاد می‌کنند تا در مواقع لزوم و در سریع‌ترین حالت ممکن خودشان را به وضعیت مطلوب برسانند.

ایجاد آنکور:

برای ایجاد هر آنکور ما نیاز به یک محرک برای ایجاد واکنش احساسی و یک پاسخ داریم. محرک: هر عاملی که باعث ایجاد واکنش و پاسخ می‌گردد.

پاسخ: هر نوع عکس العمل که بر اثر محرک ایجاد می‌شود.
به صورت کلی برای ایجاد یک آنکور می‌توان به این شکل عمل کرد:
ابتدا حالت احساسی مورد نظر مثلاً آرامش یا شادی را انتخاب می‌کنید و بعد آن را با یک محرک ارتباط دهید به صورتی که هر موقع به آن احساس نیاز داشتید بتوانید با تحریک محرک مورد نظر خلقش کنید که در ادامه روش این کار توضیح داده خواهد شد.
همچنین می‌توانید از آنکور برای به وجود آوردن احساسی که در آینده می‌خواهید نسبت به موقعیت و چیزی داشته باشید استفاده کنید، به این صورت که به موقعیتی که می‌خواهید در آن ظاهر شوید فکر کنید، این حالت می‌تواند اعتماد به نفس، شجاعت، خلاقیت و ... باشد.
سپس این احساس را با استفاده از سه کانال حسی، تصویری و شنیداری برای خلق آن شرایط تجسم و ایجاد کنید.
باید تصویر مورد نظر را به طور کامل با تمام جزئیات تصور نمود.
لطفاً به تداعی گرهای (آنکورهای) شنیداری توجه کنید حتی می‌توان کلمه یا عبارت خاصی را هماهنگ با احساس مورد نظر انتخاب کرد که بعدها همزمان با گرفتن ناحیه مورد نظر، کلید واژه کلامی را نیز به کار برد تا تاثیر بیشتری داشته باشد. طرز ادای آن، لحن و آهنگ هم تاثیر زیادی

دارد.

برای نتیجه بهتر می‌توانید همزمان که به اوج احساس مورد نظر رسیدید با لمس کردن دست یا ناحیه مناسب دیگر (ترجیحا مفصل) از آن نقطه به عنوان تکیه گاه حسی (آنکور) استفاده کنید.

این کار باعث می‌شود در عین اینکه به خاطره فکر می‌کنید و تصاویر آن را با جزئیات می‌بینید، حس لامسه نیز در آنکور درگیر شود و، همچنین می‌توانید همزمان از کلمه خاصی نیز استفاده کنید تا حس شنیداری هم درگیر شود در این صورت نتایج بهتری خواهید گرفت.

مثال:

مثلا برای حس اعتماد به نفس می‌توانید از جمله احساس می‌کنم اعتماد به نفسم بیشتر و بیشتر می‌شود و یا حتی خود کلمه "اعتماد به نفس" استفاده کنید و هنگام ادای این کلمه یا عبارت از لحن صدای مطمئن استفاده نمایید.

یا برای حس شادی می‌توان از جمله احساس می‌کنم شادی من بیشتر و بیشتر می‌شود، از کلمه "شور و شادی" استفاده کرد و هنگام ادای این کلمه نیز از لحن صدای شاد استفاده کنید.

نکته دیگر حالت احساسی فرد می‌باشد که باید کاملا به آن توجه نمود و در اوج حالت احساسی آن را با محرک مرتبط کنیم.

زیرا با شکل گیری یک تجربه تمام سلول‌های بدن آن تجربه را ذخیره می‌کنند و با یادآوری مجدد علاوه بر آن

ناحیه خاص بقیه قسمت‌های بدن نیز درگیر می‌شوند بنابراین اگر ما یک عضو از بدن خود را تحریک کنیم، بقیه عضوهای دیگر هم در این تجربه سهیم خواهند بود و تحریک می‌شوند.

آنکورهای اتوماتیک به دو شیوه ایجاد می‌شوند:

ایجاد احساس قوی در زمان مناسب

برخی محرک‌ها باعث ایجاد احساس خوشایند، و بعضی همراه با احساسات نامطلوب هستند.

مثلا اگر یک اتفاق خاص در مکانی رخ دهد و باعث برانگیخته شدن احساس شدید خوب یا بد در شخصی گردد، هر بار که فرد در آن مکان قرار گیرد آن احساس قبلی در وجودش مجددا ایجاد می‌شود .

تکرار

اگر چند بار یک محرک مشخص، موجب برانگیخته شدن احساسات واحدی شوند، یا در زمان برانگیخته شدن احساسات، محرک مشخصی تجربه گردد، آن دو به هم لینک می‌شوند و موجب ایجاد آنکور می‌گردند.

مثلا اگر مطلبی را زیاد بشنوید مانند پیام‌های تبلیغاتی، احتمال اینکه آن برند در ذهن شما شرطی شود افزایش می‌یابد.

آگاهی از تکیه گاه‌های ذهنی بسیار مهم به نظر می‌رسد

چون این تکیه گاه‌ها همیشه در اطراف ما وجود دارند، اگر از آنها آگاه نباشید شما را تحت تاثیر قرار می‌دهند.

چگونه شرطی سازی‌های ذهنی ایجاد می‌شوند؟

هنگامی که محرکی تحت فشار احساسی و روحی بر شخصی اعمال شود، آن محرک و حالت روحی با یکدیگر پیوند برقرار می‌کنند و از آن به بعد هر گاه آن محرک ظاهر شود، شخص به صورت ناخودآگاه دچار همان حالت احساسی، روحی و یا جسمی می‌شود.

شرطی سازی می‌تواند در تمام مراحل زندگی و برای بهینه کردن لحظات به ما کمک کند.

خصوصیات یک آنکور ایده آل و موثر

موارد زیر برای ایجاد یک آنکور مناسب ضرورت دارد: شخص باید زمان آنکور گرفتن و شرطی کردن در اوج حالت احساسی و هیجانی باشد و پس از قرار گرفتن در اوج احساسات حدود ۲۰ ثانیه ناحیه مفصل یا محلی را که از قبل برای ایجاد آنکور انتخاب کرده اید را لمس نماید.

آنکورها باید ویژگی‌های زیر را داشته باشند.

متفاوت باشند

با حرکات، صداها و تصاویری که روزانه با آنها روبه رو می‌شوید متفاوت باشند، و برای خودتان قابل تشخیص

باشند و به میزان زیاد قبلا از آن کلید به صورت ناخودآگاه استفاده نکرده باشید.

منحصر به فرد باشند.
باید توجه کرد که نقطه شرطی (آنکور) متمایز، خاص و ویژه باشد.

تکرار پذیر باشند
بتوانید به راحتی در طول روز و در مکان‌های مختلف از آن استفاده کنید زیرا آنکورها را باید بتوانید به دفعات استفاده کنید و انجام دادن آن به سادگی قابل تکرار باشد. مثلاً نمی‌توانیم لمس نقطه ای از کمر خود را که در حالت عادی به سختی به آن دسترسی داریم برای ایجاد آنکور استفاده کنیم چون در مواقع لزوم نمی‌توانیم به راحتی به آن دسترسی داشته باشیم.

قوی باشند:
احساس آنکور باید به اندازه ای قوی باشد که بتواند بر سایر احساسات دیگر چیره شود.

با مفهوم باشند
معنای هر آنکور باید برای شما به مقدار زیاد قابل درک باشد تا بتوانید از آن استفاده کنید

قابل دسترس باشند

آنکور باید برای خودتان در دسترس باشد تا در هر زمان بتوانید از آن استفاده کنید و در بهترین زمان ممکن با آنها ارتباط برقرار کنید البته دیگران زیاد نتوانند به آن دسترسی داشته باشند.

هر چه بتوانید خود را بهتر در موقعیت احساسی قرار دهید و احساستان قوی تر و شدیدتر باشد، شرطی شدن موثرتر و سریع‌تر رخ خواهد داد.

یکی از راه‌های مناسب برای کار کردن با مکانیسم ان ال پی، یافتن بهترین حالت بهینه در خودتان می‌باشد که در آن حالت شما در بهترین وضع ممکن قرار دارید و از نظر احساسی در موقعیتی عالی هستید.

پیش نیاز ایجاد آنکور

۱- شناسایی و پیدا کردن احساسات مورد نظرتان برای موقعیت‌های خاص، به این معنا که احساس‌های فعلی خود را بشناسید و به دنبال پیدا کردن احساس مطلوب مورد نظرتان باشید.

برای این کار می‌توانید موقعیت‌های دشوارتان را پیدا کنید و همچنین احساسی که در آن موقعیت می‌تواند به شما کمک کند، به طور مثال اگر در محیط خانه و در ارتباط با همسر و یا فرزندانتان عصبی و پرخاشگر می‌شوید، آنکور آرامش می‌تواند به شما کمک کند.

یا اگر در محیط کار نیازمند لبخند و شادی هستید،

می‌توانید آنکور شادی برای خودتان ایجاد کنید.
۲- پیدا کردن خاطره و منبعی مطمئن مرتبط با حسی که می‌خواهید ایجاد کنید به صورتی که در آن خاطره حلقه ارتباطی منفی(شخص یا چیزی که موجب ناراحتی شما گردد) وجود نداشته باشد، و همچنین در آن خاطره، حسی که می‌خواهید آنکورش را در خود ایجاد کنید حس غالب باشد.
۳- پیدا کردن قسمتی از بدنتان(ترجیحا مفصل) برای ایجاد آنکور
۴- پیدا کردن یک اسم خنثی برای شرطی شدن

تکنیک ساده و سه مرحله‌ای شرطی سازی

۱- حالت مثبتی را که دوست دارید، به روشنی در ذهن بیاورید.
شاید این حالت، خیلی ساده، حالتی پر از انرژی، همراه با شادی و یا امید باشد. این حالت را با کلامتان به سادگی توضیح دهید.
۲- موقعیت خاصی را در گذشته به یاد بیاورید که این حالت یا احساس در شما به صورت قوی وجود داشته باشد.
خاطره‌ها با توجه به ارتباط آنها با حواس دسته بندی می‌شوند، حس بینایی، شنوایی، لامسه، چشایی و حس بویایی و بوها می‌توانند به عنوان محرک به کار روند.
۳- این خاطره را به شکل روشن به ذهنتان بیاورید، با تمام وجود آن را حس کنید. آنچه دیدید، صداها، احساسی

که داشتید، مزه و بوی خاصی که به مشامتان رسید، و یا حس کردید را دوباره به ذهنتان بیاورید.

به طوری که انگار دوباره در آن خاطره قرار گرفته اید و دوباره آن را تجربه می‌کنید (به صورت ASSO).

۴- هنگامی که این سه مرحله را انجام دادید و در حال تجربه‌ی این حالت هستید، زمانی که در اوج حالت احساسی قرار گرفته اید، زمان لنگر انداختن (آنکور کردن) فرا می‌رسد.

می‌توانید برای لنگر انداختن از گرفتن یک نقطه بدن، حالت دست‌هایتان، یک صدا و یا نمادی از تصویر مورد نظرتان استفاده کنید.

با انجام این مراحل شما برای خود یک کلید (آنکور) ایجاد کرده اید که از این به بعد هنگامی که نیاز داشتید، به حالتی مثبت وارد شوید، خیلی ساده می‌توانید از همین لنگرها (آنکورها) به عنوان محرکی برای ایجاد آن حس در خود استفاده کنید.

به این منظور در حالی که خاطره را مرور می‌کنید و احساس مورد نظر را در درونتان تجربه می‌کنید دست‌هایتان را به همان حالت خاص درآورید و یا آن تصویر خاص را برای رسیدن به تجربه‌ی حالت مثبت در خودتان به کار ببرید، یا آن نقطه مورد نظر را در بدن خود کمی فشار دهید.

نحوه انجام تکنیک آنکراژ ساده

۱- حالتی مثبت را انتخاب کنید: پرانرژی، شاد و ...

به حالتی فکر کنید که می‌خواهید محرک شما شود.

۲- یک نقطه از بدن خود را جهت ایجاد آنکور انتخاب کنید. توجه داشته باشید که این نقطه، نقطه‌ای باشد که در طی روز عادت به لمس آن نداشته باشید.

۳- در یک محیط آرام و بی سرو صدا، به صورت ایستاده، در صورت تمایل چشمان خود را بسته و به خاطره‌ای بیندیشید که به طور عادی و طبیعی این احساس را در خود داشتید و با خاطره کاملا Asso شوید و آن را شرح دهید.

(هر چه دیده‌اید و شنیده‌اید و حس کرده‌اید را دوباره به خاطر بیاورید و کاملا به عمق آن خاطره بروید به نحوی که انگار مجددا دارید آن شرایط را تجربه می‌کنید تا به اوج احساس در آن خاطره برسید).

۴- سپس به صورتی که نه فشار زیادی وارد شود و نه هیچ فشاری احساس نشود، با لمس ناحیه انتخابی برای شرطی کردن، همزمان به خاطره بیندیشید و بعد از بیست ثانیه آن نقطه را رها کنید.

۵- نفس عمیق کشیده، آرام آرام چشمان خود را باز کنید و از حالت فعلی با فکر کردن به چیز دیگری به مدت چند ثانیه خارج شوید و ذهنیتتان را تغییر دهید. (بیدارسازی) می‌توانید این کار را با پرسیدن یک سوال غیر مرتبط مثل امروز چند شنبه یا چه تاریخی می‌باشد انجام دهید. (که ذهنتان از آن خاطره جدا گردد)

۶- در مرحله بعد ببینید با لمس آن نقطه، این محرک در شما به کار می‌افتد یا نه؟

برای امتحان کردن می‌توانید آن محرک خاص را اعمال کنید.

اگر در خود تغییر ایجاد شده را احساس کردید و وضعیت جسمی متناسب با حالت روحی ایجاد شد، و یا ناخودآگاه به یاد آن خاطره و احساسی که در آن خاطره داشتید افتادید، کار شما درست بوده، در غیر این صورت در یکی از مراحل درست عمل نکرده اید.

از اول مراحل را مجددا تکرار کنید تا متوجه ایجاد تغییرات مثبت شوید.

نکته مهم: این تکنیک را آن قدر تکرار کنید تا تثبیت گردد و تا زمانی که این احساس خوب در شما ثبیت نشده در استفاده از کلیدتان (آنکور) در زمان‌های بحرانی خودداری کنید.

بعد از تثبیت شدن می‌توانید هر زمان که نیاز به آن احساس داشتید آن را به کار گیرید.

تثبیت آنکور:

برای اینکه آنکوری موثر واقع گردد، محرک باید چندین بار تکرار شود. برای تثبیت شدن نیاز به یک دوره ۱۰ روزه دارید، این تکنیک باید یک روز در میان هر روز سه بار، به مدت ۱۰ روز تکرار شود تا تثبیت گردد.

فاصله انجام هر تکنیک تا تکنیک بعدی حداقل باید نیم ساعت باشد. با استفاده از آنکورها احساساتتان را با موقعیتی که با آن رو به رو می‌شوید، هماهنگ کنید.

با قرار گرفتن در حالت احساسی مناسب، توانایی

عملکرد مناسب برای رسیدن به بهترین نتایج را خواهید داشت.

حال که با ایجاد آنکورهای مثبت آشنا شدید می‌خواهیم شما را با تکنیکی برای از بین بردن آنکورهای منفی آشنا کنیم.

نابود کردن شرطی منفی و یا فرو پاشی آنکورها

همان‌طور که می‌دانید در گذشته تعداد زیادی آنکور مثبت یا منفی بدون اینکه ما بدانیم در ما شکل گرفته که گاهی برخی از آنها بسیار ناراحت کننده می‌باشند.

این تکنیک برای از بین بردن آنکورهای منفی شکل گرفته در گذشته می‌باشد.

راهکار ارائه شده می‌تواند، استفاده از دو شرطی به شکل هم‌زمان باشد.

در این تکنیک شرطی ناخواسته و منفی که قبلا ایجاد شده توسط شرطی مثبتی که نابود می‌شود و شرطی مثبت باقی می‌ماند.

مراحل اجراء:

۱- اجرای آنکراژ ساده و ایجاد یک آنکور مثبت بسیار قوی

۲- انجام آنکور منفی و قبل از رسیدن به اوج احساس منفی، قطع کردن آنکور منفی و بلافاصله گرفتن آنکور مثبت و هدایت تا اوج احساس مثبت مثلاً اگر آنکور منفی شخص یک آهنگ باشد پخش کردن آن آهنگ برای چند ثانیه و سپس گرفتن آنکور مثبت و رفتن به اوج احساس

مثبت در خاطره مثبت.
- ۳- چند بار تکرار
- ۴- بیدار سازی
- ۵- تست

نکته بسیار مهم:

۱. حتما می‌بایست خاطره مثبت قوی تر از خاطره منفی باشد

۲. قبل از رسیدن به اوج خاطره منفی باید به یک باره آنکور منفی را رها کرده، آنکور مثبت را گرفته و به اوج خاطره مثبت رفت.

۳. در شرطی سازی وضعیت بدن اهمیت بسزایی دارد و باید به آن توجه بیشتری نسبت به کلام نمود.

تکنیک حس مثبت چندگانه (شرطی‌های چندگانه) بعد از آشنایی با شرطی‌های ساده، می‌توانید یاد بگیرید تا آنها را با هم ادغام کنید.

در بعضی از مواقع افراد تمایل دارند احساس‌های بیشتری را در یک زمان در خود ایجاد کنند.

جهت فراخوان کردن چند حس به صورت هم‌زمان از این تکنیک استفاده می‌شود.

ابتدا به اندازه هر چند حس که نیاز دارید آنکور ساده با نقاط فیزیکی ترجیحا نزدیک به هم ایجاد می‌کنیم، مثلاً ۳ حس متفاوت، شادی، آرامش و امنیت را با ۳ کلید جدا ایجاد می‌کنیم.

سپس آنکور شماره ۱ و ۲ را با اجرای مرحله" ۳ " فروپاشی آنکورها (در قسمت قبل توضیح داده شد) به هم لینک کرده (مثلا آنکور امنیت را به آنکور شادی لینک می‌کنیم) و سپس ۲و ۳ را بهم لینک می‌کنیم (آنکور آرامش را به آنکور شادی لینک می‌نماییم)، در این حالت در کلید شماره ۲ علاوه بر حس اولی که در آنکراژ ساده ایجاد کردیم، دو حس دیگر را نیز به آن نقطه انتقال می‌دهیم.
این تکنیک را به مدت یک هفته، یک روز در میان و روزی سه بار تا زمان تثبیت انجام دهید.

شرطی زنجیره ای یا chained anchor

در بعضی مواقع که شخص به بن بست رسیده و رساندن او به وضعیت مطلوب سخت و طولانی به نظر می‌رسد به کار بردن زنجیره ای از شرطی‌ها می‌تواند سودمند باشد.
در فرآیند زنجیره ای هر حلقه به عنوان محرکی برای حلقه‌ی بعدی عمل می‌کند و فرآیندی سلسله وار به وجود می‌آید.
به گونه‌ای که ایجاد یکی از آنها به تحریک زنجیره‌های دیگر کمک می‌کند.
می‌توانید این زنجیره شرطی‌ها را طوری طراحی کنید تا به نتیجه‌ی دلخواهتان برسید.
زیبایی این تکنیک زمانی مشخص می‌شود که شما واقعاً ۳ یا ۴ مرحله را بین دو حالت به وجود می‌آورید، و یک زنجیر منطقی بین آنها تشکیل می‌شود که بلافاصله شخص به حالت مطلوبش می‌رسد و به دلیل زنجیره منطقی،

بیشتر احتمال دارد که مغز تغییرات را قبول کند.
اول از همه، شما باید وضعیت ناخواسته ای که در حال حاضر دارید را شناسایی کنید. این می‌تواند وقفه، تنبلی، خشم و یا ... باشد.
بعد، تصمیم بگیرید که حالت مثبت نهایی مورد نظر شما چه حالتی باشد؟ -انگیزه، انرژی یا اعتماد به نفس- هنگامی که شما وضعیت مورد نظر خود را پیدا می‌کنید، قدم بزرگی برداشته‌اید.
مرحله ای که کمی پیچیده تر به نظر می‌رسد، تصمیم گیری در مورد مراحل متوسط می‌باشد که شما را به حالت مورد نظر خود می‌برد. به طور معمول، ۳ یا ۴ مرحله متوسط برای این تکنیک زنجیره ای می‌تواند کافی باشد.

برای مثال

اگر مشکل کنونی شما به تعویق انداختن کاری باشد و آنچه می‌خواهید به آن برسید داشتن انگیزه لازم برای انجام کاری در سریع ترین و مناسب ترین زمان باشد.
رفتن از تعلیق به داشتن انگیزه راهی طولانی به نظر می‌آید.
در این حالت می‌توانید ابتدا تعویق را به خستگی تبدیل کنید،
زیرا شباهت‌هایی میان این دو حالت زیاد وجود دارد و سپس خستگی را به سردرگمی، سپس سردرگمی را به کنجکاوی و در گام آخر کنجکاوی را به انگیزه تغییر دهید.
برای رفتن از هر مرحله به مرحله‌ی بعدی به آنکوری نیاز

دارید تا به مرحله‌ی آخر که انگیزه می‌باشد برسید. خستگی، سردرگمی و کنجکاوی می‌توانند به عنوان مراحل ارتباطی برای عوض شدن حالتتان به شما کمک کنند.

به صورت ذهنی تمام مراحل را تا رسیدن به انگیزه گرفتن، اجرا کنید

مراحل انجام این کار به صورت زیر می‌باشد:

۱) تعویق
۲) خستگی شدید در خودم برای تعویق انداختن
۳) سردرگمی
۴) کنجکاوی را در من به ارمغان می‌آورد
۵) من انگیزه می‌گیرم

با این کار خیلی وقت‌ها می‌توانید موقعیت‌های دشوار را خنثی کنید.

اولا، شما باید هر آنکوری را به طور جداگانه فراخوانی کنید و آن را لمس کنید، از حالت فعلی شروع کنید و به حالت مورد نظر برسید.

توجه داشته باشید که مراحل متوسط خود را یادداشت کنید، آنها امکان دارد شبیه به این مثال باشند، یا متوجه شوید که بسیار متفاوت هستند، مهم این می‌باشد که آنها برای شما معنی داشته باشند و اطمینان حاصل کنید که هر زنجیره ای دارای جابه جایی بوده و هر مرحله یک وضعیت مثبت تر از حالت قبل باشد. وقتی زنجیره ای را شناسایی کردید، حرکت کنید. توصیه می‌کنم که هر حالت را به یک انگشت متفاوت متصل کنید، که در یک ردیف کار می‌کنند،

این به شما این امکان را می‌دهد تا تکنیک را آسان‌تر انجام دهید.

اطمینان حاصل کنید که شرطی مورد نظر ایجاد شده و حدود ۳۰ ثانیه در هر کدام از حالت‌ها باقی بمانید.

هنگامی که شما شرطی‌های خود را تنظیم کردید، هر حالت را آزمایش کنید، اگر به راحتی حاضرید که به حالت بعدی بروید، آماده هستید که حرکت کنید اگر نه، مراحل بالا را دوباره انجام دهید تا لنگرهایتان (آنکورها) را قوی‌تر کنید.

مراحل اجرایی:

۱) آنکورهای لازم را به صورت جداگانه ایجاد کنید و سپس آنکور اول را نگه دارید. هنگامی که احساسات به اوج خود رسید، آنکور را آزاد کنید و ...

۲) بلافاصله آنکور را برای حالت دوم به کار بگیرید. هنگامی که احساسات به اوج خود رسید، آنکور را آزاد کنید و ...

۳) بلافاصله آنکور سوم را روشن کنید. اجازه دهید احساسات اوج بگیرند، آنکور را در اوج آزاد کنید، و ...

۴) آنکور نهایی را روشن کنید! احساسات را تا حد ممکن قوی کنید و آنکور را نگه دارید تا زمانی که به اوج احساسات شگفت انگیز مثبت برسید.

اگر روش آنکور زنجیری صحیح و کامل انجام شود، شما بلافاصله به حالت نهایی، مورد نظر می‌رسید! اگر نه، فقط گام‌های فوق را ۲-۳ بار تکرار کنید تا تغییرات بیشتری را

ایجاد کنید.

تست در آینده

تست اثر بخشی شرطی ایجاد شده خود را با "قدم زدن در آینده" به صورت ذهنی امتحان کنید.

به این معنی که تصور کنید یک زمان در آینده احتمالا در وضعیت ناخواسته قرار گرفته اید، و مثلاً کارهایتان را به تعویق می‌اندازید. کلیدتان (آنکورتان) را فشار دهید.

اگر تکنیک را درست انجام داده باشید، شما در مورد این وضعیتی که تصور می‌کنید احساسی بسیار متفاوت از چند دقیقه قبل را احساس می‌کنید! واکنش جدید خود را همان‌طور که می‌خواهید تصور کنید.

کالیبراسیون

سنجش و تنظیم حالت‌های مختلف

آیا هنگامی که فرد دیگری در حالتی خوشحال و مثبت قرار دارد، متوجه این مسئله می‌شوید؟

نشانه‌های این حالت چیست؟

کالیبراسیون در ان ال پی شامل فرآیند پی بردن به اصل و اساس واکنش‌های دیگران بدون رد و بدل کردن کلام و مهارتی برای شناخت تغییرات ریز و درشت شریک ارتباطی شما می‌باشد.

به حالت ظاهری سوژه که در اصل پیام اصلی را درباره حالات احساسی او به ما انتقال می‌دهد، کالیبراسیون گوییم که شامل میکرورفتارها و ماکرورفتارها می‌باشد (میکرو و ماکرورفتارها همان تغییرات ریز و درشت ظاهری سوژه همچون تغییر رنگ پوست، لرزش دست یا هر نقطه از بدن، عرق کردن، پرش پلک، بالا رفتن ضربان قلب و ... می‌باشد.)

در ان ال پی برای پی بردن به حالات روحی شخص کلام کمتر مورد توجه قرار می‌گیرد و زبان بدن و لحن صدا، کمک بیشتری به پیدا کردن حالت روحی دقیق افراد می‌کند.

کسانی که خوب ارتباط برقرار می‌کنند، یاد می‌گیرند که با دقت رفتارهای دیگران را مشاهده کنند و به جای حدس زدن درباره‌ی چگونگی احساس‌های آنها، نشانه‌های ظریفی مثل حالت‌های چهره شان را شناسایی کنند و به حس درونی و واقعی آنها پی ببرند.

اگر با فردی ارتباط برقرار کنید، در فروش، آموزش، درمان، ارتباطات و ... برای تشخیص اینکه فرد پذیرای پیام شما می‌باشد یا مقاومت دارد و برای اطمینان از ارتباط موثر بیشتر به دنبال نشانه‌های فیزیکی و ظاهری او باشید .

تغییر در فیزیولوژی نشان دهنده یک تغییر داخلی می‌باشد، کالیبراسیون به شما این امکان را می‌دهد که کوچک‌ترین تغییرات در فیزیولوژی فرد را شناسایی کنید.

کیفیت ارتباطات شما، هم از لحاظ لذت بردن شما و هم از لحاظ نتایجی که کسب می‌کنید، تا حدودی وابسته به

توانایی شما برای تغییر کالیبراسیون خود حالت‌های عاطفی مختلف و هم چنین شناخت و تشخیص شما نسبت به کالیبراسیون دیگران می‌باشد.

کالیبراسیون به شما کمک می‌کند تا کمتر قضاوت کنید، مردم در اغلب مواقع بدون اطلاعات کافی و بدون اینکه توجه کنند که حالات روحی افراد دقیقا مثل هم نمی‌باشند تعمیمات سریعی انجام می‌دهند.

کالیبراسیون به ما کمک می‌کند که بدون نشانه رفتن احساسات فرد مقابل، می‌توانیم با نگاه کردن به نشانه‌های خارجی، احساسات مختلف او را شناسایی کنیم. و هم چنین کالیبراسیون جهت تعیین وضعیت ذهن و روح افراد در حال حاضر نیز کاربرد دارد.

اول باید ترازوی خود را کالیبره کنید!

قبل از وزن کردن چیزی باید مطمئن شوید که ترازوی شما روی صفر تنظیم شده، به این ترتیب شما از یک خط پایه دقیق شروع می‌کنید، بنابراین می‌دانید زمانی که چیزی را در مقیاس قرار می‌دهید وزن آن دقیق تر خواهد بود و وقتی این کار را می‌کنید کالیبراسیون مقیاس را انجام می‌دهید.

در NLP، این یک مفهوم مشابه می‌باشد، در ابتدای تعاملات، موقعیت فیزیولوژی فرد، تن صدا، چهره و حرکات عضلانی او را مورد توجه قرار دهید که این امر شما را به خواندن پایه ای (یا همان صفر ترازو) می‌رساند و سپس هرگونه تغییری در آنها را بهتر درک خواهید کرد.

در NLP یک ارتباط بد، بدین گونه شکل می‌گیرد کـه مـا پاسخ‌های دیگران را بدون توجـه بـه نشـانه‌ها و تغییـرات ظاهری آنها پیش بینی یا تصور می‌کنیم.

یک ارتباط خوب، با یادگیری خواندنِ نشانه‌های فیزیکی خارجی طرف مقابل و توجه کردن به آنها بـا تعامـل بسـیار بهتری شکل می‌گیرد.

کالیبراسیون کـاملا متفـاوت از نگـاه کـردن بـه کسـی و قضاوت در مورد اینکه " نگاه غمگین " و یا " نگـاه شـادی" دارد، می‌باشد.کالیبراسیون بدون برچسب‌های احساسی کار می‌کند. ما فقـط بـا اسـتفاده از شناسـه‌های A و B، بـدون برچسب و با یادگیری کالیبراسیون می‌بینیم که هر سیگنال یا مجموعه ای از سیگنال‌ها درهر فرد منحصر به فرد بوده و پس از آن ما می‌توانیم به طور موثر افراد بیشـتری را درک کنیم.

کالیبراسیون به ما یاد می‌دهد که هر کدام از سیگنال‌هـا که افراد از خود بروز می‌دهند چه معنـی مـی‌توانـد داشـته باشد بنابراین با اسـتفاده از کالیبراسـیون از ذهـن خـوانی نامناسب جلوگیری می‌کنیم و یاد می‌گیریم چگونـه بـا هـر یک از افراد ارتباط بهتری برقرار کنیم.

جمع آوری اطلاعات دقیق‌تر در مورد وضعیت و ذهنیـت فرد دیگر می‌تواند به طور چشمگیری نتایج شما را تقویـت کند.

این مهارت‌ها شـما را بـه یـک ماشـین ظرافـت تبـدیل می‌کند. در ادامه مجموعه بزرگـی از سـیگنال را بـا شـما در میان خواهیم گذاشت.

افزایش مهارت کالیبراسیون

برای به مهارت رسیدن ابتدا باید کالیبراسیون خودتان را بشناسید، انتظار نداشته باشید که بتوانید در کالیبراسیون دیگران به مهارت برسید، در حالی که هیچ شناختی نسبت به کالیبراسیون خود ندارید.

اگر شما نمی‌توانید خودتان را کالیبراسیون کنید، چگونه می‌توانید دیگران را کالیبراسیون کنید؟

قبل از اینکه کالیبراسیون را روی دیگران انجام دهید ابتدا در آن به مهارت برسید تا بتوانید بهتر عمل کنید.

برای شروع کار موارد زیر را انجام دهید:

کالیبره کردن احساسات با لبخند خود

کالیبره لبخندهای مختلف خود را پیدا کنید. برای این کار جلوی آینه رفته، چشمان خود را ببندید و شروع کنید به لبخند زدن به طوری که در ذهنتان تجسم کنید که به چه صورت و به چه مقدار لبخند زده اید! سپس در همان حال و بدون تغییر، چشمان خود را باز کنید و مقدار لبخندتان را اندازه گیری کنید تا متوجه شوید آیا مقداری که حدس زده اید، با مقدار واقعی تناسب دارد یا نه!

شاید در مراحل اولیه کاملا متعجب شوید، این تمرین حتی به شما کمک می‌کند تا لبخندهای بهتری در زمان صحبت کردن و عکس گرفتن هم از خودتان نشان دهید.

سپس این کار را در مقابل آینه با عبارات مختلف امتحان کنید و بررسی کنید که هنگام بیان عبارت‌های

مختلف، عضلات صورت شما چگونه تغییر می‌کند.
برای افزایش مهارت‌های کالیبراسیون، ابتدا باید نتایج خود را با داده‌های عینی تست کنید.

بدون تست، هیچ افزایش قابل ملاحظه ای در مهارت وجود ندارد و تمام تلاش‌های شما در بهبود مهارت‌ها اتلاف وقت خواهد بود.

کالیبره حرکات دست و بدن خود را به هنگام تجربه انواع احساسات و بیان کلمات مختلف پیدا کنید.

تمرین کنید که چگونه دست‌ها، بازوها و بدن خود را با حرکت، و ظرافت و دقت حرکت می‌دهید؟

به واکنش‌های خود در برابر احساسات خودتان دقت کنید

عکس العمل سر، دست و بدنتان در مقابل رفتار و کلام دیگران را مورد بررسی قرار دهید. هنگامی که با این حرکات ظریف آشنا شوید، بیشتر مردم را جذب می‌کنید.

جهت تشخیص بهتر و قوی تر کالیبراسیون پیشنهاد می‌شود بر روی تیزبینی خود نیز کمی کار کنید.

تیزبینی در حقیقت توانایی دیدن نکات ریز و ظریفی می‌باشد که از دید اکثریت پنهان می‌ماند.

تمرین تیزبینی (Talking Heads)

می‌توانید یک نوار ویدیو را تهیه کنید، شروع کنید به نگاه کردن در حالی که صدای آن را قطع کرده اید، و تمرین لب خوانی انجام دهید.

اگر این تمرین از پخش زنده نباشد تا بتوانید فیلم را

برگردانید و نتیجه لب خوانی‌تان را بررسی کنید راحت‌تـر و بهتر نتیجه خواهید گرفت.

حدود ۲۰-۳۰ دقیقه این تمرین را ادامه دهید و این کار را برای ۲۱ بار طی دو ماه انجام دهید تا ایـن توانـایی بـه سطح ناخودآگاه شما انتقال پیدا کند و تبـدیل بـه مهـارت گردد و از نتیجه آن شگفت زده شوید.

می‌توانید از فیلم‌هایی استفاده نمایید که در آن دو نفـر و یا چند نفر بحث و تبادل نظر دارند، سپس تعیـین کنیـد که چه کسی برنده این بحث غیرمعمول می‌شود؟

ببینید چه موقع می‌توانید این را تشخیص دهیـد و یـا اینکه آیا شما در پایان نتیجه را درست حدس زده اید؟

خانم‌ها به سادگی علائم ظریف را در رفتار غیـر کلامـی تشخیص می‌دهند، و اکثر زنان فکر می‌کنند مردان نسبت به زبان بدن کور هستند!

آقایان نیز با انجام این تمرینـات می‌تواننـد بـه مهـارت برسـند. ویـدیوهایی از بازجویی‌هـا (ماننـد ویـدئو هیئـت منصفه بزرگ کلینتون) را ببینید. سپس آزمایش کنید که آیا شما می‌توانید دروغ را از حقیقت تشخیص دهید؟

آشنایی با سیگنال‌های زیر و توجه به آن‌ها به شما کمـک می‌کند تا تشخیص‌های بهتری داشته باشید:

- لحن صدا
- رنگ صورت
- تنش عضلانی در صورت و پیشانی
- زاویه سر
- توجه به تعادل

- حالت لب پایین و بالا
- الگوی تنفس
- ضربان قلب (می تواند در پایه بسیاری از گردن‌ها دیده شود)
- لبخند زدن / اخم کردن
- انقباض بینی
- لب گزیدن
- حرکت ابرو
- رطوبت صورت و دست‌ها
- کف دست رو به بالا یا پایین
- رنگ و تورم لب
- چشمک زدن هنگام پاسخ دادن
- تغییرات صوتی در هنگام پاسخ
- زمان برای پردازش پاسخ
- تغییر رنگ پوست صورت و بدن
- کیفیت صدا - تن، سرعت، مکث، ریتم
- تغییرات در انرژی.

تمرین

یکی از راه‌های تمرین کالیبراسیون این می‌باشد که از کسی بخواهید به یک نفر فکر کند و او را فرد A بنامید سپس به تمام سیگنال‌های فرد و کالیبراسیون او در حالی که به A فکر می‌کند دقت کنید.

سپس از او بخواهید که به فرد دیگری فکر کند. او را فرد B بنامید، هنگامی که شما به ماکرورفتارها و

میکرورفتارهای شخص دقت کردید، لذت واقعی شروع می‌شود.

در اینجا می‌توانید پرسش‌هایی را مطرح کنید که پاسخ این پرسش‌ها یکی از دو نفر باشد. مثلاً شما شاید بپرسید که کدام یک از آنها قد کوتاه‌تر یا کدام یک از آنها قد بلندتر هستند؟

شخص بدون توجه به فیزیولوژی خود شروع می‌کند به فکر کردن و در این لحظه شما باید تشخیص دهید که به فرد A فکر می‌کند یا B؟

همراه دوستانتان مشغول این بازی ساده شوید و سعی کنید تا حالت‌های آنها را متوجه شوید.

در حین انجام این کار به تغییراتی که در رفتارها و حالت‌های بدنی آنها ایجاد می‌شود، دقت کنید.

در چهره آنها چه تغییراتی اتفاق می‌افتد؟

حرکات بدن آنها چگونه تغییر می‌کند؟

هنگامی که شما این کار را در یک محیط امن و با خیال راحت تمرین کنید، می‌توانید همان مهارت‌ها را در " دنیای واقعی " تمرین و اعمال کنید.

برای مثال:

اگر می‌خواهید چیزی را بفروشید می‌توانید با توجه به کالیبراسیون طرف مقابل بدانید که در حال حاضر در مورد پیشنهاد شما چه فکر می‌کند، و سعی کنید در هنگام مناسب با توجه به کالیبراسیون، پیشنهاد خود را مطرح کنید.

هرچه بیشتر به شخص دیگری توجه کنید، راحت‌تر می‌توانید پاسخ‌های خود را بخوانید. البته، اگر شما فرصت داشته باشید که شخصی را در یک دوره زمانی مشاهده کنید، همانند یک همکار یا عضو خانواده، اطلاعات بیشتری برای کار به شما ارائه می‌دهد.

با تمرین کردن، شما بیش از دیگران می‌توانید علایم را در مورد افرادی که حتی برای یک لحظه اطراف شما قرار می‌گیرند متوجه شوید درست مثل شرلوک هلمز.

این تغییرات را در حرکات بدن آنها به سرعت خواهید دید، در حالی که در برخی دیگر این تغییرات به سادگی مشاهده نمی‌شوند و به دقت بیشتری نیاز دارید.

تاثیرپذیری بیشتر با دقت روی کالیبراسیون خودتان و دیگران

دوست داشته باشید یا نه، همه ما دائما در حال تاثیرگذاشتن روی دیگران هستیم.

با یک نگاه یا یک کلمه می‌توانید حالت‌هایی را در افراد دیگر بیدار کنید.

وقتی کسی از شما تعریف می‌کند یا از دستتان ناراحت شده باشد، متوجه می‌شوید که لحن صدایش تغییر می‌کند و یا بالعکس.

شما می‌توانید برای رسیدن به حالت‌های مختلف سراغ لحن‌های متفاوت بروید، گاهی عوض کردن لحن صدا می‌تواند بسیار اثر گذار باشد. می‌توانید از این حالت‌ها

برای قرارگیری در موقعیت‌های بهتر استفاده نمایید. برای شروع از خودتان سوال کنید بهترین راه و بهترین کالیبراسیون برای شما به منظور انجام کارهای زیر چیست؟

- یادگیری موثر
- عملکرد عالی
- ارتباط با دیگران

حال

- زمان‌هایی را در گذشته به یاد بیاورید که در این حوزه‌ها موفق بوده اید.
- در آن زمان‌ها چه حالتی داشتید؟ کجا بودید، همراه چه کسانی بودید و چه کارهایی انجام می‌دادید تا به شما در موفقیتتان کمک کند؟
- چه چیزهایی برایتان مهم بود؟
- مجموعه ای از شرطی‌های دیداری، شنیداری و احساسی برای خود در نظر بگیرید که به شما درباره خودتان و دیگران احساس خوبی دهد.
- استفاده از تکنیک آنکراژ نیز می‌تواند به شما کمک کند تا بیش تر به منابع درونی‌تان دسترسی داشته باشید و به بهترین شکل ممکن این منابع را به کار ببرید.

تغییر خاطرات بد با ان ال پی

کنترل احساسات و ذهن با ان ال پی NLP

اگر می‌خواهید زندگیتان را بهتر کنید، به جای احساس خشم، ترس و نگرانی، احساس‌های خوب را در خودتان ایجاد کنید.

در این قسمت به این بخش می‌پردازیم که چگونه می‌توانید حالات خود را تغییر دهید تا در هر زمان به آن چه می‌خواهید، دست یابید.

شما می‌توانید کنترل احساستان را به دست بگیرید. و همچنین می‌توانید در هر زمانی که خواستید به انسان سرزنده ای تبدیل شوید و این کار را با ایجاد احساس خوب در خود ایجاد کنید. اما چون اکثر احساسات ناآگاهانه رخ می‌دهند، ایجاد احساس خوب را مشکل می‌کند.

با وجود آن که احساسات را اغلب نمی‌توانیم آگاهانه تحت کنترل درآوریم، اما می‌توانیم از احساسات مانند قطب نمایی استفاده کنیم که به ما نشان می‌دهد در چه وضعیتی قرار داریم، ما بیشتر به احساساتمان توجه می‌کنیم تا طرز ایستادن، نشستن و یا الگوی تنفسیمان.

احساسات را نمی‌توان به قله قابل مشاهده کوه یخی شناور در آب تشبیه کرد، ما نمی‌توانیم همه وضعیت جسمانی و فرایندهای تفکری‌مان را که باعث بروز احساسات شده اند را ببینیم.

اینها همان ٪۹۰ بقیه کوه یخی شناور در آب را تشکیل می‌دهند که در زیر آب قرار گرفته اند و ما نمی‌توانیم آنها را ببینیم.

اگر بخواهید احساسات را بدون تغییر حالت بدن و یا تغییر تفکرات تحت تاثیر قرار دهید کار بدون نتیجه ای را آغاز کرده اید، چون با این کار فقط قله بیرون کوه یخی شناور را اره می‌کنیم. و دوباره قله یخ سر از آب بیرون می‌آورد، مگر اینکه به وسیله نیروهای عظیمی مثل داروها و یا مخدرها تمام آن را به داخل آب فرو ببرید.

احساساتی که به صورت عادت درآمده اند خیلی راحت روی صورت و حالت افراد تاثیر گذاشته و شخص متوجه نخواهد شد که چگونه احساسات، بدن او را تحت تاثیر قرار می‌دهند.

ذهن در حکم فرمانده و راهنما عمل می‌کند و بدن فرمانبردار و پیروی کننده به نظر می‌رسد.

مشکل انسان‌ها به کمبود منابع ختم نمی‌شود، بلکه آنها نمی‌توانند منابع را تحت کنترل خود درآورند.

ما اگر بخواهیم می‌توانیم ذهنمان را کنترل کنیم و لزومی ندارد که اجازه بدهیم تا ذهنمان ما را کنترل کند.

لطفاً این آزمایش را انجام دهید:

لحظه ای به یکی از خاطرات لذت بخش خود فکر کنید،

زمانی که شما واقعاً احساس خوبی داشته اید، مجددا به آن خاطره برگردید و چند لحظه دوباره آن را کاملا تجربه کنید، انگار که همین لحظه دارد اتفاق می‌افتد.

زمانی که شما از این احساس خوب لذت می‌برید، با دقت بیشتری آن را مرور کنید، به اینکه چه چیزی در زندگیتان می‌بینید، می‌شنوید و احساس می‌کنید.

سپس به زمان حال برگردید و به تاثیری که این خاطره روی حالت فیزیکی بدن شما، و حالت تنفسی‌تان گذاشته، دقت کنید.

تجربیات گذشته می‌توانند به شما کمک کنند که در زمان حال نیز احساس خوب را دوباره تجربه کنید.

اگر چه صداها و تصاویر مربوط به گذشته می‌باشند، اما وقتی که ما به طور ذهنی آنها را دوباره می‌آفرینیم همان احساسات را تجربه می‌کنیم.

بنابراین شما می‌توانید همیشه خودتان را در موقعیت بهتری قرار دهید.

البته می‌توان این کار را به صورت برعکس نیز انجام داد.

به یکی از خاطرات ناخوشایند خود فکر کنید، وقتی که خاطره را پیدا کردید، خودتان را در گذشته تصور کنید، چه چیزی می‌بینید؟ چه چیزی می‌شنوید؟ به احساس خود توجه کنید.

می‌توانید سریع‌تر به زمان حال برگردید و توجه کنید که یادآوری خاطره گذشته چطوری شما را تحت تاثیر قرار می‌دهد، این احساس را با احساس قبلی مقایسه کنید و به تفاوت حالت بدن و طرز تنفس خود دقت کنید.

وقتی که شما خاطره ناخوشایندی را احساس کردید، باعث شد که روی کارایی شما تاثیر بگذارد و کل بدن شما این حالت منفی را به خود بگیرد و باعث شود ماهیچه‌های شما، وضعیت بدن شما و حالت تنفسیتان از آن پیروی کند.

بنابراین بسته به اینکه ذهنتان به چه چیزی تمرکز می‌کند، احساسات و حالت فیزیکی بدن نیز تحت تاثیر قرار می‌گیرد.

افراد می‌توانند به صورت ارادی حالات احساسی خود را تغییر دهند که این کار باعث بهبود کیفیت زندگی می‌شود، چون به مدت زیادی نمی‌توانید با احساسات منفی درگیر باشید.

حالات فیزیکی ایجاد شده ناشی از خاطرات و تصورات ذهنی، می‌توانند تجربیات بعدی شما را به مدت چند دقیقه یا چند ساعت و یا چند روز تحت تاثیر قرار دهند.

ما در زندگی پیوسته حالت‌های احساسی متفاوتی را تجربه می‌کنیم، شاید بهتر باشد به جای اینکه حوادث بیرونی، احساسات ما را شکل دهند، ما بتوانیم خودمان روی حالات و احساسات خود اثر گذار باشیم.

همین چند لحظه قبل شما احساس خوش و احساس ناخوشی را بدون اینکه در دنیای بیرون اتفاق مخصوصی رخ دهد تجربه کردید و این خود شما بودید که روحیه و احساس خود را تغییر دادید.

افراد افسرده حتی بدون آن که خود متوجه باشند احساسات منفی را به مدت طولانی در خود نگه می‌دارند.

ان ال پی می‌گوید برای تغییر احساس بد به خوب، نیازی به یادآوری عمیق درد نداریم، تنها می‌توان با تغییر نوع تصورات درباره آن تجربه، تصور و احساس بهتری ایجاد نمود.

ان ال پی اغلب بدون اشاره به محتوای مشکلات شخص، می‌تواند آن را بهبود ببخشد.

می توانیم برای درک بیشتر این روند کارکرد سیستم عصبی را بشناسیم.

سیستم عصبی

دستگاه عصبی از نظر پیچیدگیِ روند تفکر و تنظیم فعالیت‌ها، یک دستگاه منحصر به فرد به نظر می‌رسد.

دستگاه عصبی در هر دقیقه میلیون‌ها واحد اطلاعاتی از اعصاب و ارگان‌های حسی مختلف دریافت می‌کند و پس از جمع بندی کلیه این اطلاعات، پاسخ‌هایی که باید از جانب بدن نشان داده شوند را تعیین می‌کند. دستگاه عصبی مرکزی بیش از ۱۰۰ بیلیون نورون(سلول عصبی) دارد.

اکثر فعالیت‌های دستگاه عصبی از تجربیات حسی منشاء می‌گیرند که گیرنده‌های حسی را تحریک می‌کنند، برای مثال، گیرنده‌های بینایی در چشم‌ها، گیرنده‌های شنوایی در گوش‌ها، گیرنده‌های لمسی روی سطح بدن! این تجربیات حسی اکثرا منجر به واکنش فوری مغزی می‌شوند یا اینکه مغز می‌تواند خاطره تجربه را برای چند دقیقه، چند هفته یا سال‌ها در خود ذخیره کند و به این ترتیب واکنش‌های بدن را در آینده تعیین کند.

پردازش اطلاعات-عمل جمع کننده دستگاه عصبی

یکی از مهمترین عملکردهای دستگاه عصبی را پردازش اطلاعات ورودی ذکر می‌کنند به گونه ای که پاسخ‌های حرکتی و ذهنی مناسب اتفاق بیفتد.

بیش از ۹۹% از کل اطلاعات حسی، توسط مغز نامربوط و غیر مهم تلقی می‌شوند.

برای مثال، در حالت عادی فرد نسبت به بخش‌هایی از بدن که با لباس‌ها در تماس هستند یا فشار صندلی در حین نشستن توجه ای ندارد.

همین طور سروصدای دائم محیط اطراف معمولا به بخش ناخودآگاه مغز فرستاده می‌شود.

وقتی اطلاعات حسی مهم، مغز را تحریک می‌کنند، فورا به طور مناسب به مناطق جمع بندی کننده و مناطق حرکتی مغز فرستاده می‌شوند تا پاسخ‌های مورد نظر ایجاد شوند.

انتقال و پردازش اطلاعات، عمل جمع بندی کننده دستگاه عصبی نام دارد.

بنابراین، اگر شخصی دست خود را روی اجاق داغ بگذارد از پاسخ ناگهانی می‌توان به بالابردن فوری دست و سایر پاسخ‌های همراه آن نظیر دور کردن کل بدن از اجاق و شاید فریاد کشیدن از درد اشاره کرد.

نقش سیناپس‌ها در پردازش اطلاعات:

محل اتصال یک نورون با نورون دیگر را سیناپس (synaps) می‌نامند.

سیناپس‌ها جهت انتشار سیگنال‌های عصبی را در دستگاه عصبی تعیین می‌کنند.

ذخیره اطلاعات- حافظه

به طور معمول، تنها تعداد کمی از اطلاعات حسی بسیار مهم، پاسخ‌های حرکتی فوری ایجاد می‌کنند ولی اکثر اطلاعات برای تنظیم فعالیت‌های حرکتی در آینده، پردازش و ذخیره می‌شوند.

روند ذخیره اطلاعات را حافظه می‌نامند و این امر نیز به نوبه خود جزو عملکردهای سیناپس به شمار می‌آیند.

هر بار که نوع خاصی از سیگنال‌های حسی از یک توالی سیناپسی عبور می‌کند، این سیناپس‌ها دفعه بعد برای انتقال همان نوع سیگنال توانمندتر می‌شوند، این روند تسهیل نام دارد.

پس از آن که سیگنال‌های حسی چندین بار از سیناپس‌ها عبور کردند، سیناپس‌ها به حدی تسهیل می‌شوند که حتی سیگنال‌هایی که بدون وجود محرک حسی خارجی، در خود مغز تولید شده اند نیز می‌توانند از طریق همان توالی مشابه سیناپسی منتقل شوند. این موضوع برای شخص، درکی از تجربه احساسات اصلی فراهم می‌کند، وقتی خاطرات در دستگاه عصبی ذخیره شدند، در واقع به جزیی از مکانیسم پردازش مغز برای تفکر در آینده تبدیل می‌شوند. به این ترتیب در حین روند تفکر، مغز تجربیات حسی جدید را با خاطرات ذخیره شده مقایسه می‌کند.

خاطرات کمک می‌کنند که مغز اطلاعات حسی جدید مهم را انتخاب کند و آنها را برای استفاده‌های آتی به مناطق ذخیره بفرستد یا به منظور ایجاد پاسخ‌های بدنی

آنی، آنها را به سمت مناطق حرکتی به راه بیندازد.

مقایسه دستگاه عصبی با یک رایانه

زمانی که اولین بار رایانه‌ها ساخته شدند، خیلی زود معلوم شد که این ماشین‌ها وجوه اشتراک فراوانی با دستگاه عصبی دارند.

اول اینکه همه رایانه‌ها مدارهای ورودی دارند که می‌توان آنها را با قسمت حسی دستگاه عصبی مقایسه کرد و مدارهای خروجی دارند که می‌توان آن را با قسمت حرکتی دستگاه عصبی مقایسه کرد.

در رایانه‌های ساده، سیگنال‌های خروجی مستقیما توسط سیگنال‌های ورودی تنظیم می‌شوند.

در رایانه‌های پیچیده تر، خروجی دستگاه هم توسط سیگنال‌های ورودی و هم توسط اطلاعاتی که قبلا در حافظه رایانه ذخیره گردیده، تنظیم می‌شود.

تصورات ذهنی

ما تصاویر ذهنی و تجربیاتمان را از طریق حواس پنج‌گانه شکل می‌دهیم و با وجود اینکه همه انسان‌ها از این حواس استفاده می‌کنند اما مقدار و میزان استفاده هر کدام از آنها در افراد متفاوت، مختلف می‌باشد.

اگر کسی بتواند به نتیجه خاصی دست یابد، آن نتیجه از اعمال خاص ذهنی و جسمی او ناشی می‌گردد.

ما با این حواس تصویرهای ذهنی و تجسم خود را

شکل می‌دهیم.

چیزی که خیلی مهم به نظر می‌رسد توجه به تجربه حاصل از آن اتفاق می‌باشد نه دقیقا خود اتفاق!

گاهی احساس گناه نسبت به حادثه ای در ما ایجاد شود(مثلا زمانی که شخصی را می‌بینیم که کسی به او ظلم کرده) که احساس گناه صرفا به خاطر نحوه وقوع آن اتفاق نمی‌باشد، بلکه فقط احساساتی هستند که فارغ از خود رویداد در ما شکل می‌گیرند! چون حتی ما از جزئیات اتفاق آگاهی نداریم و فقط نتیجه آن را مشاهده کرده‌ایم.

ان ال پی مدارهای شادی بخش را تقویت می‌کند و به کاهش یا قطع مدارهای دردآور می‌پردازد.

گاهی بعضی از افراد فکر می‌کنند برای اینکه تجربه ای تلخ را تغییر دهند باید به عمق تجربه منفی رفت و چون کار سخت و دردناکی به نظر می‌رسد، امکان دارد از مواجه شدن با آن فرار کنند، بنابراین به فکر درمان نباشند و یا مدت زمان زیادی طول بکشد تا بتوانند آن تجربه را ترمیم کرد.

در ان ال پی با الگوبرداری از بهترین روان درمانگران دنیا می‌توان هم مدت زمان درمان را کاهش داد و هم درد ناشی از مواجه شدن عمیق با تجربه را از بین برد.

تغییر خاطرات بد

گاهی داشتن خاطرات بد، زندگی ما را تلخ می‌کنند. آیا شما خاطره بدی دارید که با یادآوری آن، احساس بد زیادی را تجربه کنید؟

گاهی با خود فکر می‌کنید که اگر این اتفاق نمی‌افتاد زندگی من بهتر بود!

ایجاد احساسات و بروز عکس العمل‌های ما ناشی از تفکرات ما هستند، ان ال پی به ما آموزش می‌دهد تا با تغییر در دنیای درون بتوانیم احساسات و رفتارهای خود را کنترل و مطلوب سازیم.

ما برای بهتر کردن زندگی نیاز داریم که خاطرات بد گذشته را فراموش کنیم، اما هیچ خاطره ای فراموش نمی‌شود و نمی‌توان هیچ کدام را پاک کرد.

ان ال پی به ما یاد می‌دهد که بدون پاک کردن خاطرات بد آنها را به شیوه ای تغییر دهیم که دیگر ما را آزار ندهند و این یکی از مهم‌ترین ویژگی‌های ان ال پی محسوب می‌شود.

NLP با قدرت زیادی که دارد می‌تواند این احساس بد شما را نه تنها از بین ببرد بلکه آن را برایتان خوشایند سازد!

طریقه برخورد ما با خاطراتی که زیاد به فکر ما خطور می‌کنند، در زندگی ما تاثیرگذار هستند. این خاطرات مربوط به اتفاقات پیش آمده در گذشته می‌باشد، در واقع در دفعات بعد آن موضوع تکرار نمی‌شود، بلکه این شما هستید که آنها را مرور می‌کنید و در واقع خود شمایید که در ذهن خودتان خاطرات گذشته را طوری ثبت کرده اید که موجب رنجش شما می‌گردد.

گاهی افراد فیلم یک خاطره بد را برای سال‌های متوالی، همانند اینکه هم اکنون اتفاق افتاده، را در طول زندگی خود بارها و بارها به نمایش می‌گذارند و ساعت‌ها بابت

آن تجربه اندوهگین می‌شوند و در نهایت فکر کردن به آن خاطره به صورت یک عادت برای آنها در می‌آید.

حواس

حس‌های شما به تجربیاتتان معنی می‌دهد، حس‌های شما که شامل حواس دیداری، شنیداری، لمسی، بویایی و چشایی هستند، مصالح اولیه تجربه‌ی شما از دنیای اطرافتان می‌باشند.

بنابراین تغییری کوچک در آنها می‌تواند اثر زیادی روی تغییر این تجربیات داشته باشد. می‌توانید انتخاب کنید که طوری ذهنتان را تغییر دهید تا لذتتان را از تجربیات لذت بخش بیشتر کنید و هیجانات منفی را از تجربیاتتان کمتر و یا حذف کنید.

قدم اول برای غلبه بر خاطرات بد، نگاه کردن به آنها به طرق و شیوه ای دیگر می‌باشد. هنگام مرور خاطرات، شما طوری آنها را یادآوری می‌کنید که گویی الان اتفاق افتاده‌اند.

آنها فقط به صورت یک تصویر، حس و یا صدای کوچک در ذهن شما تولید نمی‌شوند، آنها درست مانند این می‌باشند که همین لحظه شما مجددا در آن لحظه حضور دارید.

اگر خاطرات بد را همواره در ذهن دارید، حالا موقعیت مناسب فرا رسیده تا به آنها نگاهی بیاندازید و تغییرشان دهید. هر چقدر بیشتر خاطرات را مرور می‌کنید بیشتر آنها را زنده می‌کنید، حال اگر خاطره شما منفی باشد،

احساسات منفی بیشتری در شما زنده می‌شوند.
برای کنترل ذهن و تغییر خاطرات بد ابتدا باید با ساب مدالیته‌ها و جایگاه‌های ادراکی آشنا شوید.

ساب مدالیته (کیفیت حسی فرعی)

کیفیت حسی فرعی یا ساب مدالیته‌ها در ان ال پی(submodalities)

وقتی که ما در مورد ۳ راه اصلی فکر کردن یا مدالیتی (صداها، تصویر و احساس) صحبت می‌کنیم این در واقع اولین قدم می‌باشد.

اگر شما بخواهید یک تصویر را که دیده‌اید توصیف کنید، جزئیات زیادی وجود دارد که می‌توانید اضافه کنید، یعنی زمانی که شما مشخصات تصویرها، صداها و احساس‌ها را توصیف می‌کنید مانند اینکه تصویر به صورت سیاه و سفید دیده می‌شود یا رنگی؟ متحرک یا ثابت؟ دور یا نزدیک و... این ویژگی‌ها را کیفیات حسی فرعی یا ساب مدالیته می‌نامند.

حتی موارد زیادی صرف نظر از خود تصویر وجود دارد، مانند اینکه صداها را توصیف کنید که بلند شنیده می‌شود یا آرام، نزدیک یا دور، خشن هستند یا ملایم؟

احساسی که وجود دارد نیز می‌تواند سنگین باشد یا سبک، تیز باشد یا کند، ملایم باشد یا شدید؟

بنابراین با پیدا کردن روشی که روش معمول فکر کردن به نظر می‌رسد همان عناصر حسی یا مدالیتی را پیدا کنید، در قدم بعدی با دقت بیشتری، در خصوص آن مدالیته

(ویژگی‌های حسی) جزئیات بیشتری ارائه بدهیم که در اصطلاح آن جزئیات ریز را ساب مدالیته (زیر حس و یا ریز حس‌ها) می‌نامند.

اگر کانال ترجیحی کیفیتی باشد که با آن دنیا را می‌بینیم، پس ساب مدالیته‌ها زیر واحدهای ساخت این حواس هستند و اینکه چگونه هر تصویر، صدا یا احساس در ذهن ما ساخته می‌شود.

یونانی‌های باستان در مورد تجربه کردن حواس صحبت کرده‌اند و ارسطو هم درباره ساب مدالیته‌ها صحبت به میان آورده، البته به عنوان کیفیت حواس نه ساب مدالیته!

برای تغییر یک تصویر ذهنی علاوه بر داشتن جزئیات، مقدار مورد نظر از هر جزء نیز بسیار مهم می‌باشد و اگر جزء خاصی کم و یا بیشتر از مقدار مورد نیاز باشد، نتیجه دلخواه حاصل نمی‌گردد.

در اینجا ساب مدالیته‌ها و یا کیفیات حسی فرعی را باید مورد توجه قرار داد.

ساب مدالیته‌ها، اجزاء دقیق حواس می‌باشند که می‌توان گفت دقیق ترین و جزیی ترین زیرواحدهای ساختمان تجربه‌ها و خاطرات انسانی هستند.

ریچارد بندلر در سال ۱۹۸۳ بود که به طور صریح ساختار ساب مدالیته‌ها را به طور کلی تشریح کرد.

او مشخص کرد که چگونه ساب مدالیته‌ها و یا زیرمجموعه‌ها راه درک ساختار اساسی همه تجربه‌ها هستند.

وی توانست با تغییرات ساب مدالیته‌ها، خاطرات و

عادت‌ها و اعتقادات را تغییر دهد .

بندلر و گریندر با کمک VAKOG زیرمجموعه‌ها و ویژگی‌های حس‌ها را ساختند، که یک زبان برای توصیف و مدل سازی تجربیات ذهنی و درونی انسانی بود.

زمانی که مفهوم ساب مدالیته‌ها در زمینه برنامه نویسی-زبان شناختی به وجود آمد، این امکان ایجاد شد که تجارب داخلی انسان‌ها با استفاده از جنبه‌های مختلف حواس توضیح داده می‌شد.

مغز اغلب از این عناصر ساختاری به عنوان راهی برای ثبت و یا شناخت و بازسازی تجارب استفاده می‌کند. این لینک به صورت دوجانبه عمل می‌کند - یعنی احساسات متصل به یک تجربه ذهنی تحت تاثیر برخی از زیر مجموعه‌های خاص قرار می‌گیرند که در صورت تغییر ساختار تجربه، حالت عاطفی نیز تغییر می‌کند.

کشف این که احساسات مربوط به یک تفکر با زیر مجموعه‌ی آن اندیشه در تعامل قرار دارد، موجب شد که بندلر برای تغییر اندیشه و یا احساس از تغییر ساب‌مدالیته‌ها استفاده کند.

اریک رابی (یک مربی NLP) در سال ۱۹۸۴ نشان داد که می‌توان با استفاده از روش‌های زیر، یعنی با کمک رفتارها و تغییرات بیرونی فرد، متوجه تغییرات و ساب مدالیته‌های درونی او گردید:

۱. در مورد ساب مدالیته‌های چشمی (دیداری‌ها)، تغییرات ظریف در عضلات چشم و پوست اطراف چشم، شاخص‌های خوبی برای تشخیص ساب مدالیته‌های

دیداری هستند.
۲. در مورد شنوایی، تغییرات ظریف در عضلات اطراف گوش‌ها عملکرد مشابهی را برای ساب مدالیته‌های شنوایی انجام می‌دهند
۳. در مورد ساب مدالیته‌های حسی، تغییرات ظریف در عضلات بدن، تغییرات ذهنی در این روش را نیز نشان می‌دهد.

ساب مدالیته‌ها مولفه‌های کلیدی بسیاری از تکنیک‌های تغییر NLP هستند، که به تنهایی یا به عنوان بخشی از تکنیک‌های دیگر برای کمک به افراد برای ترک سیگار، خوردن غذاهای خاص و کمتر از دیگران، تغییر باورها و ارزش‌ها، افزایش انگیزه، تغییر از استرس به آرامش، برخورد با ترس و غیره، استفاده می‌گردند.

در صفحات بعد بیشتر به کیفیت‌های فرعی (ساب‌مدالیته‌ها) پرداخته خواهد شد.

قدرت تصویر ذهنی

تمام رفتارها و حرکات افراد از تصورات درونی آنها ناشی می‌شود، شما نیز می‌توانید کارگردان تصاویر و فیلم‌های درونیتان باشید، می‌توانید فیلم را طوری بسازید که تاثیر بیشتر و بهتری بر شما و یا دیگران بگذارد.

با تغییر زاویه دوربین، تغییر تصاویر و رنگ‌ها، نوع و شدت موسیقی، تغییر کیفیت تصویر و ... بهترین حالت را ایجاد کنید.

این کار سبب افزایش قدرت و لذت تصورات درونی

می‌گردد که در نهایت منجر به تولید احساس خوب می‌شود.

بنابراین و به راحتی و طی چند دقیقه می‌توانید احساسی مثبت را قوی‌تر و نیرومندتر کنید و یا تصویر منفی را کم رنگ‌تر و ضعیف‌تر کنید.

شما می‌توانید با کنترل نحوه تصورات ذهنی خود از زندگی، زندگی خود را به شکلی که می‌خواهید کنترل کنید، زیرا تمام کیفیات فرعی می‌توانند نحوه احساس مغز را کنترل کنند.

خوب یا بد وجود ندارد، فکر ما آنها را به وجود می‌آورد. (ویلیام شکسپیر)

ما به طور غریزی می‌دانیم که تصورات ذهنی چه قدرتی دارند. وقتی موردی برای ما مهم باشد مرتب آن را در ذهن خود تکرار و تصویر سازی می‌کنیم و با این کار به آن قدرت می‌بخشیم.

با تمرین زیر می‌توان به قدرت تصویر ذهنی پی برد.

لطفاً به خاطره ای فکر کنید که تمایل زیادی برای انجام آن داشتید.

- وقتی به آن خاطره فکر می‌کنید، چه اتفاقی می‌افتد که متوجه می‌شوید به آن فکر می‌کنید؟
- کدام حس قوی تر احساس می‌شود و اثر بیشتری روی شما دارد؟
- آیا تصویری می‌بینید و یا صدایی می‌شنوید و یا

احساسی در شما ایجاد می‌شود؟
- اگر فکر شما به صورت تصویری باشد، وقتی به تصویر می‌نگرید آن را متحرک می‌بینید یا ثابت؟
- سیاه و سفید یا رنگی؟
- تصویر در چه فاصله‌ای نسبت به شما قرار دارد؟
- رو به روی شما قرار دارد یا در یکی از طرفین؟
- تصویر، بالا، پایین و یا در وسط دیده می‌شود؟
- آیا صدایی نیز می‌شنوید؟ صدای خودتان به گوشتان می‌رسد یا محیط؟
- تن صدا بالا به نظر می‌رسد یا پایین؟
- درجه حرارت چگونه به نظر می‌رسد؟
- محل احساس شما در چه نقطه‌ای از بدنتان خودش را نشان می‌دهد؟

اگر پیدا کردن سوالات فوق برای شما مشکل می‌باشد از هم پوششی استفاده کنید.

هم پوششی

اگر در به خاطر آوردن هر کدام از حس‌ها مشکل دارید، می‌توانید برای قدم اول از قوی ترین حستان استفاده کنید.

مثلا اگر فقط احساس خاصی نسبت به آن خاطره دارید و نمی‌توانید تصویر و یا صدای آن را به خاطر بیاورید، ابتدا تمرکزتان را فقط روی احساستان ببرید و به جزئیات احساس بپردازد.

وقتی توانستید احساس واضح و روشنی را مرور کنید می‌توانید روی حس‌های دیگر بروید و آنها را با جزئیات

بیشتری به خاطر بیاورید.

شناسایی ساب مدالیته‌های هر عنصر حسی

ساب مدالیته‌ها در ان ال پی یعنی اجزای کوچکتر زیر بنایی هر کدام از حس‌ها.

ساب مدالیته‌های دیداری ان ال پی

هنگام دیدن یک تصویر می‌توانید دقت کنید که:
- ✓ این تصویر کجاست و چه ویژگی‌هایی دارد؟
- ✓ بزرگ یا کوچک؟
- ✓ ثابت یا متحرک؟
- ✓ آسو شدن یا دیسو شدن؟(رجوع به صفحه ۱۳۸)
- ✓ رنگی یا سیاه و سفید؟
- ✓ قاب شده یا نامحدود؟
- ✓ عمق (دو بعدی یا سه بعدی)؟
- ✓ موقعیت(چپ یا راست، بالا یا پایین)؟
- ✓ فاصله شخص از تصویر؟
- ✓ شفافیت و روشنی؟
- ✓ تباین و تضاد(کنتراست)؟
- ✓ وضوح (تار یا متمرکز)؟
- ✓ متحرک(شبیه فیلم یا حرکت دادن اسلاید)؟
- ✓ سرعت(سریعتر یا آهسته‌تر از معمول)؟
- ✓ تعداد(نصف شدن عکس یا عکس‌های چندتایی)؟
- ✓ و ...

ساب مدالیته‌های شنیداری در ان ال پی

درست مثل تصویری که در ذهن می‌سازید، صداهایی کـه در ذهن می‌شنوید هم ویژگی‌های خاص خود را دارند.

- ✓ سکوت یا صدادار؟
- ✓ محل قرار گرفتن صدا؟
- ✓ استریو یا تک باندی؟
- ✓ کلمات یا صداها؟
- ✓ بلندی صدا(بسیار بلند یا آرام)؟
- ✓ صدای اطراف؟
- ✓ منشاء تولید صدا؟
- ✓ تن صدا (نرم یا تند)؟
- ✓ دایره زنگی (پری صدا)؟
- ✓ فاصله از منبع صدا؟
- ✓ مدت؟
- ✓ دائمی یا منقطع؟
- ✓ سرعت (سریع‌تر یا آهسته‌تر از معمول)؟
- ✓ وضوح (روشن یا مبهم)؟

ساب مدالیته‌های کنستاتیک در ان ال پی

- ✓ موقعیت فیزیکی احساس در بدن ؟
- ✓ شدت احساس ؟
- ✓ فشار (شدید یا ملایم) ؟
- ✓ وسعت (مقدار گسترش) ؟
- ✓ بافت (نرم یا زبر) ؟
- ✓ وزن (سبک یا سنگین) ؟

- ✓ دما (درجه حرارت) ؟
- ✓ تحمل (چقدر دوام آوردن) ؟
- ✓ شکل احساس ؟
- ✓ استحکام ؟
- ✓ ارتعاش ؟
- ✓ بو ؟
- ✓ مزه ؟

موارد فوق متداول‌ترین ساب مدالیته‌ها می‌باشد که مردم استفاده می‌کنند که البته می‌تواند کامل‌تر از این باشد، شما می‌توانید در تکمیل و اضافه کردن ساب مدالیته‌های بیشتری به ما کمک کنید.

زمانی که ما به چیزی فکر می‌کنیم، تصویر آن چیز در مکان به خصوصی قرار می‌گیرد، اندازه به خصوصی دارد و در فاصله‌ی به خصوصی از ما قرار می‌گیرد.

چیزی که می‌تواند به شما بسیار کمک کند توجه کردن به ساب مدالیته‌ها می‌باشد، ثابت یا متحرک کردن تصویر، بزرگ و کوچک کردن آن و بردن آن به جایی دیگر یا ... می‌تواند روی حس شما از آن تصویر تاثیر زیادی داشته باشد، در این صورت کنترل ساب مدالیته‌ها را به دست گرفته و به دلخواه آنها را طوری تغییر دهید که حال و هوای بهتری در شما ایجاد کند و این از خصوصیات منحصر به فرد ان ال پی به حساب می‌آید.

اگر ساب مدالیته‌ها کدهای تفکری ما هستند، ما با تغییر کدها معنای آن را در ذهنمان تغییر می‌دهیم.

هنگامی که معنی تغییر می‌کند، احساس ما تغییر

می‌کند. احساس ما نیز رفتار ما را تعیین می‌کند. وقتی کارهای متفاوتی انجام می‌دهیم، می‌توانیم واقعیت و دنیای شخصی‌مان را تغییر دهیم.

چگونه تغییرات بهتر و قدرتمندتری ایجاد کنیم؟

ان ال پی به ساختار تجربه توجه دارد، نه به محتوای آن. برای داشتن تغییرات بهتر باید ساختارهای بهتری ایجاد کرد.

زیر مجموعه‌های دیداری وقتی که آنها روشن تر، بزرگتر و نزدیکتر می‌شوند، برای بسیاری از مردم قدرتمندتر هستند. وقتی که آنها کم نور تر، دورتر و کوچکتر هستند، قدرت کمتری دارند.

البته امکان دارد در شخصی عکس این موضوع باشد شما نسبت به هر خاطره باید بیشترین تغییرات ساختاری که احساس شما را تغییر می‌دهد برای خود کشف کنید.

حتی اگر خاطرات از یک موقعیت (مکان) به موقعیت دیگری منتقل شوند، احتمالا قدرت آنها نیز تغییر می‌کنند.

تغییر یک تصویر نامطلوب:

آن را کوچکتر کنید، و از خود دور کنید. توجه کنید که هر گونه تغییر چگونه احساس شما را تحت تاثیر قرار می‌دهد. با تغییر دادن تصاویر دیداری به این ترتیب می‌توانید تاثیری که بر روی شما دارند را تغییر دهید.

تغییر روش‌های شنیداری

اگر با خودتان صحبت‌های منفی می‌کنید، سعی کنید حجم صدای خود را کاهش دهید. آن را کسل کننده و مضطرب کنید - آن را خسته کننده کنید. منبع ظاهری آن را تغییر دهید، آن را به مکان‌های مختلف تغییر دهید و توجه کنید که کدام موقعیت برای تغییر، بیشترین تاثیر را دارند.

برای ایجاد انگیزه، سعی کنید صدای خود را بالا ببرید و آن را انگیزشی تر کنید. سعی کنید کلمات مختلفی برای شروع کلامتان پیدا کنید تا ببینید که چگونه این کلمات و همچنین تغییر قدرت صدا، شما را بیشتر تحت تاثیر قرار می‌دهد.

شما می‌توانید هر گونه صدا را به نحو موثرتری به کار بگیرید و یا آن را کم اثر تر کنید.

تغییر حالت کنستاتیک

احساس‌ها را تغییر دهید.

اگر احساس داغی باشد، برای خنثی کردن اثر، آن را خنک کنید.

اگر زبر می‌باشد،سعی کنید آن را نرم کنید.

اگر سنگین احساس می‌شود و فشار دارد، آن را سبک تر کنید یا بالعکس و فشار را بردارید.

عبور از محدودیت ساب مدالیته‌ها

شما می‌توانید اثر تغییرات را بررسی کنید. به عنوان مثال، اگر کسی احساس افسردگی داشته باشد، می‌تواند آن را به صورت بافت، وزن و ... بررسی کند.

با این حال، شاید برای شما بررسی کردن رنگ و اندازه امکان داشته باشد.

برای ساب مدالیته‌ها محدودیت و چهار چوب قائل نشوید.

می‌توانید هر کجا باشید و در هر زمان از این ابزار برای تغییر زندگی‌تان استفاده کنید.

با استفاده از زیر مجموعه‌ها شما می‌توانید ذهن خود و ذهن دیگران را تغییر دهید.

ابزار فوق را می‌توان برای تغییر تصاویر ناخوشایند که بر روی شما تاثیر می‌گذارد استفاده کنید که باعث می‌شود حوادث در ذهن شما کمی خوشایندتر شوند.

جایگاه‌های ادراکی

چهار جایگاه ادراکی در NLP

۱. من ASSO
۲. تو ASSO
۳. من DISSO
۴. متا Meta

من asso (Associated)

جایگاهی که همین الان شما دارید و مشغول خواندن این مطالب هستید، جایگاهی که شخص از لحاظ احساس کاملا خود را درگیر می‌کند.

وقتی که به یک خاطره فکر می‌کنید، تصویری را که می‌بینید، بسنجید که آیا این تصویر را با چشمان خودتان مشاهده می‌کنید(انگار خود در موقعیت حضور دارید و به صورت ذهنی به آن مکان و زمان رفته‌اید در این جایگاه ادراکی شما در درون تصویر هستید و با تمام حواس با موضوع در ارتباط هستید که این حالت را آسو شده (asso) یا خود احساس می‌نامند.

اگر تصویر کل جسم خودتان را در تصویر نمی‌بینید بلکه با چشمانتان به تصاویر اطراف می‌نگرید و با احساستان در آن تصویر درگیر شده اید، این بدین معنای آسو (Asso) یا هم خوان شدن شما می‌باشد.

مثلا دیروز بعد از ظهر فوتبال بازی کردید. شما بودید که با پایتان به توپ ضربه می‌زدید. توپ را دستتان می‌گرفتید و با چشمتان مسیر توپ را دنبال می‌کردید.

اگر هنگام مرور خاطره دیروز در ذهنتان به آن جا می‌روید و با چشمانتان همه چیز را می‌بینید شما با آن خاطره Asso هستید.

تو Asso

یعنی نفر دیگری غیر از خود ما که نسبت به احساساتش

asso می‌باشد. دوستان و یا افراد خانواده که در حال حاضر در کنار شما هستند و نسبت به احساساتشان آگاهی کامل دارند.

من Dissociated Disso

زمانی که ما از خودمان جدا می‌شویم و از بیرون به خودمان نگاه می‌کنیم.

اگر به عکس یا فیلم بازی فوتبالتان نگاه کنید در واقع شما در حالت دیسو خودتان را می‌بینید.

یعنی زمانی که شما تصویر خودتان را مشاهده می‌کنید (انگار در موقعیت بیرون از تصویر قرار دارید) این حالت را دیسو (disso) یا دگر احساس گویند.

زمانی که شما خودتان را در تصویر می‌بینید، مانند اینکه در حال نگاه کردن به فیلم خودتان باشید.

این به معنای دیسو شدن (disso) یا ناهم‌خوان شدن شما می‌باشد.

اگر شما در یک خاطره آسو هستید، احساسات شما (شادی، ناراحتی و گریان) شدت خیلی بیشتری دارد. و اگر شما دیسو باشید همانند فیلمی که نگاه می‌کنید، امکان دارد احساسات خیلی کمی درگیر باشد و یا هیچ احساسی نداشته باشید.

متا Meta

متا یا وضعیت بی طرف یعنی زمانی که شما از خودتان

جدا شوید و در جایگاه یک فرد بی طرف که کلا شما را نمی‌شناسد و هیچ احساسی نسبت به شما ندارد و در حال نظاره کردن شما می‌باشد قرار می‌گیرید.

موقعیت متا در NLP محل خارج از یک موقعیت محسوب می‌شود که شما را قادر می‌سازد وضعیت را به روش شفاف تر و به دور از احساس و وابستگی و در اصل از بیرون ببینید.

جایگاه جداگانه ای که نسبت به محتوای رویداد یا شخص درگیر در موضوع بی طرف می‌باشد.

این آزمایش را انجام دهید:

به یک خاطره خوب فکر کنید و با آن آسو شوید و در درون تصویر قرار بگیرید، به احساس خود توجه کنید.

حال از بیرون و به صورت دیسو خاطره مورد نظر را مرور کنید، وقتی از بیرون به تصویر خودتان نگاه می‌کنید احساستان متفاوت خواهد بود، و این یکی از روش‌هایی می‌باشد که با آن می‌توان احساس ناشی از خاطرات بد را کاهش داد.

ولی برای اینکه از خاطرات خوش خود لذت بیشتری ببرید با رفتن به درون تصویر و به صورت آسو آن خاطرات را تجربه کنید.

زمانی که ما به چیزی فکر می‌کنیم، تصویر آن چیز در مکان به خصوصی در ذهن ما قرار می‌گیرد، اندازه به خصوصی دارد و در فاصله‌ی خاصی از ما قرار می‌گیرد.

ما تصاویر را طوری تصور می‌کنیم همانند این که جلوی

ما قرار دارند و دارای سایز و اندازه به خصوصی هستند.
گاهی شما جسم خودتان را به صورت کامل در تصویر می‌بینید، این به معنای دیسو (disso) یا ناهمخوان بودنتان تلقی می‌گردد و یا اینکه خودتان را در تصویر نمی‌بینید، زیرا در درون خاطره از چشمانتان به تصاویر می‌نگرید.
این بدین معنای آسو (Asso) یا همخوان بودن شما می‌باشد.
در رابطه با صداها نیز می‌توانیم نکاتی را در نظر بگیریم:
زمانی که به یک صدای ذهنی در درون سرتان گوش می‌دهید، این صدا، به خودتان تعلق دارد یا دیگران؟
از سمت راست و یا از سمت چپ می‌آید؟
به سمت شما می‌آید و یا از شما دور می‌شود. بعضی از این صداها خیلی بلند و بعضی خیلی آرام می‌باشند.
به تفاوت‌هایی که در صداها در وضعیت‌های مختلف وجود دارند توجه کنید. ما می‌توانیم کشف کنیم که احساسات در چه قسمت و مسیری از بدن وجود دارند.
از این موارد استفاده کرده و ببینید که کدام یک از ساب مدالیته‌ها برای شما از همه مهمتر می‌باشد و با تغییر آنها خاطره شما دستخوش تغییرات زیادی می‌گردد. خاطرات بد به خاطر طرز فکر ما به ما احساس بد می‌دهند ما می‌توانیم با تغییر ساب مدالیته‌ها نگرش خود را و در نتیجه احساس خود را تغییر دهیم. اگر رنگ احساس شما سیاه دیده می‌شود می‌توانید رنگ متفاوتی به آن بزنید! قرمز، زرد و یا ...

تغییر خاطرات با ساب مدالیته‌ها

معمولا اثر یک خاطره بیشتر از اینکه با محتوا در ارتباط باشد با ساب مدالیته خاطره در ارتباط بیشتری قرار دارد. اگر ما ساب مدالیته‌های هر خاطره را بتوانیم شناسایی کنیم و آنها را تغییر دهیم، احساس ما نسبت به خاطره متفاوت خواهد شد.

خاطرات ناخوشایند به خاطر طرز فکر ما احساس بدی را در ما ایجاد می‌کنند ما می‌توانیم با تغییر ساب مدالیته‌ها نگرش خود را و در نتیجه احساس خود را تغییر دهیم.

با توجه به داشتن کانال‌های ترجیحی متفاوت در افراد و ساب مدالیته ای هر فرد، ساختار تجربه‌های ذهنی افراد نیز با یکدیگر تفاوت دارد و به همین دلیل هر فردی از جهان نقشه و برداشت ذهنی به سبک خود را دارد.

زمانی که اتفاقی رخ می‌دهد، تمام می‌شود و دیگر نمی‌توان آن اتفاق را تغییر داد، و بعد از آن دیگر به اتفاق رخ داده شده واکنش نشان نمی‌دهیم بلکه به خاطره آن اتفاق واکنش نشان می‌دهیم در واقع، ساب مدالیته‌های ثبت شده در ذهن ما هستند که ما را آزار می‌دهند، که البته آن ساب مدالیته‌ها را می‌توان تغییر داد.

تغییر احساس از طریق جایگاه‌های ادراکی

تلاش برای حرکت از موقعیت Associated به Disassociated، و بالعکس، می‌تواند به راحتی احساس را تحت تاثیر قرار دهد.

این تغییر در آگاهی می‌تواند منجر به بینش‌هایی شود که شخص را در شرایط بهتر یا بدتری قرار دهد.

زمانی که اشخاص در حالت ASSO قرار دارند، چون احساسات بیشتری درگیر می‌شود فرد، شرایط و موقعیت را بیشتر درک و احساس می‌کند، پس اگر شرایط خوبی باشد، لذت بیشتری می‌برد و اگر شرایط بدی باشد، درد بیشتری را تجربه می‌کند.

با استفاده از جایگاه‌های ادراکی می‌توانیم شخص را در شرایط خوب ASSO کنیم و در شرایط بد، DISSO شود. چگونه تشخیص دهیم که فرد در شرایط ASSO قرار دارد یا DISSO؟

- از طریق احساسات شخص
- از طریق کلام شخص

درASSO احساسات بیشتری درگیر می‌شود و همچنین از طریق نوع کلماتی که به کار می‌برد ما می‌توانیم تشخیص دهیم که فرد خود احساس می‌باشد(ASSO) یا دگر احساس.(Disso)

هنگامی که فرد آنچه را که مشاهده می‌کند توضیح می‌دهد و در مورد احساساتش و تجربیاتش مانند، می‌شنوم، احساس می‌کنم و لمس می‌کنم صحبت می‌کند، او ASSO می‌باشد و هنگامی که شخص احساسات کمتری دارد و از بیرون نظاره می‌کند، توضیح می‌دهد و از کلمات می‌شود، می‌بیند، احساس می‌کند و ... استفاده می‌کند شخص DISSO می‌باشد.

تغییرات واقعی در زندگی و بازی ساب مدالیته‌ها

با انجام این تمرینات درک واضحی از حس‌هایتان و چگونگی تغییر آنها به دست می‌آورید.

شاید تا به حال به این موارد توجه نکرده بودید، بازی با ساب مدالیته‌ها هم می‌تواند جالب باشد و هم موثر!

بیشتر از درک نوع احساستان، باید متوجه شوید کنترل زندگی و تجربه‌هایی که از آن کسب می‌کنید، به خودتان بستگی دارد و می‌توانید آنها را آن گونه که دوست دارید تغییر دهید.

امکان دارد پس از رسیدن به این باور، زندگی‌تان متحول شود.

تکنیک برای تغییر خاطرات بد گذشته

- ابتدا برای شخص آنکور آرامش یا شادی ایجاد می‌کنیم.
- سپس از او می‌خواهیم چشمان خود را بسته و به خاطره ناخوشایند مورد نظر فکر کند.
- به او کمک می‌کنیم تا زیر حس‌ها یا ساب مدالیته‌های خاطره را استخراج کند.
- سپس کلیه زیر حس‌ها را تغییر می‌دهیم (کاملا معکوس)، آن قدر خاطره را تغییر می‌دهیم تا احساس شخص به آن خاطره تغییر کرده و بهترین احساس ممکن را داشته باشد.
- بعد از تغییر تمام زیر حس‌های مهم، تا آنجا که

می‌توانیم تصویر را در ذهن سوژه خنده داری کنیم، مضحک کردن خاطره گذشته در نهایت بهترین کار می‌باشد.

- خنده باعث تولید اندروفین می‌شود، اگر بتوانید به گذشته‌ی خود بخندید، بهتر از دست آن رها خواهید شد (حتی اگر در ابتدا خنده‌تان مصنوعی باشد).
- پس از تثبیت تصویر خنده دار چشم‌ها را باز کرده و بیدارسازی و تست انجام می‌دهیم.

آیا می‌توانید به تجربه ای تلخ فکر کنید؟

خاطراتی که در زندگی‌تان باعث ناراحتی شده باشند. حالا با استفاده از مطالبی که یاد گرفتید حسی را که از این تجربه دارید، بررسی کنید. سپس این خاطره ناخوشایند را با استفاده از تغییر ساب مدالیته‌ها تغییر دهید.

- ✓ چه اتفاقی افتاد؟
- ✓ آیا حالا احساس بهتری ندارید؟
- ✓ آیا می‌دانید با استفاده صحیح از این ابزارها می‌توانید زندگی‌تان را تغییر دهید؟

تصاویر ذهنی مختلف، نتایج مختلفی در سیستم عصبی به وجود می‌آورند.

یکی از موارد مهم استفاده از این مدالیتی و ساب مدالیته‌ها برای ایجاد انگیزه و رغبت در انجام کارهایی که به نظر شما دشوار می‌باشد.

برای مثال اگر از آشپزی لذت می‌برید ولی تمایلی به خواندن کتاب ندارید، می‌توانید با به تصویر کشیدن آشپزی و استخراج ساب مدالیته‌های آن و همچنین استخراج ساب مدالیته‌های مطالعه، ساب مدالیته‌های مطالعه را مشابه با ساب مدالیته آشپزی بسازید.

این شما هستید که یاد گرفته‌اید بعضی امور را لذت‌بخش و بعضی دیگر را ناراحت کننده بدانید.

می‌توانید با تغییر تصاویر ذهنی، احساس جدیدی نسبت به آنها پیدا کنید. بعضی از ساب مدالیته‌ها بیشتر بر روی ما تاثیر گذارند و ما باید آنها را شناسایی کنیم.

تصورات ذهنی مشابه، احساسات یا حالات روحی مشابه و رفتارهای مشابه به دنبال دارند. آیا تا به حال شنیده اید که کسی بگوید می‌خواهم برای مدتی از مشکلاتم دور باشم؟

آیا برای این کار نیاز دارید به کشور یا شهر دیگری برود؟

شاید افراد زیادی نیز باشند که این کار را انجام داده اند و نتیجه خوبی نگرفته اند.

در صورتی که می‌توانید تصویرِ مشکل را از خود دور کنید!

برخی افراد برعکس عمل می‌کنند، آنها سعی می‌کنند از خاطرات و اتفاقات خوب زندگیشان فاصله بگیرند و یا آنها را فراموش می‌کنند، در حالی که مدام مشکلات و خاطرات بد را یادآوری می‌کنند و هر بار آن را به خود نزدیکتر می‌کنند، امکان ابتلا به افسردگی در این افراد بیشتر دیده می‌شود.

اگر از خاطره و یا احساسات خود ناراحتید، آن را تغییر دهید، به همین سادگی!!!

شاید بعضی از افراد با خود می‌گویند، امکان ندارد بتوان با چنین سرعتی احساسات خوب را جایگزین خاطرات و احساسات بد نمود، یک عمری با این خاطرات زندگی کردم و عذاب دیدم، چگونه امکان دارد به این سادگی از دست آنها رها شوم؟

امتحان کنید!

در فیزیک کوانتوم نیز بسیاری از تغییرات به صورت جهشی اتفاق می‌افتند.

این تست ساده در مقایسه با ماه‌ها و سال‌ها رنج، تاثیر بیشتری دارد.

تاثیرگذاری بیشتر با برانگیختگی احساسات

هنگامی که در شرایطی قرار می‌گیرید که خاطره ای را در شما زنده می‌کند، احساسات شما در ارتباط با آن خاطره تحت تاثیر قرار می‌گیرد، این اتفاق به صورت ناخودآگاه رخ می‌دهد.

با دانستن مطالبی که یاد گرفتید می‌توانید به صورت آگاهانه از این قدرت برای رسیدن به واکنشی خاص از دیگران نیز استفاده کنید.

وقتی خاطرات خوش مربوط به گذشته در شما زنده می‌شود، احساسی از نشاط به شما دست می‌دهد.

مثلا گوش دادن به یک آهنگ نوستالژِی، حال و هوای شما را تغییر می‌دهد. دیدن فیلم و تصویری از یک

تصادف، می‌تواند حال شما را به صورت موقت بد کند.
در یادآوری‌ها بدون آن که متوجه شویم با دیدن، شنیدن یا لمس کردن چیزی در زمان حال به یاد اتفاق‌های مشابه آن در گذشته‌ها می‌افتیم و ناخودآگاه احساس مربوط به آن خاطره در ما جان می‌گیرد.

توجه به یکی از مدالیته‌ها می‌تواند حال خوب، یا حال بد را در شما ایجاد کند، حتی امکان دارد در یک لحظه شما شروع کنید به بلند بلند خندیدن و یا شروع کنید به گریه کردن!

بسیاری از فیلم سازان ماهر می‌توانند با موسیقی خاصی، احساس آرامش و یا ترس را در شما ایجاد کنند.

از آنجایی که ساب مدالیته‌ها کوچک‌ترین اجزاء تفکرات ما هستند، و تفکرات ما می‌توانند تاثیرات زیادی در ما ایجاد کنند، با کار کردن روی ساب مدالیته‌ها می‌توان تغییرات بزرگی ایجاد کرد.

انعطاف پذیری ذهنی

تغییرات ساب مدایته‌ها می‌توانند منجر به تغییر تجربه‌های درونی ما شوند. تغییر ساب مدالیته یکی از راه‌های انعطاف پذیری ذهنی هستند.

وقتی ما این بارکدها که همان ساب مدالیته‌ها هستند را تغییر دهیم، معنای آن موضوع نیز در ذهن ما تغییر می‌کند و وقتی معنای آن تغییر کند، حالت ما نیز تغییر می‌کنند. وقتی که حالات ما تغییر کند، پاسخ ما نیز تغییر می‌کند.

حالت‌های ما تعیین کننده رفتارهای ما هستند.

ما می‌توانیم با کمک NLP بیاموزیم که چگونه بر کیفیّت راه‌های حسی خود کنترل داشته باشیم، تا بتوانیم انواع احساسات مورد نیاز را در زمانی که به آن‌ها نیاز داریم داشته باشیم .

از نظر ان ال پی، ذهن تشخیص واقعی یا خیالی بودن یک موضوع را ندارد. تجسم و تخیل را همان دسته از سلول‌های مغز تولید می‌کنند که واقعیت را تولید می‌کنند. تصور نکنید که بخشی از مغز برای تجربه‌های خیالی و بخش دیگر برای تجربه‌های واقعی طراحی شده باشد.

در واقع با تغییر ساب مدالیته‌ها، ذهن شما فکر می‌کند که آنچه جدیدا می‌بینید واقعی می‌باشد و آن را می‌پذیرد.

آثار استاد فرشید پاکذات ارایه شده در انتشارات کیدزوکادو

برای تهیه کتاب ها از آمازون یا وبسایت انتشارات می توانید بارکدهای زیر را اسکن کنید

kphclub.com

Amazon.com

Kidsocado Publishing House
خانه انتشارات کیدزوکادو
ونکوور، کانادا

تلفن : ۸۶۵۴ ۶۳۳ (۸۳۳) ۱+
واتس آپ: ۷۲۴۸ ۳۳۳ (۲۳۶) ۱+
ایمیل:info@kidsocado.com
وبسایت انتشارات: https://kidsocadopublishinghouse.com
وبسایت فروشگاه: https://kphclub.com